道路与桥梁施工技术

唐 永 张建恪 孙 煜 主编

吉林科学技术出版社

图书在版编目（CIP）数据

道路与桥梁施工技术 / 唐永，张建恪，孙煜主编 .-- 长春：吉林科学技术出版社，2019.12

ISBN 978-7-5578-6136-0

Ⅰ．①道… Ⅱ．①唐… ②张… ③孙… Ⅲ．①道路施工－工程技术②桥梁施工－技术 Ⅳ．① U415.6 ② U445.4

中国版本图书馆 CIP 数据核字（2019）第 232619 号

道路与桥梁施工技术

主　　编	唐　永　张建恪　孙　煜
出 版 人	李　梁
责任编辑	端金香
封面设计	刘　华
制　　版	王　朋
开　　本	185mm×260mm
字　　数	320 千字
印　　张	14.25
版　　次	2019 年 12 月第 1 版
印　　次	2019 年 12 月第 1 次印刷
出　　版	吉林科学技术出版社
发　　行	吉林科学技术出版社
地　　址	长春市福祉大路 5788 号出版集团 A 座
邮　　编	130118

发行部电话／传真　0431—81629529　　81629530　　81629531
　　　　　　　　　　81629532　　81629533　　81629534

储运部电话　0431—86059116

编辑部电话　0431—81629517

网　　址　www.jlstp.net

印　　刷　北京宝莲鸿图科技有限公司

书　　号　ISBN 978-7-5578-6136-0

定　　价　60.00 元

编 委 会

前　言

随着社会经济的不断发展，交通运输行业也得到了快速发展。在国民经济建设中，交通运输业占据越来越重要的地位。就交通运输业来说，道路桥梁等基础工程建设是其发展的保障。

随着科学技术的不断发展，道路桥梁的施工技术也越来越成熟。为了更好地建设道路桥梁基础工程，就需要了解和熟悉道路桥梁的基本理论，掌握道路桥梁建设的施工技术，对于不同的道路桥梁工程选择最恰当的施工方案，从而保障道路桥梁工程的施工质量，进而保障交通运输的安全。

本文首先对道路桥梁的施工技术进行简要的概述，然后从路基、路面、桥梁基础、桥面施工等多方面对道路施工的关键技术进行了详细的分析，希望能够给相关工作人员提供帮助。

目　录

第一章 道路桥梁施工总论

道路和桥梁是实现区域间联通的纽带，为人们的生产生活带来了便利。一方面，路桥建设满足了社会经济发展的运输需要，解决了生产交通运输难的问题；另一方面，也满足了人们日益增长的出行需要，极大地改善了出行环境。

第一节 公路工程施工概述

一、道路

道路就是供各种无轨车辆和行人通行的基础设施，按其使用特点分为公路、城市道路、乡村道路、厂矿道路、林区道路等。

（一）公路

公路是指连接城市、乡村，主要供汽车行驶的道路。根据公路的作用及使用性质，又将公路划分为：

国道是指具有全国性政治、经济意义的主要干线公路，包括重要的国际公路，国防公路，连接首都与各省、自治区、直辖市首府的公路，连接各大经济中心、港站枢纽、商品生产基地和战略要地的公路。国道中跨省的高速公路由交通部批准的专门机构负责修建、养护和管理。

省道又称省级干线公路。在省公路网中，具有全省性的政治、经济、国防意义，并经省、市、自治区统一规划确定为省级干线公路。省道由全省（自治区、直辖市）公路主管部门负责修建、养护和管理。国道中跨省的高速公路由交通部批准的专门机构负责修建、养护和管理。

县道是指具有全县（县级市）政治、经济意义，连接县城和县内主要乡（镇）等主要地方。

乡道，即意思为乡镇道路，一般宽度大约在 5m 之间，是乡镇通往各地点的保障，建筑材料为黑色沥青，加热后平铺于地面，再用压力机平整压过去，厚度大约为 8cm 乡道大多是建于每个村庄的连接。

村道的其中的一种定义是道路的一种类别，依相关法律法规规定，其属于乡村公路，是一级、二级、三级、四级公路之外的一种公路，因其与乡道、县道大多建于乡村，故称乡村公路。

（二）城市道路

城市道路是通达城市的各地区，供城市内交通运输及行人使用，便于居民生活、工作及文化娱乐活动，并与市外道路连接负担着对外交通的道路。根据道路在城市道路系统中的地位和交通功能，分为：快速路、主干路、次干路、支路。

快速路为流畅地处理城市大量交通而建筑的道路。要有平顺的线型，与一般道路分开，使汽车交通安全、通畅和舒适。与交通量大的干路相交时应采用立体交叉，与交通量小的支路相交时可采用平面交叉，但要有控制交通的措施。两侧有非机动车时，必须设完整的分隔带。横过车行道时，需经由控制的交叉路口或地道、天桥。

主干路是连接城市各主要部分的交通干路，是城市道路的骨架，主要功能是交通运输。主干路上的交通要保证一定的行车速度，故应根据交通量的大小设置相应宽度的车行道，以供车辆通畅地行驶。交通量大的主干路上快速机动车如小客车等也应与速度较慢的卡车、公共汽车等分道行驶。主干路两侧应有适当宽度的人行道。应严格控制行人横穿主干路。主干路两侧不宜建筑吸引大量人流、车流的公共建筑物如剧院、体育馆、大商场等。

次干路是一个区域内的主要道路，是一般交通道路兼有服务功能，配合主干路共同组成干路网，起广泛联系城市各部分与集散交通的作用，一般情况下快慢车混合行驶。条件许可时也可另设非机动车道。道路两侧应设人行道，并可设置吸引人流的公共建筑物。

支路是次干路与居住区的联络线，为地区交通服务，也起集散交通的作用，两旁可有人行道，也可有商业性建筑。

（三）乡村道路

乡村道路是指修建在乡村、农场，主要供行人及各种农业运输工具通行的道路。由于乡村道路主要为农业生产服务，一般不列入国家公路等级标准。

（四）厂矿道路

厂矿道路是为工厂、矿山、油田、港口、仓库等企业服务的道路，分为厂外道路、厂内道路和露天矿山道路。厂外道路为厂矿企业与公路、城市道路、车站、港口原料基地、其他厂矿企业等相衔接的对外道路；厂内道路为厂区、库区、站区、港区等的内部道路；露天矿山道路为矿区范围内采矿场与卸车点之间、厂（场）区之间的道路，或通往附属厂、辅助设施的道路。

（五）林区道路

林区道路建在林区，主要供各种林业运输工具通行的道路。林区道路类型：一是集材道路，由木材采伐点至装车场间所开辟的简易道路，专供集材使用；二是运材道路，为林区道路的主体，直接承担木材由装车场到贮木场的输送任务；三是营林道路，根据造林、育林、护林等工作的需要所修筑的正规道路；四是防火道路。

二、公路工程

（一）公路等级的划分

公路根据使用任务、功能和适应的交通量分为高速公路、一级公路、二级公路、三级公路、四级公路共 5 个等级。

高速公路，能适应年平均昼夜汽车交通量 25000 辆以上，具有特别重要的政治、经济意义，专供汽车分道高速、连续行驶，全部设置立体交叉和控制出入，并以长途运输为主的公路；一级公路能够适应年平均昼夜汽车交通量 5000 ~ 25000 辆，连接重要政治、经济中心，通往重要工矿区、可供汽车分道快速行驶、部分控制出入和部分设置立体交叉的公路；二级公路能适应按各种车辆折算成中型载重汽车的年平均昼夜交通量 2000 ~ 5000 辆，连接政治、经济中心或大型工矿区以及运输繁重的城郊公路要双向四车道；三级公路能适应按各种车辆折算成中型载重汽车的年平均昼夜交通量 2000 辆以下，沟通县与县或县与城市的一般干线公路。双车道，一般地方路宽 8.5 米，丘陵地区 7.5 米；四级公路能适应按各种车辆折算成中型载重汽车的年平均昼夜交通量 200 辆以下，沟通县与乡、镇之间的支线公路，如滇藏新通道里的旧路丙察察公路路宽 3 ~ 4.5 米，砂土为基，简易公路。

（二）公路工程的组成

公路工程（highway engineering），指公路构造物的勘察、测量、设计、施工、养护、管理等工作。公路工程构造物包括：路基、路面、桥梁、涵洞、隧道、排水系统、安全防护设施、绿化和交通监控设施，以及施工、养护和监控使用的房屋、车间和其他服务性设施。

路基：路基是由土、石材料按一定的技术要求填筑压实而成的结构物，它承受路面传递的行车荷载，是支撑路面的基础部分。

路面：路面是用各种材料或混合料分层修筑在路基顶面供车辆行驶的层状结构物，其性能应能满足车辆安全、迅速、舒适的行驶要求。

桥涵：桥梁是为道路跨越河流、山谷或人工障碍物而建造的构造物。涵洞是为宣泄地面水流而设置的横穿路堤的小型排水构造物。

隧道：隧道是道路穿越山岭、地下和水底而修筑的构造物。

防护工程：为了加固路基边坡，确保路基稳定的结构物。在路基边坡修建的填石边坡、砌石边坡、挡土墙、护脚和护面墙等构造物。此外，在雪害路段设置的防雪栅、防雪棚；在沙害路段的道路两侧设置的防护林、格状沙障；在沿河路基设置的导流结构物（如顺水坝、丁坝、拦水坝等），上述这些构造物统称防护工程。

排水系统：排水系统是为了排除地面水及地下水而设置的排水构造物。除桥涵外，还有边沟、截水沟、排水沟、急流槽、盲沟、渗井和渡槽等路基排水构造物和路面排水构造物组成的道路排水系统。

交通服务设施：交通服务设施是为了确保行车安全、顺畅、舒适，在道路沿线设置的交通安全、养护管理、服务和环境保护的设施，如交通标志、标线、护栏、护墙、护柱、中央分隔带、隔音墙、隔离墙、照明设备、加油站、停车场、养护管理房屋和绿化美化设施等，均称交通服务设施。

三、公路工程的施工和施工机械

（一）公路工程的施工特点

1．流动性大

公路是固定在土地上的构筑物，而施工生产是流动的，所以公路工程施工组织是复杂的，这是区别于工业生产的最根本的特点。由于公路工程的固定性。就需要把众多的劳力、施工机具、材料，在时间和空间上加以合理的组织，从而使它们在线性型的施工现场按照科学的施工顺序流动，不致互相妨碍而影响施工，这是施工组织的重要内容。

2．施工工艺和方法多样

公路工程是根据具体的设计来建造的，而构成公路的各项工程各有不同的功能要求和施工方法，使得各项工程具有各自不同的结构和造型。由于其施工生产的单件性和工程结构的多样性，所以施工组织是多变的，因而一般不能采用固定不变的施工模式，要按照不同的工程对象，采用不同的施工工艺和施工组织方法进行。所以，要求施工设备和作业人员必须具有较强的适应性，职工要有高度熟练的技能。只有做好施工组织工作，方能合理地调配各种资源，保证工程施工的顺利进行。

3．工程规模大、建设周期长

公路工程规模大、建设周期长，所以施工组织工作是非常艰巨的。由于规模大，需要消耗大量的人力和物力；施工组织工作不仅要做好开工年度的安排，而且要对以后各年度亦应做出统筹部署，同时还要考虑各种不同工程之间的开竣工的衔接，只有这样，方能保证公路工程施工生产的连续且有序地进行。

4．户外作业环境复杂，不可控因素多

公路工程是在露天施工，有些是在高空和地下作业，受气候和自然条件的影响与制约，这就决定了公路施工组织工作的特殊性和不能全年连续均衡的进行施工生产。故在施工组织中，要对雨季、冬季和高温季节采取特殊的技术措施和施工方法，在高空和地下作业则要采取必要的防护措施，以确保工程质量和施工安全。同时，为了尽可能连续而均衡地进行施工生产，在施工安排上要注意避免气候、自然条件对施工生产所产生的不利影响。如雨季就不要安排桥涵水下工程施工，这样可减少防洪围水工作，达到节约费用，保证工程质量的目的。

（二）公路工程施工的基本程序

工程任务接收

↓

开工前准备工作			
熟悉、核对文件	补充调查、搜集资料	组织先遣人员进场	编制施工组织计划

↓

开工前现场准备工作			
征地拆迁	测量放线	临时生活设施修建	人员、机具材料进场

↓

正式施工			
路基工程	路面工程	桥涵工程	附属设施工程

图 1-1　公路工程施工的基本程序

（三）公路工程的施工机械

1. 土方石机械

（1）推土机

推土机是一种在履带式拖拉机上装有推土铲刀等工作装置的土方机械。按行走装置的类型可分为履带式和轮胎式；按推土铲刀的操作方式可分为液压式和索式。推土机操纵灵活、运转方便、所需工作面较小，行驶速度快，易于转移，并能爬30°左右的缓坡。它是最为常见的一种土方机械，多用于场地清理和平整、开挖深度1.5m以内的基坑，填平沟坑，以及配合挖土机和铲运机工作。推土机可以推挖一至三类土，经济运100m，效率最高为40～60m。

为提高推土机的生产率、缩短推土时间、减少土的散失，常采用下列施工方法：

①下坡推土法

推土机顺下坡方向切土与推运，借助机械本身的重力作用，以增加推土能力和缩短推土时间，一般可提高生产效率30%～40%，但坡度不宜超过15°。

②并列推土法

平整场地面积较大时，可采用两台或三台推土机并列推土。一般采用两机并列推土可增加推土量15%-30%，三机并列推土可增加推土量30%～40%。

③槽形推土法

推土机连续多次在一条作业线上切土和推运，使地面形成一条浅槽，以减少土在铲刀两侧散失，一般可增加推土量10%～30%。槽的深度在1m左右，土埂宽约为500mm。

④多铲集运法

当推土土质比较坚硬时，切土深度不大，应采用多次铲运、分批集中、一次推运的方法，使铲刀前保持满载，缩短运土时间，一般可提高生产效率15%左右。

（2）铲运机

铲运机也是一种挖土兼运土的机械设备，它可以在一个工作循环中独立完成挖土、装土、运输和卸土等工作，还兼有一定的压实和平地作用。铲运机运土距离较远，铲斗容量较大，是公路工程中应用最广泛的机种之一，主要用于大土方量的填挖和运输作业。

拖式铲运机由拖把、辕架、工作液压缸、机架、前轮、后车轮和铲斗等组成。铲斗由斗体、斗门和卸土板组成。斗体底部的前面装有刀片，用于切土。斗体可以升降，斗门可以相对斗体转动，即打开或关闭斗门，以适应铲土、运土和卸土等不同作业的要求。拖式铲运机本身不带动力，工作时由履带式或轮式拖拉机牵引。这种铲运机的特点是牵引车的利用率高、接地比压小、附着能力大、爬坡能力强，在短距离和松软潮湿地带工程中普遍使用，工作效率低于自行式铲运机。

自行式铲运机多为轮胎式，一般由单轴牵引车和单轴铲斗两部分组成。有的在单轴铲斗后还装有一台发动机，铲土工作时可用两台发动机同时驱动。采用单轴牵引车驱动铲土工作时，有时需要推土机助铲。轮胎式自行铲运机均采用低压宽基轮胎，以改善机器的通过性能。自行式铲运机本身具有动力、结构紧凑、附着力大、行驶速度快、机动性好、通过性好，在中距离上方转移施工中应用较多，效率比拖式铲运机高。

（3）单斗挖掘机

单斗挖掘机是一个刚性或挠性连续铲斗，以间歇重复式循环进行工作，是一种周期作业自行式土方机械。当场地起伏高差较大、土方运输距离超过1000m，工程量大而集中时，可采用单斗挖掘机挖土，配合自卸汽车运土，并在卸土区配备推土机平整土堆。单斗挖掘机有内燃驱动、电力驱动、复合驱动的装置，挖斗有正铲挖掘机、反铲挖掘机、拉铲挖掘机、抓铲挖掘机等形式。

正铲挖掘机的特点是前进向上，强制切土，能开挖停机面以上的Ⅰ-Ⅳ级土，适用在地质较好、无地下水的地区工作；反铲挖掘机的特点是后退向下，强制切土，能开挖停机面以下的Ⅰ-Ⅲ级土，适宜开挖深度4m以内的基坑，对地下水位较高处也适用；拉铲挖掘机的特点是后退向下，自重切土，能开挖停机面以下的Ⅰ-Ⅱ级土，适宜大型基坑及水下挖土；抓铲挖掘机的特点是直上直下，自重切土，特别适于水下挖土。

（4）装载机

装载机是用铲斗装载物料的机械。铲斗装在机械前部，机械向前运行并铲装物料后，油缸将铲斗顶起，行驶到卸料地点卸料。按行走装置，装载机分为履带式和轮胎式两种。前者接地压力小、重心低、行走平稳，适宜在崎岖不平或较松软的场地工作。后者制造成本低，运行灵活，应用较广。按工作性能，分装载型和挖掘型两种。前者一般为单轴驱动，功率较小，用于装载散状材料。后者为双轴驱动，功率较大，有一定挖掘能力，可进行土方开挖和装载工作。它们都可兼作短距离的运输工具。

（5）平地机

平地机是用装在机械中央的铲土刮刀进行土壤切削、刮送和整平连续作业，并配有其他多种辅助作业装置的轮式土方施工机械。平地机有拖式和自行式两种。拖式平地机由拖拉机来牵引，以人力操纵其工作装置；自行式平地机在其机架上装有发动机供给动力，以驱动机械行驶和各种工作装置进行工作。前者因机动性差、操作费力，故目前已被后者所取代。

平地机的主要工作装置是装有刀片的刮刀，它具有高度的灵活性，可以根据工作需要随时形成与行驶方向不同的各种夹角；可以在垂直面上形成必要的倾斜角度；也可以横向伸出机体。铲刀的这些特点使平地机成为公路工程中整形和平整作业的专用机械。

平地机的主要用途是：平整路基和场地；修整路基的横断面和边坡；开挖三角形或梯形断面的边沟；从两侧取土填筑不高于1m的路堤。此外，平地机还可以用来进行在路基上拌和路面材料并将其铺平、修整和养护土路、清除杂草和扫雪等。

2. 压实机械

压路机是最常见的压实机械，根据工作原理不同，压路机可以分为光轮压路机、轮胎压路机和振动压路机三种。

光轮压路机的自重可以在一定范围内调整以改变单位线压力，一般用于整理性压实工作。对于容重要求较低的黏性土、沙砾料、风化料，冲击砾质土较为适合。

轮胎压路机具有弹性，在碾压时与土体同时变形，其碾压作用力主要取决于轮胎的内压力。接触面积与压实深度有着密切关系，为了得到较大的接触面积，又要增加压实深度，在轮胎允许范围内尽可能增加轮胎碾的负荷。一般地，刚性碾轮由于受到土壤极限强度的限制，机重不能太大，而轮胎碾则没有这个缺点，所以轮胎碾适合压实黏性土及非黏性土，如壤土、沙壤土、沙土、沙砾料等土质，在路面施工中也常常采用。

振动压路机俗称振动碾，其主要优点有：一是单位面积压力大，可适当增加压实厚度，碾压遍数也可适当减少；二是结构重力小，外形尺寸小。其最大缺点是振动及噪声大，易使机械手过度疲劳。

（四）公路工程施工机械的选择方法

1. 根据施工条件选定机械

选择用于高原、高山地区作业的施工机械要注意以下问题：以柴油机为动力的施工机械，柴油机应配用增压装置，应选转矩适应系数（转矩储备系数）大的柴油机；以电力驱动的施工设备在电机的驱动功率上做出调整，增大驱动能力，达到电机安全运转的目的。土地干燥区施工，尽可能选用轮式底盘的施工机械；经常在雨季或湿涝地区施工，尽可能选用履带式底盘的施工机械。

根据气象条件和土质条件选择：雨会直接恶化土的状态，因此，要充分考虑施工期的气象情况和土质条件。土质较干燥时可使用轮式机械，但在土质十分潮湿和作业场所泥泞时，就应使用履带式机械。

2. 根据工程量选择施工机械

在施工期限内，按照施工计划中的月工作强度和日工作量选择施工机械。要求使用的机械能够按月或日完成计划工作量。影响机械施工的因素很复杂，除了上述情况外，还要考虑油料提供、机械维修与管理、机械的调迁等。

3. 根据气象条件选择施工机械

雨水会迅速改变土壤状态，特别是黏土。因此，选择施工机械时要充分考虑公路建设项目施工期间的气象情况。例如，久晴不下雨、土质干燥时可选择轮式施工机械进行作业，反之，旷日持久下雨、土壤过分潮湿和作业场地及道路泥泞时，则选用履带式施工机械进行作业为宜。

（五）公路工程施工机械的管理

1. 建立效益型设备管理新体制

在市场经济条件下，施工企业是"自主经营，自负盈亏，自我约束，自我发展"的法人实体和市场竞争主体，由于公路建设具有点多、线长、面广的行业特点，工作流动分散、生产单位繁杂，所拥有的机械设备经常互相调配，因流动作业而进行频繁的移位，这就给管理和核算带来了一定难度。要想求得企业更大更强的发展，施工企业就必须认清形势，针对新问题，采取有效措施，积极依靠并参与设备要素市场，如设备维修市场、租赁市场、技术信息市场等。结合设备管理目标，制定评价设备经营指标体系，并逐步建立起效益型设备管理新体制。

2. 加强机械设备的集中管理

机械管理部门应根据企业设备状况和各施工项目对设备的要求对机械设备实行集中管理，以各项目部工程量或者工程进度优化配置、协调各方面的关系，统一调配机械。先做近的，后做远的；先做短工期的，后做长工期的。计算调遣费用和租赁费用，比选机械施工方案。实行机械设备、零件统一采购制度。保证配件的质量，取得价格上的优惠，保证库内有合理的常用配件贮备。工地期间定期地对机械进行养护，冬休期间设备统一存放，专人看管，并彻底进行保养、修理，确保来年使用。实行"三定管理制度"，把人和机的关系固定下来，把机械使用保养、维护等各个环节都要落实到每个人，做到台台设备有人管，人人身上有重担。可增强定机人员的责任心，有利于保持机械的良好性能，有利于单机核算，落实奖惩制度；定机人员能熟练掌握本机特点，能预防和及时排除机械故障，易于发挥机械使用效率；使机械原始资料正确、完整、连续统计，保证机械档案管理的有效性和真实性。

3. 提高机械设备利用率

加强机械设备管理首先要提高人的业务素质，只有不断加强对广大员工专业知识和技能的培养，不断补充新知识、新理论、新方法，才能适应现代化发展的需要，才能抓好机械设备的管、养、修三方面的工，确保工程使用需要。在施工中占重要地位的大型重要设备，应实行统一管理，统一分配，专人操作，专人负责。对综合性能和技术要求不太高，但使用频率较大的设备，可交由基层部门来管理，由公司统一监督。对技术含量低、在施工中占次要地位的设备可由项目部自行根据实际需要采取管理措施。

4. 加强机械施工现场管理

施工现场的机械停放场和运输便道应整修、压实，洒水除尘，平坦利于排水；施工现场的机械应合理分布，设置安全生产标语、标志、防护设施等。夜间根据工作需要安装照明设施，确保机械正常工作，确保施工质量和安全。机械设备的转移、运输应确保安全有序、经济有效。施工现场机种多，流动频繁，如果现场管理人员、操作员对机械施工安全知识认识不够，容易发生安全事故，造成设备损坏、人员伤亡。施工中，要以人为本，抓好人身安全。项目部在作业前应向操作人员进行安全操作交底，使其掌握安全生产要素，确保不因机械操作失误伤人。还应以机为重，抓好设备的安全。严格机械安全操作规程和机械使用制度，不允许操作人员违章作业、机械带病操作和野蛮施工，不因操作不当损坏机械；以使用环境为必要条件，在保障设备安全的同时不伤及他人。

三、公路工程施工的要点

（一）路基施工

1. 路基施工的基本工作

路基施工主要包括测量放线、路基施工以及小型人工建筑物施工三个环节。测量放线的工作内容：利用测量仪器和工具，以设计要求为基准，采取适当方法，把设计图纸上已经设计好的路线位置转移到施工作业面上，进而为后期施工环节提供正确依据。路基施工工作内容为：利用施工机械开挖路堑、填筑路堤、路基压实，整平路基表面、整修边坡修筑排水沟渠和加固防护设施等。小型人工构筑物包括小桥、涵洞及挡土墙等。

2. 路基工程的质量控制与检查验收

为了保证工程质量符合要求，在路基施工环节必须加强工程质量管理，并且按照施工标准以及相关技术规范，对施工质量进行控制，施工完成后进行检查验收。除在一阶段施工完成后需要进行检查外，在其每一小部分完工时，都需要进行细致检查，尤其是一些重要工程，必须严格按照设计图纸、设计文件和技术规范的要求进行检查与验收。进行中间检查的目的，主要是为了检查每一分步的工程质量，及时发现上一分步在施工过程中存在的问题，及时采取措施进行补救，以便下一步工程顺利进行。

路基工程的验收项目主要包括：路基有关工程的位置、标高、断面尺寸、压实度等要在规定允许误差范围内。在全部工程完工后，还要由施工单位会同设计、监理、建设、使用和养护等单位进行施工验收。

（二）路面施工

路面是公路的重要组成部分，不仅直接承受来自行车载荷，还受到外界自然因素（温度、水、阳光和空气等）的影响。因此，路面工程的施工工艺与施工质量会直接影响公路的行车速度、行车安全及营运效率，是公路整体服务水平的关键。路面必须具备下列基本要求：

1. 足够的强度

路面的整体结构和各组成部分，必须具有一定的强度，以防止路面在各种力的综合作用下出现磨损、开裂、坑槽、波浪和沉陷等破坏现象。

2. 足够的稳定性

路面在外界各种影响因素作用下，强度的变化幅度越小，其稳定性就越好。路面的稳定性主要有水稳定性、温度稳定性和时间稳定性等。

3. 足够的平整度

路面的平整度，对行车速度、安全和舒适程度有较大影响。不平整的路面还会产生积水，加速路面的损坏。路面等级越高，对平整度的要求也越高。

4. 足够的抗滑性能

车辆在路面上正常行驶时，路面与车辆的车轮之间需要足够的摩擦力，尤其是在雨天或者冰滑的路面上。为了保障行车安全，路面应具有足够的抗滑性能，即要有足够的粗糙度。

路面施工的程序与路基施工相同，主要包括：施工前准备工作，路面施工过程，施工管理（进度控制、质量控制、资金控制、施工安全管理等）以及路面工程质量的检查与验收。

第二节　桥梁工程施工概述

一、桥梁

（一）桥梁的组成

桥梁，一般指架设在江河湖海上，使车辆行人等能顺利通行的构筑物。桥梁一般由上部构造、下部结构、支座和附属构造物组成。

1. 上部结构

上部结构是在线路中断时跨越障碍的主要承重结构，是桥梁支座以上（无铰拱起拱线或刚架主梁底线以上）跨越桥孔的总称；当跨越幅度越大时，上部结构的构造越复杂，施工难度也随之增加。

2. 下部结构

下部结构包括桥墩、桥台和基础。桥墩和桥台是支撑上部结构，并将其传来的恒载和车辆等活载再传至基础的结构物。通常设置在桥两端的称为桥台，设置在桥中间部分的称为桥墩。桥台除了上述作用外，还与路堤相衔接，并抵御路堤土压力，防止路堤填土的坍落。单孔桥只有两段的桥台，而没有中间的桥墩。

桥墩和桥台底部的奠基部分，称为基础。基础承担了从桥墩和桥台传来的全部荷载，这些荷载包括竖向荷载以及地震力、船舶撞击墩身等引起的水平荷载，由于基础往往埋深于水下地基中，在桥梁施工中是难度较大的一个部分，也是确保桥梁安全的关键之一。

3. 支座

支座是设在墩（台）顶，用于支承上部结构的传力装置，它不仅要传递很大的荷载，并且要保证上部结构按设计要求能产生一定的变位。支座一般多用于梁式桥，在拱桥、刚架桥等形式桥梁中使用较少。目前，桥梁支座大致分为简易垫层支座、钢支座、钢筋混凝土支座、橡胶支座及特种支座等，应根据桥梁的用途、跨径、结构物的高度等因素，视具体情况选用。

4. 附属构造物

附属构造物主要包括桥面系、伸缩缝、桥梁与路堤衔接处的桥头搭板和锥形护坡等。相关附属设施包括排水与防水系统、灯光照明、栏杆（或防撞护栏）等几部分。桥梁附属设施在桥梁建设中往往得不到重视，因而桥梁服务功能低、外观粗糙、影响美观，对桥梁结构也带来不利影响。随着人们生活水平的提高，人们对桥梁行车的舒适性和结构物的观赏水平要求越来越高。因而，桥梁设计和施工中要特别重视这些附属设施，这不但是外观包装，而且是服务功能的大问题。

（二）桥梁的分类

1. 按结构分类

桥梁按照受力特点划分，有梁式桥、拱式桥、刚架桥、悬索桥、组合体系桥（斜拉桥）五种基本类型。其中，梁桥一般建在跨度很大，水域较浅处，由桥柱和桥板组成，物体重量从桥板传向桥柱；拱桥一般建在跨度较小的水域之上，桥身成拱形，一般都有几个桥洞，起到泄洪的功能，桥中间的重量传向桥两端，而两端的则传向中间；悬桥是如今最实用的一种桥，桥可以建在跨度大、水深的地方，由桥柱、铁索与桥面组成，早期的悬桥就已经可以经住风吹雨打，不会断掉，吊桥基本上可以在暴风来临时岿然不动。

2. 按长度分类

按多孔跨径总长分为特大桥（L>1000m）、大桥（100m≤L≤1000m）、中桥（30m<L<100m）、小桥（8m≤L<30m）。按单孔跨径分为特大桥（Lk>150m）、大桥（40m<Lk≤150m）、中桥（20m≤Lk≤40m）、小桥（5m≤Lk<20m）、、

3. 其他分类方式

（1）按跨越障碍的性质划分

桥梁按跨越障碍的性质不同可分为跨河桥、跨线桥（立体交叉）、高架桥和栈桥。高

架桥一般指跨越深沟峡谷以代替高路堤的桥梁。为将车道升高至周围地面以上并使下面空间可以通行车辆或做其他用途（如堆栈、码头、店铺等）而修建的桥梁，称为栈桥。

（2）按上部结构的行车位置划分

桥梁按上部结构的行车位置不同可分为上承式桥、下承式桥和中承式桥。桥面布置在主要承重结构之上的称为上承式桥；桥面布置在承重结构之下的称为下承式桥；桥面布置在桥跨结构高度中间的称为中承式桥。上承式桥结构简单、施工方便，主梁和拱肋的数量及间距可按需调整，且宽度可做得小一些，因而可节省墩台圬工数量。并且，在上承式桥上行车时，人的视野开阔，视觉舒适。不足之处是桥梁的建筑高度较大。在建筑高度受严格限制的情况下，则应采用下承式桥或中承式桥。由于桥跨结构在桥面之上，故横向结构宽度相对较大，墩台尺寸也相应有所增加。

（3）按特殊使用条件划分

桥梁按特殊使用条件的不同可分为开启桥、浮桥、漫水桥等。除上述桥梁分类方法外，还有按桥梁使用时间长短划分的永久性桥梁和临时性桥梁，以及按平面形状划分的直线桥、斜桥、弯桥等。

二、桥梁工程

（一）桥梁工程的概念

桥梁工程指桥梁勘测、设计、施工、养护和检定等的工作过程，以及研究这一过程的科学和工程技术，它是土木工程的一个分支。

（二）桥梁工程的发展

早在距今约三千年时，我国就已在渭河上架设过大型浮桥。后陆续涌现了一大批以石料、铁为建材的桥梁，其中以赵州桥、大渡河铁索桥等为标志体现了古代桥梁的伟大成就，也显示了古代中国的强盛。18世纪以后，欧洲率先进入工业社会，从根本上改变了200年西方文明的历史，促进了大规模的铁路桥梁建设。20世纪初期，西方工业社会获得空前发展，日趋发达。20世纪30年代掀起了第一个大跨悬索桥建设高峰，以美国纽约华盛顿桥、旧金山金门大桥为代表显示出其桥梁领域的垄断实力。20世纪80年代初，我国迎来了改革开放的新时期。经过近20年的发展，我国经济突飞猛进，国力显著增强。同时，我国也加快了基础建设的步伐，一大批桥梁如雨后春笋，层出不穷。特别是近十年来建成的代表当今世界桥梁最高发展水平的一大批斜拉桥、悬索桥，更是确定了中国的世界地位。

我国桥梁工程的发展主要表现在以下几方面：

1. 跨径不断增大

目前，我国钢梁、钢拱的最大跨径已超过500m，钢斜拉桥为1088m，而钢悬索桥达1650m。随着跨江跨海的需要，钢斜拉桥的跨径将突破1500m，钢悬索桥将超过3000m。

至于混凝土桥，梁桥的最大跨径为 330m，拱桥已达 420m，斜拉桥为 530m。我国的桥梁事业的发展也突飞猛进，在世界桥梁史上也占有一席之地。为满足各种跨海跨江工程的需要，跨径的不断增大已经成为桥梁工程发展的主要特征。

2. 桥型不断丰富

20 世纪五六十年代，桥梁技术经历了一次飞跃：混凝土梁桥悬臂施工法、顶推法和拱桥无支架施工方法的出现，极大地提高了混凝土桥梁的竞争力；斜拉桥的涌现和崛起，展示了强大的生命力，使桥梁的跨径加大，满足了桥下通航的需求；悬索桥采用钢箱加劲梁，技术上出现新的突破，极大地满足了悬索桥抗风抗震的要求。20 世纪下半叶，桥梁工程发展的最大成就可被认为是斜拉桥的复兴和预应力混凝土技术的应用，出现了大批的预应力混凝土连续梁桥。随着钢管混凝土的出现，以及桥梁施工技术的革新，使拱桥在各种桥型的竞争之中也占有一席之地。

3. 结构不断轻型化

悬索桥采用钢箱加劲梁，斜拉桥在密索体系的基础上采用开口截面甚至是板，使梁的高跨比大大减小，非常轻盈；拱桥采用少箱甚至拱肋或桁架体系；梁桥采用长悬臂、板件减薄等，这些都使桥梁上部结构越来越轻型化。预应力技术的出现使得使混凝土的应用范围进一步加大，钢筋混凝土结构的重量减轻了很多，使钢筋混凝土桥型变的轻巧。钢管混凝土技术也使得拱桥也变得轻盈。由于材料的不断发展，21 世纪以来，出现了大量的新型高强的材料，使得桥梁结构的重量下降，桥梁因此也变得轻巧。由此可见，结构轻型化是桥梁发展的一个趋势。

4. 桥梁设计风格的转变

随着人类对地球生态平衡、自然环境及资源的日益重视，对桥梁工程提出了与周围环境相协调的要求，桥梁设计更加注重景观设计。大跨度桥梁的发展，不仅要求对成桥状态进行设计，对施工阶段的设计也很重视，将施工方法与施工过程相结合已成为现代桥梁设计的一大特色。

三、桥梁工程的施工

（一）桥梁工程的施工特点

1. 流动性、地域性

桥梁工程施工生产不同于一般的工业生产：前者由于建造地的不同，其施工是在不同地区，或同一地区的不同现场，或同一现场的不同单位工程，或同一单位工程的不同部位进行的。因此，其生产是在地区与地区之间、现场之间和部位之间流动，而后者都是在固定工厂、车间内进行生产。桥梁工程施工受地区条件的影响，其结构、构造、造型、材料和施工方案等方面均不同，具有地域性。

2.施工周期长、占用流动资金多

桥梁工程的建造要消耗大量的人力、物力和财力，施工过程中还要受到工艺流程和生产程序的制约，所以各专业、各工种间必须按照合理的施工顺序进行配合和衔接。而建造地点的固定性，又使得施工活动的空间具有一定的局限性，从而导致桥梁施工具有生产周期长、占用流动资金多的特点。

3.露天作业和高空作业多

桥梁工程的地点固定性和体形庞大的特征，决定了其施工具有露天作业和高空作业多的特点。随着社会和经济的发展以及现代化交通运输的需要，各种大型、特大型桥梁的施工任务越来越多，使得桥梁工程高空作业的特点日益明显。

4.桥梁工程施工单一

对于一座具体的桥梁，往往是在统一规划内，根据它的实用功能，在选定的地点进行单独设计和单独施工。由于桥梁所在地区的自然、技术和经济条件不同，即便在设计中选用标准设计的通用构件，其建筑材料、施工方法和施工组织等也要因地制宜加以修改，以适应桥梁建设的需要。因此，桥梁工程的施工具有单一性。

（二）桥梁工程的施工顺序

1.下部结构

首先是基础，包括桥墩基础和桥台基础，基础形式一般有扩大基础和桩基两种。桥台一般又分为重力式和轻型桥台（包括肋板台、桩柱式桥台等），一般施工顺序是：重力式：桥台基础→前、侧墙→台帽→支座垫石。轻型桥台：桩基→承台→台身→台帽、耳背墙→支座垫石。

桥墩根据其类型不同略有差别，对于桩柱式桥墩直接接桩基情况（即无承台），其施工顺序一般为：桩基→桩系梁（若墩不高时可能没有）→墩身→墩系梁（若墩不高时可能没有）→盖梁→支座垫石。有承台情况下：桩基→承台→墩身→盖梁→支座垫石。

2.上部结构

根据施工方法不同而有差别：

预制构件：（如存在体现转换，即先简支后变结构连续情况）架设预制梁→现浇墩顶连续段→张拉负弯矩预应力索→设置永久支座，拆除临时支座，完成体系转换→横隔板、湿接缝等。如是简支结构，只需架设预制梁就行了。

现浇构件：与桥梁规模，施工工艺（满堂支架现浇、挂篮施工、顶推法施工等）有较大关系，一般可以笼统概况为（后张法）：搭脚手架（根据施工工艺不同相应变化）→绑扎钢筋笼→现浇混凝土→张拉预应力→横隔板、湿接缝等。

3.附属结构

附属结构包括桥面系、搭板、护栏、伸缩缝等。施工顺序为：桥面连续→桥面铺装→人行道板（若存在人行道）→桥面排水→护栏→伸缩缝，桥台搭板。

（三）桥梁工程的施工机械

1. 桥梁工程的施工机械设备

（1）钻孔机械设备

钻孔设备是桥梁项目施工过程中经常使用的机械之一，主要有全套管钻孔设备、旋转钻孔设备、螺旋钻孔设备、冲击钻孔设备和回转斗钻孔设备。其中全套管钻孔设备主要用于大型桥梁钻孔桩的钻孔施工过程中；旋转钻孔设备是大直径桥梁钻孔施工中最常用的，适合各种地质条件下的桥口钻孔施工；螺旋钻孔设备适用于土质地质条件下的桥梁施工工程，在施工过程中主要用于灌注深层搅拌桩和混凝土预制桩的钻打；冲击钻孔设备在卵石、漂石地质条件下的桥梁灌注桩钻孔施工回转斗钻孔设备，主要适用在除岩层之外的各种土质地质条件下的桥梁项目施工。

（2）振动沉拔桩锤设备

振动沉拔桩锤是利用高频振压原理，利用高频振压进行桥梁的沉桩施工，特点是打击力强，沉桩的效果好，不仅能够沉桩，而且可以拔桩。振动沉拔桩锤振动器偏离转轴的振动频率不同，可以分为低频率、中频率、高频率和超高频率，按照桥梁项目的施工环境和施工条件，选择不同的电机功率产生适合桥梁施工条件的振动频率。

（3）预应力张拉成套机械设备

这种设备的普遍使用是伴随着预应力混凝土技术在桥梁项目施工中的广泛应用而产生的，预应力张拉成套设备包括千斤顶、卷管机、压浆机、油泵车以及穿索机，设备的性能主要由千斤顶能够承受的吨位和锚具的强度决定的。

（4）水泥混凝土泵车

水泥混凝土泵车是将混凝土泵和布料杆安装在汽车地盘上，其中油泵参数和布料杆的长度决定了桥梁项目施工过程中混凝土的输送速度、高度和水平距离。布料杆运动灵活，不仅能够满足水平方向的混合料输送，而且也适用于垂直方向上的混合料输送，甚至可以跨越施工障碍物进行混凝土浇筑，因此在施工环境复杂的桥梁施工中得到较为广泛的应用。

（5）架桥机械设备

架桥机械设备主要是用于桥梁项目施工过程中的钢筋混凝土结构梁的吊装施工，目前常用的主要有导梁式架桥设备、缆索式架桥设备和专用架桥设备三种。其中由贝雷架组成的导梁式架桥设备在公路桥梁施工中经常用到，由万能杆组成的导梁式架桥设备适用在施工跨度较大的桥梁预制梁的架设施工中，战备军用横梁组成的导梁式架桥设备的承载力非常大，主要运用在划跨度桥梁的架设施工中，如跨海划乔、跨河划乔的桥梁施工中。而缆索式架桥设备是将万能杆、圆木等搭成人字形扒杆，并用钢丝绳架设成吊装和行走设备，并将此设备的梁架设在墩台处。

（6）起重机械设备

起重机械设备是桥梁项目施工中最常用而且是必用的机械设备之一，包括有汽车吊车和履带车吊车两种，主要用于桥梁项目施工过程中的物品吊装。不同厂家生产的起重机械的生产施工能力是不同的，因此在桥梁项目施工过程中，要依据项目特点，选择适合的起重机械设备。

2. 桥梁施工机械的使用与管理措施

（1）做好采购工作

设备自身的品质是对其运行有作用的一项非常关键的要素，很多建筑问题就是因为建设方的使用不合乎规定而导致的。此类问题通常是以往生产单位制造水平或者是建设水平不合理而导致的，这些问题通常是不可见的，而且平时进行检修活动的时候，不容易发现，所以其导致的不利现象非常严重。建设方要认真地关注设备的采购事项。

（2）加强建筑现场机械设备的维修和养护

第一，要根据设备的数量建立一支专业的设备养护管理队伍，使用专业的养护人员负责对设备进行管理，制定设备养护维修的保护措施，加强机械设备的日常检查工作，定期对设备做好日检、月检、季检和年检工作。第二，企业要做到具体设备管理的定机、定人和定岗的施工和养护制度，把机械设备的使用和养护管理工作责任到人，实现机械设备的使用和养护工作并重的管理制度。第三，企业要做好机械设备的使用和管理过程的监督工作，实现奖惩制度，对爱护设备和保养设备到位的人员给予奖励，反之做好警告和处罚等工作，从而提高人员保护机械设备的意识。

（3）加快陈旧设备的更新

陈旧设备的超限使用是导致机械设备频繁故障和发生安全事故的重要因素，所以建筑企业要加快陈旧设备的更新。虽然采购新型机械设备需要付出一定的成本，但是机械设备所带来的效益也是客观的，能够很大程度地提高现有生产效率，减少故障发生率，对工程如期完工具有重要的影响。建筑企业应该根据自身的资金情况，制订符合自身情况的陈旧设备更新计划，具体可以从两方面考虑。一方面是大型机械设备的更新，由于采购费用高昂，建筑企业可以选择租赁的方式，从建筑机械租赁公司获得大型机械设备的短期使用权，这样可以减少企业资金的占用，同时也能发挥出先进机械设备的优势。另一方面，对于中小型机械设备而言，建筑企业要根据自身机械设备的使用情况和市场机械设备的更新情况，通过平衡资金和收益的关系，做出一定的更新计划，使所有的中小型机械设备都能够定期进行更新，逐渐淘汰旧机械设备。

（4）定期进行安全隐患的排查

机械设备的安全管理机构要定期对机械设备进行安全检验，以便能够及时排除机械设备的安全隐患，并且以这种行动方式加强与操作人员和维修人员的沟通，增强操作人员和维修人员的风险意识，在日常工作中绷紧安全意识，避免疏于检查引起安全事故。另外还要特别注意对特种设备的隐患排查，由于特种设备在发生故障时，往往会引起非常严重的后果，所以要提高安全检验的频率，以保证其安全运行。

（5）严格操作人员的培训制度和持证上岗制度

现在很多企业只注重效益，而忽视了人员的素质培训，一个企业要想在竞争中立于不败之地，除了技术上、设备上的更新外，对人员的培训教育工作也是十分重要的。做好三级安全的教育工作，做好安全生产与安全操作的宣传，做好机械设备管理人员的安全培训工作。对相关的管理人员要进行安全理念和安全意识培训，让他们懂得时刻注意生产安全。从而达到从源头上控制机械设备安全事故的发生。

（四）桥梁工程的施工技术要点

1. 墩柱的施工

首先应该放好柱位的中心线，墩身和系梁的连接位置先要凿毛而后冲洗干净，去除钢筋上的泥垢以后，扶正内部的钢筋。然后模板需要采用特殊设计的整体定型钢模，以便能够严格的控制模板的质量。所谓的固定就是在外侧加上一定数量的外箍，采用大螺栓把两模板进行连接。在组装时，要力求表面已除锈，平整延时，美观大方。组装模板应先向下部对准基准点，然后挂重坠进行检测，以保证垂直度。

2. 承台施工

为了开挖桥台基坑，就必须得选择有效的降水措施，其中轻型井点降水措施是最经济可行的办法。由于在实际的操作过程中布设为分级井点，因此必须进行严密的计算。施工流程为测量放样、井点降水、基坑开挖、浇筑垫层、承台钢筋制作、模板制作、混凝土浇筑、养护。

3. 预制临时支座

在桥梁工程的施工过程中，临时支座通常采用预制的长方体混凝土块。临时支座可以起到减小和防止支架产生有害于施工的沉降的作用。如果在相应的位置对称放置两块，待湿接头混凝土达到一定的强度以后，再凿除，这样施工由于预制的混凝土块薄厚不均，摆放的位置发生错动，就容易把临时的支座压坏、挤动，从而影响梁板的标高。是否需要给支架设临时支座，主要看支架落地是否坚实；二是看支架的荷载是否过大；三看施工的周期的长短。一般而言，在雨天之后一定要检查支座、支架的变形程度。

4. 桥面工程

桥面的作用就在于确保交通工具在桥梁上行驶的稳定快速、舒适安全。就目前而言，我国大多数的桥梁建筑通常都采用混凝土路面进行施工。水泥混凝土路面则是以水泥混凝土为主做的面层的路面，其属于刚性路面。混凝土路面的施工要注意的事项有：一是混凝土的配合比要精准无误；二是混凝土的含水量一定要及时进行观测，要控制需要的范围内，以保证水灰比的准确，为了改善混凝土的和易性，使得施工较方便，可用一定量的外掺剂；三是在进行配料时要用电子秤或用其他精密仪器进行标准配料，不允许使用人工推车进行配料，以免无法控制误差量。

第二章　路基施工技术

在公路工程建设过程中路基的质量和公路的使用寿命有着重要的影响，路基的施工强度和路基的整体稳定性是保证路面质量的首要条件，在公路工程项目的施工过程中路基的施工占用大量的资金、物力、人力，成为公路工程项目的关键因素，在地质复杂的地段需要解决的难题就更多，因此，路基的施工对整个公路工程项目的建设有着十分重要的意义。

第一节　路基施工前的准备工作

一、路基

（一）路基的概念及作用

路基是轨道或者路面的基础，是经过开挖或填筑而形成的土工构筑物。路基的主要作用是为轨道或者路面铺设及列车或行车运营提供必要条件，并承受轨道及机车车辆或者路面及交通荷载的静荷载和动荷载，同时将荷载向地基深处传递与扩散。在纵断面上，路基必须保证线路需要的高程；在平面上，路基与桥梁、隧道连接组成完整贯通的线路。在土木工程中，路基在施工数量、占地面积及投资方面都占有重要地位。

（二）路基的组成

1. 本体

路基本体包括用天然土、石所填筑的路堤和在天然地层中挖出的路堑，它直接支撑轨道，承受通过轨道的列车荷载，是路基的主体。路基本体根据地质条件和填筑材料的不同，又可分为路堤、路堑、半路堤、半路堑、半堤半堑、不填不挖路基六种基本形式。

2. 排水

地面排水设备：用来将有可能停滞在路基范围以内的地面水迅速排除到路基以外，并防止路基以外的地面水流入路基范围，以免下渗浸湿路基土体或形成漫流冲刷路基边坡，如侧沟、排水沟、天沟等。

地下排水设备：根据水文和地质条件修筑于地面以下一定深度，用来截断、疏干、引出地下水或降低地下水位，以使路基及边坡保持干燥状态，提高土的稳固能力，如排水槽、渗水暗沟、渗井等。

3. 防护

坡面防护设备：用来防护易受自然作用破坏而出现坡面变形的土质边坡，如铺草皮、喷浆、抹面、护墙、护坡以及为防护崩塌落实而修建的拦截和遮挡建筑物，如明洞、棚洞。

冲刷防护设备：用来防护水流或波浪对路基的冲刷和淘刷，如铺草皮、抛石、石笼、圬工护坡、挡土墙、顺坝、挑水坝等。支撑加固设备：用来支撑加固路基本体，以保证其稳固性，如挡土墙、支挡墙、支柱等。防沙、防雪设施：用来防止风沙、风雪流掩埋路基，如各种栅栏、防护林等。

4. 路堤

路堤是指全部用岩土填筑而成的路基。路堤的几种常用横断面形式：一是矮路堤（填土高度≤1.0m）；二是高路堤（填土高度>18m（土质）或20m（石质））；三是一般路堤（填土高度介于两者之间）；四是浸水路堤；五是护脚路堤；六是挖沟填筑路堤。

5. 路堑

路堑是指全部在原地面开挖而成的路基。路堑横断面的几种基本型式：全挖式路基、台口式路基、半山洞式路基。

（三）路基的类型

1. 一般路基干湿类型

路基的干湿类型表示路基在最不利季节的干湿状态，划分为干燥、中湿、潮湿和过湿四类。原有公路路基土的干湿类型，可以根据路基的分界相对含水量或分界稠度划分；新建公路路基的干湿类型可用路基临界高度来判别。高速公路应使路基处于干燥或中湿状态。

2. 特殊路基类型

（1）软土地区路基

以饱水的软弱黏土沉积为主的地区称为软土地区。软土包括饱水的软弱黏土和淤泥。在软土地基上修建公路时，容易产生路堤失稳或沉降过大等问题。我国沿海、沿湖、沿河地带都有广泛的软土分布。

（2）滑坡地段路基

滑坡是指在一定的地形地质条件下，由于各种自然的和人为的因素影响，山坡的不稳定土（岩）体在重力作用下，沿着一定的软弱面（带）作整体、缓慢、间歇性的滑动变形现象。滑坡有时也具有急剧下滑现象。

（3）岩坍与岩堆地段路基

岩坍是岩崩与岩塌的统称，包括错落、坍塌、落石、危岩。岩堆则是陡峻山坡上岩体崩塌物质经重力搬运在山坡脚或平缓山坡上堆积的松散堆积体。

（4）岩溶地区地基

岩溶是石灰岩等可溶性岩层，在流水的长期溶解和剥蚀作用下，产生特殊的地貌形态和水文地质现象的统称。岩溶对地基的危害，一般为溶洞顶板坍塌引起的路基下沉和破坏；岩溶地面坍塌对路基稳定性的破坏；反复泉与间歇泉浸泡路基基底，引起路基沉陷、坍塌或冒浆；突然性的地下涌水冲毁路基等。可溶性碳酸盐类岩石主要集中在我国华南和西南，其次是长江中、下游的华中区。

（5）膨胀土地区路基

膨胀土系指土中含有较多的黏粒及其他亲水性较强的蒙脱石或伊利石等黏土矿物成分，且有遇水膨胀、失水收缩的特点，是一种特殊结构的黏质土。多分布于全国各种二级及二级以上的阶地与山前丘陵地区。

（6）泥石流地区路基

泥石流是指地区由于地形陡峻，松散堆积物丰富，特大暴雨或大量冰融水流出时，突然爆发的包含大量泥沙、石块的洪流。有时每年发生，有时多年发生一次，危害程度也不一样。

（7）黄土地区路基

黄土是一种以粉粒为主，多空隙，天然含水量小，呈黄红色，含钙质的黏土。广泛分布于黄河中游的河南西部，山西、陕西和甘肃的大部分地区，以及青海、宁夏、内蒙古部分地区。黄土的湿陷性是在外荷载或自重的作用下受水浸湿后产生的湿陷变形。

（8）多年冻土地区路基

凡是土温等于或低于0℃，且含有冰的土（石）称为冻土，这种状态三年或三年以上者，称为多年冻土。主要集中于我国东北大、小兴安岭和青藏高原。

（9）盐渍土地区路基

盐渍土中氯盐、硫酸盐受水易溶解，可形成雨沟、洞穴、湿陷等病害，冬季冻胀、盐胀形成鼓包、开裂，夏季溶蚀、翻浆。盐渍土在我国分布较广，新疆、青海、甘肃、内蒙古、宁夏等省区分布较多。

二、路基施工前的准备工作

（一）熟悉设计文件

设计文件是组织工程施工的主要依据。熟悉、审核施工图纸是领会设计意图、明确工程内容、分析工程特点的重要环节。在有关施工人员熟悉图纸、充分准备的基础上，由建设单位负责人召集设计、施工、监理科研人员参加图纸会审会议。设计人员向承包人作图纸交底，讲清设计意图和对施工的主要要求。施工人员应对图纸和有关问题提出质询，最终由设计单位吸取图纸会审中提出的合理化建议，按程序进行变更设计或作补充设计。

（二）现场踏勘

路基工程施工前，需要对现场进行勘察，确保实际情况与设计图纸保持一致，一旦发现问题，要及时调整。现场踏勘的内容主要包含以下几点：

其一，对施工有影响需要拆迁的各种建筑物、构筑物、公用事业杆线、管道和附属设施以及树木、农作物等；其二，因施工影响沿线建筑物、构筑物、公用事业杆线、管道安全，需加固保护的结构、数量和确切位置；其三，沿线需重点保护的历史文物、古迹、测量标志及军事设施等；其四，了解沿线填方、挖方的地段和数量以及可供借土或弃土的地点；其五，摸清沿线可利用的排水沟渠和下水道，及以往暴雨后的积水情况，以便考虑施工期间的排水措施；其六，了解现场附近供水、供电、通信设施、运输路线、场地及其他设施的情况；其七，对外露的检查井、消防栓、人防通气孔等应在图上标明，以备核对，避免埋没或堵塞；其八，了解沿线各单位因施工受到的影响情况及车辆交通影响，以便提出安排方案。

（三）编制施工大纲与施工组织

编制施工大纲是指在道路工程施工之前，需要结合设计图纸与现场踏勘的实际情况，编制施工大纲，确定施工顺序、施工方法、施工进度以及工、料计划等。设计施工组织设计是指导施工现场全过程、规划性、全局性的技术、经济和组织的综合性文件，是施工准备工作的重要组成部分。通过施工组织设计，能为施工企业编制施工计划，为实施施工准备工作计划提供依据，保证拟建工程施工的顺利进行。

（四）编制施工图预算和施工预算

在设计交底和图纸会审的基础上，施工组织设计已被批准，预算部门即可着手编制单位工程施工图预算和施工预算，以确定人工、材料和机械费用支出；确定人工数量、材料消耗数量及机械台班使用量等。

施工图预算是由施工单位主持，在拟建工程开工前的施工准备工作期间所编制的确定建筑安装工程造价的经济文件，是施工企业签订工程承包合同，工程结算，银行拨、贷款，进行企业经济核算的依据。

施工预算是根据施工图预算、施工图样、施工组织设计和施工定额等文件，综合企业和工程实际情况所编制的。在工程确定承包关系以后进行，是施工单位内部经济核算和班组承包的依据。

（五）物资准备工作

物资准备工作是指施工中必需的劳动手段和施工对象的准备。它是根据各种物资需要量计划，分别落实货源、组织运输和安排储备，以保证连续施工的需要。物资准备是各种材料与机具设备购置、采集、调配、运输和储存，临时便道及工程房屋的修建，供水、供电、必需生活设施等的安装及建设等工作。

在道路施工前，各种生产、生活必需的临时设施，如各种仓库、搅拌站、预制构件厂（站、场）、各种生产作业棚、办公用房、宿舍、食堂、文化设施等均应按施工组织需要的数量、标准、面积、位置等在施工前修建完毕。

修建完成各种生产、生活必需的临时设施后，应及时根据施工组织设计确定的材料、半成品、预制构件的数量、品种、规格以及施工机具设备，编制好物质供应计划，按计划订货和组织进货，按照施工平面图要求在指定地点堆存或入库；对沙子、碎石、钢材等材料应提前做各种试验，确定其是否满足设计要求；对各种标号混凝土提前做好配比；对施工将用的施工机械和机具需用量进行计划，按计划进场安装、检修和试运转。施工队应提早调整，健全和充实施工组织机构，进行特殊工种、稀缺工种的技术培训，提前预招临时工和合同工，落实专业施工队伍和外包施工队伍。同时，根据地理位置、气候条件，冬、雨期施工也应做些适当准备。

（六）测量控制

路基施工前要先做好施工测量工作，包括导线复测、水准点复测与加密、中线放样、横断面检查与补测、增设水准点等。施工测量是整个公路工程施工的基础，是确保线路、高程、尺寸、形状正确的手段，必须认真做好这项工作。施工测量的精度应符合中华人民共和国交通部颁布实施的 JTGC10—2007《公路勘测规范》中的要求。

1. 导线复测

现在好多设计单位用全站仪进行测设，所以测设精度和速度比较高。但是有些施工单位复测时，还用传统的量距办法，这样无法满足导线的复测精度和速度。因此，施工单位必须使用较先进的仪器进行复测，导线复测过程中，如原有导线点距离比较远，不能互相通视时，应进行加密转点（ZD），保证在道路施工的全过程中，相邻导线点间能相互通视，还必须和相邻施工段的导线闭合。复测导线时，应满足以下要求；角度闭合差（f）为 $\pm16\sqrt{n}$ ，n 为测点数，坐标相对闭合差为 ±1/1000。

2. 中线复测

从公路初步设计到路基正式开工间隔时间都较长，这期间难免丢失一些中桩，所以全面恢复中桩，然后为施工过程中恢复导线，中线提供方便，固定全部控制桩，固定导线点、曲线要素经常用交点法。

3. 固定中桩

我们经常用三个点一条线的方法，对到中桩路基以外一定安全距离设两个木桩(护桩)。护桩上标明桩号与路中心填挖高，用（+）表示填方，用（-）表示挖方。这一条线应垂直路中线。这样以后在路基施工中，恢复中桩，控制路基宽度更为方便。

4. 水准点复测

水准点是施工过程中控制标高的依据。规范规定闭合差是为防止因水准点误差过大或引起路基施工超填超挖或欠填欠挖。高速公路和一级公路水准点闭合差为 $\pm20\sqrt{L}$ mm，其它公路水准点闭合差为 $\pm30\sqrt{L}$ mm，L 为 Km 计。使用设计水准点之前应仔细复测，并为施工方便，相邻设计水准点之间增设水准点，增设的水准点应设在路基以外的便测的坚硬石头上或永久性建筑物的牢固处木点杆上，也可以设在埋入土中至少 1m 深的混凝土桩上。如果复测中发现问题应及时根据有关程序向监理组或业主提出修改意见报请变更设计。

5. 纵横端面复测

纵横端面是计算工程量的依据。所以应详细检查，核对纵横断面图，必须保证准确无误，横断面方向应与路线前进方向垂直，否则将引起较大的施工和工程数量误差。

6. 试验复测

施工前，试验人员应对施工路段范围内的地质、水文情况进行详细调查，通过取样做试验，确定其性质和范围，以便施工时采取各自使用的措施。为保证路基的强度和稳定性，对填料土有一定要求，不是任何材料都能用于填筑路基的。应根据设计文件提供的资料，对取自挖方、借土场、料场的路基填料进行复查和取样试验。如果设计文件提供的料场填料不足时，应自行勘查寻找。用作填料土应做下列试验项目：①液限，塑限，塑性指数，天然稠度或液性指数；②颗粒大小分析试验；③含水量试验；④密度试验；⑤相对密度试验；⑥土的击实试验；⑦土的强度试验等。

对原路基做以下试验；①弯沉试验；②压实度试验。弯沉和压实度达不到设计和规范要求的地段，路基施工之前必须采取措施处理。

7. 施工场地清理

路基用地范围内的房屋、道路、河沟、通信、电力设施、上下水道、坟墓或其他建筑物，均应协助有关部门事先拆迁或改造；路基用地范围内的树木或其他植物均应施工前砍伐或移植清理；在填方和借方地段的原地面（原路基）应进行表面清理，清理深度应根据种植土厚度决定；临时工程，主要指修建生活和工程用房，解决好通信、电力和水的供应，修建供工程使用的临时便道等。做好临时工程的各项工作，均为展开基本工作的必要条件。

第二节　路基土石方工程施工技术

一、土石方的概述

（一）土石方的概念

土石方开挖 (earth-rock excavation) 是将土和岩石进行松动、破碎、挖掘并运出的工程。按岩土性质，土石方开挖分土方开挖和石方开挖。按施工环境是露天、地下或水下，分为明挖、洞挖和水下开挖。在水利工程中，土石方开挖广泛应用于场地平整和削坡，水工建筑物（水闸、坝、溢洪道、水电站厂房、泵站建筑物等）地基开挖，地下洞室（水工隧洞、地下厂房、各类平洞、竖井和斜井）开挖，河道、渠道、港口开挖及疏浚，填筑材料、建筑石料及混凝土骨料开采，围堰等临时建筑物或砌石、混凝土结构物的拆除等。

（二）土石方开挖方式

土石方开挖是工程初期以至施工过程中的关键工序。在施工前，需根据工程规模和特性，地形、地质、水文、气象等自然条件，施工导流方式和工程进度要求，施工条件以及可能采用的施工方法等，研究选定开挖方式。明挖有全面开挖、分部位开挖、分层开挖和分段开挖等。全面开挖适用于开挖深度浅、范围小的工程项目。开挖范围较大时，需采用分部位开挖。如开挖深度较大，则采用分层开挖，对于石方开挖常结合深孔梯段爆破（见深孔爆破）按梯段分层。分段开挖则适用于长度较大的渠道、溢洪道等工程。对于洞挖，则有全断面掘进、分部开挖和导洞法等开挖方式。

（三）土石方施工方法

土石方开挖施工，包括松动、破碎、挖装、运输出渣等工序。石方开挖，除松软岩石可用松土器以凿裂法开挖外，一般需以爆破的方法进行松动、破碎。人工和半机械化开挖，使用锹镐、风镐、风钻等简单工具，配合挑抬或者简易小型的运输工具进行作业，适用于小型水利工程。有些灌溉排水沟渠的施工直接使用开沟机，可以一次成形。大中型水利工程的土石方开挖，多用机械施工。

1. 明挖

除使用各类凿岩、钻孔机械钻孔，进行爆破作业外，主要使用：挖掘机械，如各种单斗挖掘机（见图）或多斗挖掘机；铲运机械，如推土机、铲运机和装载机；有轨运输机械，如机车牵引矿车；无轨运输机械，如自卸汽车等。根据不同条件，采用各种配合方式，进行挖、装、运、卸等各项作业。要根据工程规模、施工条件，合理选用适宜的施工机械和相应的施工方法，特别要注意机械设备的配套协调，避免存在薄弱环节。在特定条件下，可采用水力开挖的方法开挖土方；也有采用爆破开挖的方法，即用抛掷爆破或扬弃爆破技术，不仅将土石破碎，并全部或部分地将其抛弃到设计边界以外。

2. 洞挖

一般常用钻孔爆破法掘进，用机械进行挖装、运卸作业；也可采用全断面隧洞掘进机开挖隧洞；在土质或松软岩层中可用盾构法施工。

3. 水下开挖

可以采用索铲、抓斗等陆上开挖机械，但通常多使用各式挖泥船，配合拖轮、驳船等水上运输设备进行联合作业。

二、路基土石方施工

（一）路基挖方

挖方路段开始之前首先进行施工放样，相关工作人员测定出土质的击实标准。在挖掘时要利用挖掘机等机械把边坡固定好，有关测量人员必须严格遵照图纸进行指挥，并注意把边坡的开挖线放好，并根据挖掘的深度和厚度进行调整。路基挖方是以机械为主，自上而下分层逐级进行的。在挖掘的过程中要是发现土质发生了变化，必须及时扩大边坡。根据开挖段的横截面、标高、中线，精确定出开挖线，并要提前做好排水设施。路基开挖逐级挖掘，挖掘过程中应注意随时调整边坡修整，从而避免边坡不顺，做到开挖一级，同时做到防护一级。当挖方发现地下土质不良时，要按照图纸的规定进行挖除，换填或者其他设施。弃土场的位置应选在运距合理尽量不占耕地和不破坏生态环境的地方，或以设计文件及相关监理工程师指定的地点进行弃堆。要使用挖掘机开挖的路堑边坡时要留出一定的尺寸方便调整。

（二）路基填方

一般来说，新建的道路和建筑一样要把基坑挖到指定的标高，将承载力低的土清理出去之后就形成了一个基坑。这些基坑要用设计好的符合承载力要求的材料。比如：水泥土、碎石土、三七灰土等通过分级压实将原来的基坑填到符合设计标高的。完成了这些之后路基基础工作就可以算时正式完成了，剩下的工作就是做面层铺油面或者是混凝土了。最后再做路肩、切割温度缝、画标志标线、养护、验收完毕之后就算完工了。

（三）填料的选择

石质土，如粗粒土、石砂、碎石、砂土质碎、石及碎等，细粒土具有较高的强度和足够的水稳定性，是较好的路基填料。粉土必须掺入较好的土体后才可以用作路基填料，且在高级公路中，只能用于路堤下层（距路槽底部 0.7m 以下）。膨胀土、盐渍土、黄土等特殊土体不得已必须用作路基填料时，必须严格按其特殊的施工要求进行施工。由其要注意的是有机土、含草皮土、生活垃圾、含有腐殖物质、淤泥、沼泽土、冻土、有机土等不得用作路基填料。钢渣、电石渣、工业废渣煤渣等可以用作路基填料，但在使用过程中应注意避免对环境造成污染。

（四）路基填筑试验段

路堤填筑要选择有代表性的地段进行试验，试验段的长度不应该少于 100 米；要依据填料的性质、种类标准、压实及施工的条件选定合适的压实机器；在试验段各部位的全宽度内进行填筑进行试验，把握合理的施工含水率、松铺深度、压实遍数；填层的松铺深度应满足压实后不大于检测方法所控制的最大厚层，并可以达到设计规定的压实标准；压实效果要依据路堤的不同压实标准进行核查；在完成工艺性路堤填筑试验段以后，要及时编制试验段总结报告并报呈相关单位进行批准。报告内容主要如下：机械装备的配置；压路机碾压时的碾压方式、压实遍数、行走速度；填料的颗粒调配和最佳含水率的控制；适当的的松铺深度及宽度；各项压实指标采用的检查办法；组织机构的设置；安全环保措施的合理性及调整措施。

（五）基底处理

路基基地处理的目的主要有：路基不够宽，或者原有路基不能够满足设计线形的有关要求，从而对路基进行加宽或者线形的修改处理；路基承载力不够的部分，需要加强对路基进行软基换填等处理办法，从而可以满足设计的规定；当路基不够平坦时，需要对路基进行调整使其平整。填筑路基时对基底处理要注意以下事项：路基用地范围内的草丛、灌木丛、树木等都应该在施工之前砍伐，砍伐的树木应放到路基用地以外，合理对其进行处理；在路堤修筑范围之内，原地面的坑、洞、墓穴等，必须用原地土或砂土进行回填处置，并按相关的规定进行压实；若原地基为耕地或土壤较松时，首先要做的是清除有机土、种植土、草皮等，清除的深度要达到不小于14cm的规定，平整后的土地也要按规定进行压实工作；当基底原状土的强度设计要求不符合时，要进行换填，换填深度应不小于25cm，并采取逐级压实的方法从而达到规定的要求；基底应在填筑前进行压实。高速公路、一级公路、二级公路路堤基底的压实度都应与原设计要求相符合，如果路堤填土高度小于路床厚度（75cm）时，基底的压实程度不应该小于路床的压实标准；当路堤基底横坡陡于1：5时，基底坡面应挖成台阶，台阶宽度不小于2m，并予以夯实。

（六）填土路堤

如果路基堤填筑宽度不够的，有关工作人员必须进行边坡补填的工作，因为补填松土不容易与原边坡土结合，并且难以对其压实。因此，路堤两侧必须都要填足，不得缺填相关路段，这样会导致压实缺陷。路堤两侧超填宽度要依据实际的经验一般会控制在35～55cm之间，逐级压实，最后修整削坡。为保证路堤填筑宽度的精确性，每层填筑层在上料之前都要依据设计边坡线进行施工。要点：路堤宽度要填足；保证边缘压得实；缺填帮宽病害多；测量放样仔细做。路堤填筑时应注意以下事项：河沟路堤填土，应对护道一并逐级填筑，要选用水稳性较好的土质材料；在路堤修筑范围以内，之前地面的坑、洞等，应注意用原地的土或砂性土进行回填，依据有关规定将其压实；如果路堤基底原状土的强度与设计要求不相符时，要进行换填等工作；为防止雨水对边坡进行冲刷，可以在路基两侧18m左右的地方做个临时泄水槽，槽底铺塑料布获其他防水材料，有利于雨水的排出。

三、路基土石方工程的施工控制要点分析

因为路基土石方工程在整个工程建设项目中占有非常重要的地位，所以，搞好土石方施工控制，按照设计原则以及质量控制要求施工是实现整体工程质量的重要保证。下面主要对路基土石方工程的施工控制进行简要阐述。

（一）选择适宜的施工方法

土石方填筑质量控制要点为了确保土石方的质量满足基本设计要求，提高整体工程质

量，就要对土石方填筑的质量进行控制，主要是指对土石方的填筑材料性质和压实质量进行控制，在施工中结合施工程序随时检测土石方填筑质量，并参考设计标准对不符合标准的环节采取及时地调整措施，选择最为经济、合理的施工方法。

（二）土石方填料材质控制

对土石方填筑材料要进行严格把关，除在规定范围内进行开挖取料外，也通常在现场进行抽样检测，对材料的性质、防渗料的含水量、塑性指数、最大粒径以及粗粒含量等进行控制。土石方的填料不得使用生活垃圾、含草皮或者树根的土，也尽量避免使用易溶性岩石、崩解性岩石、强风化石料等劣性不稳固的材质，若选用的填料岩性相差比较大时，要将岩性不同的填料进行分层分段填筑。

（三）对现场质量进行控制

对现场质量进行控制一般通过控制试验进行，质量控制试验的基本要求是快速和准确，主要包括压实度和含水量试验两种方式。容重试验基本包括灌砂法、环刀法、密度计、压实计、灌水法等；含水量试验主要以快速测定为主，通常采用电炉炒干测量法、红外线灯泡烘干测量法、酒精燃烧测量法、高电波电流干燥法以及中子湿度计等。在施工现场质量控制试验中应用较为方便，在土石方的工程质量控制试验中已被广泛采用。

（四）路基土石方工程全面质量控制

全面质量管理也被称为全面统计的质量控制，是把数理统计和经营管理结合在一起而建立的一整套体系，包括生产施工环节的有效质量管理体系。全面质量管理的主要包含以下几方面内容：对施工的质量、工程成本、施工工期进行的综合的质量控制；工程施工全程的质量控制；全部门、全体员工参与的质量控制等。

（五）雨季施工的措施

施工便道应保证晴雨畅通。修建临时排水设施，保证雨季作业的场地不被洪水淹没并能及时排除地面水。路堤填筑时应选用透水性较好的碎石、卵石土、沙砾、石方碎渣和沙类土作为填料。土质过湿应风干，挖土面和工作点都要保持一定的坡度，以利雨水排走。路堤应分层填筑，每一层表面应做成2%～4%的排水坡。当天填筑的土层应当天完成压实，防止表面积水和渗水，将路基浸软。路堤填筑完成后，为防止路床积水，应在路肩处每隔5～10m挖一道横向排水沟，将雨水排除路床。雨季施工应集中人力、机具，采取分段突击的方法，完成一段再开一段，切忌在全线大挖大填。施工坚持"两及时"：遇雨要及时检查，发现路基积水要及时排除；雨后积水及时检查，发现翻浆要及时处理，挖出全部软泥，填筑透水性好的沙石材料并压实。

四、石方施工方案安全要点

为了保障施工的安全，需要注意以下几点：一是石方爆破工作必须严格按照国家爆破安全的规定，自觉接受当地公安机关的监控；二是当进行人工打眼作业时，相关工作人员必须站在工作区域的侧面，绝对禁止正面使锤，在选择爆破位置时，炮口一定要避开正对的建筑物和人员；三是爆破器材也应遵守严格管理，相关工作手续要有记录人亲自领取，绝对禁止由一人同时搬运雷管和炸药，与炸药有关的违禁品禁止乱丢乱放和私藏；四是爆破工作应有专人指挥，一定要确定在危险边界有明显的符号，在警戒区四周必须派出专门警戒工作人员，警戒区内的人口和牲畜必须及时撤离爆破区；五是如果要进行露天爆破工作，工作人员连续点火的次数不允许超过9根，必须严格遵循严禁使用明火点燃的规定；如果进行多人同时点炮时，每个人的点炮数量也必须相同。爆破时，应点清爆破数与装炮数量是否相符，确认炮响完并过5min后，才可以允许爆破人员进入指定区域；六是如果在雷雨季节，潮湿场地等情况下，应采用非电起爆法；深度不超过9m的爆破用火花起爆，深度超过10m的爆破不得采用火花起爆，必须采用电力起爆；七是石方地段爆破在完成后，工作人员确认已经解除警戒，工作面上的危石也经处理完毕后，清理石方人员方才可以进入现场，人工撬动岩石必须由上而下逐层撬落，严禁人员上下双重作业，更不得将下面撬窄后使上部自然坍落。需要注意的是，撬棍的高度不可以超过人的肩部，不得将棍底指向腹部。

第三节　几种特殊路基的施工技术

一、软土路基施工处理技术

（一）软土及软土地基概述

软土是由于地表水在第四纪后期形成的沉淀物质，多分布于海滨、湖滨、合流沿岸，通常其天然含水量较高、孔隙比大、可压缩性高、抗剪强度低并且其固结系数小、固结时间长、灵敏度高、抗干扰能力差、各土层之间物理力学性能差别较大。在软土的形成过程中，由于地表长期积水，导致喜水植物不断的死亡和生长，使软土中含有较多的有机物。

我国公路工程相关规范对软土地基定义指强度低，压缩量高并且多数含有一定有机物质的软弱土层。日本公路设计规范将软土地基定义为：主要由黏土和粉土等细微颗粒含量多的松软土、空隙大的有机质土、泥炭以及松散沙土等土层构成的具有地下水位高、其上填方及构造物稳定性差且易发生沉降特点的地基。此外，日本规范在给出软土定义时提出了软土地基的类型判断标准，指出：软土地基分类应根据填方形状及施工状况而定，不能简单地按照地基条件确定，同时需要在构造物种类、形式、规模以及地形特性研究的基础上，判断是否按照软土地基处理。

（二）公路工程软土路基处理施工的原理

在公路软土路基处理施工技术的机理主要有：土的置换、改良以及补强等。土的置换是指以性能优良的填土换掉原来不满足要求的路基土，提高路基的承载能力；土的改良则是采用一系列手段，从而增加路基土的密度，或者使路基基础土的固结，增强路基的承载能力；土的补强是借助外界其他物质对公路路基的土体进行有效的约束，以提高路基土体的抗剪性能。

（三）公路工程软土路基处理施工控制要点

1. 选择优质的填土材料

由各种土体的可压实性试验可得，不同类型的土壤压实度与压实的次数和松铺厚度有一定的关系，所以在公路路基处理施工时，应选用最佳类别的土壤作为填料。对于集料的选取主要有以下几点：骨料级配，以及煤灰粉煤灰二灰碎石混合料的配合比方面。由工程经验可知，传统的连续级配颗粒偏小，在实际工程施工时应该增加粗骨料的配合百分比，同时应减少胶结材料的使用，减少填料的收缩。

2. 公路路基排水

在路基的使用过程中，水是路基产生病害的主要原因。所以，在公路路基的加固处理中，应该处理好公路路基的排水，逐渐完善公路的排水设施建设。因此，在公路路基的施工中，应注重路基的排水处理，加强路基的承载能力。在公路路基的施工中，要利用急流槽、边沟、截水沟以及排水管等设施的作用，充分做好地面排水的协调工作，从而确定路基的稳定性能。

（四）公路工程中软土路基处理施工技术

通过多年的路基施工经验可知，常见的路基加固方法大致有以下几种：

1. 换填土层法

其主要是指在路基处对原来承载能力较低的路基土体进行置换，以进行挖除路基一定深度范围的湿软土层为主要方式，然后换填成强度较大、稳定性较大的土体填料，比如颗粒均匀的砂、碎石、素土、矿渣灰土等，也可以在这些填料中添加适量稳定土，以最大限度增强路基的稳定性。

2. 排水固结法

主要在路基表面处，堆积适量的重物对软弱路基土体进行预压处理施工，从而可以最大限度地挤出路基土中过多的水分，以确保路基在辗压施工时满足设计要求，从而提高路基的承载能力，排水固结法大多用于天然沉积层和人工冲填土层的软弱路基进行加固处理，增大路基的强度，满足路面的承载力要求。

3. 重锤夯实法

重锤夯实法，主要是采用由钢筋混凝土按照一定的规格制成的圆锥体，将其提起锤击路基，对路基产生明显的压实效果，增大路基的密实度，达到路基加固的目的。

4. 桩基加固法

桩基加固法多用在软土路基中，在软土路基中利用钻机钻取适当深度的孔，然后在孔内注入拌合物，成为具有强度的桩，使其与周围的软土路基一起作用，增大了路基的强度，提高了路基的稳定性。

5. 机械碾压法

此方法主要利用机械碾压机对路基进行充分的辗压，直到达到公路路基的承载力要求。同时在路基基础的压实过程中，要确保填土的压实度达到规范所要求的力学性能；并且在路基的压实过程中，要特别注意施工顺序：首先卸土、平土、洒水、晾晒；然后碾压机碾压；最后进行压实度检测。

（五）浅层软土路基和深层软土路基处理常用技术

1. 浅层软土路基处理技术

浅层软土路基处理技术主要有加筋土技术、强夯、填换技术等。加筋土技术是把土工织物和格栅植入到地基之中，以完善的整体扩散角度扩充压力，以提高地基总体承载水平。这项技术适用于回填土沟建路堤，对黏土地质黏土与沙土比较适用。强夯技术是通过重物强夯处理软土路基，提升了密实性，使路基承载能力提高，不良沉降减少。适用于地基深度小于三米的粉土、黏性土、杂填土地质。换填施工技术是将路基软弱土层良好清除，再回填碎石压实。适合应用在黄土地质及淤泥地质路基。

2. 深层软土路基处理技术

深层软土路基处理技术主要为重锤夯实处理技术和高压旋转处理技术。重锤夯实处理技术主要应用起重机械设施，提升重锤到一定高度再任其自然落下。重复数次以达到夯实处理的技术。高压旋转处理技术是采用钻机钻至一定深度，由钻杆一端安装的特殊喷嘴把水泥浆液高压喷出，以喷射流切割搅动土体，钻杆边施工边旋转边上升，使水泥和土粒混合凝固，造成一个圆柱状的水泥土固结体，以加固路基止水防渗。这是一项新技术，有待在实践中提升发展和完善。

二、滑坡地段路基处理的施工技术

（一）滑坡地段的特征

滑坡地段的路基施工之所以要区别于其他地段，是因为其具有如下特征：

一是公路的滑坡地段一般来说土质相对松软，因此也较易吸收水分，但是相对的排水性能不佳，这样导致的后果就是该地段在整个公路中属于学指标相对较低的部分，且一般表现为软塑状；二是公路的滑坡地段的滑带形状一般来说可以分为两种，在较为均匀的土质结构中以大都呈现为近似圆弧形，而相反的在不均匀的土质中则表现为折线形；三是公路滑坡形成和发展的基本原因是由于土质中的含水量超过了一定限度导致的，因为滑坡地段的基本土质大多数为地层岩，所以，当滑坡中的含水量增加或者滑坡受到外来降水的影响时，各种软弱结构面就会受到冲击，导致滑坡。

（二）滑坡地段路基主要的施工技术与工艺

在对滑坡进行处理以及施工前，不得在滑坡地段再增加任何荷载，以免造成滑坡的进一步发展；滑坡产生的原因主要是因为滑坡地段的土质含水量超标，所以在滑坡施工的过程中，要严格的控制该段的地表水和地下水，采用引流等一系列措施，避免地表水和地下水渗进入滑体。

根据滑坡地段的实际地质地形情况、滑坡地段上的结构物工程以及该滑坡处治的设计图，选择合适的施工组织设计和合理的施工方案进行处治。且滑坡处治必须遵守以下几个原则：先应急工程，后永久工程；施工尽量选择在旱季；需事先作好地面排水系统，不使场地积水和漫流；场地排水、弃土以及堆料都不能影响滑坡的稳定性；为了让工程尽快发挥作用，支挡工程的施工应从滑坡两侧开始向主轴靠近，并应跳槽开挖，随挖随支挡；不能在滑坡前缘大拉槽，不加支挡大放坡，加剧滑坡的滑动；特别要注意施工中的验槽，如果滑动面位置和设计有差别，应及时提醒设计代表与监理工程师变更设计；为了保障施工的安全，应加强施工过程中滑坡的动态监测；抗滑桩等的施工应连续浇灌，不留接缝；如果出现接缝，就要特别处理，特别是在滑动面附近，不能出现薄弱截面。滑坡处治中采用具体的工程措施如锚杆、锚索框架梁和抗滑桩等。

滑坡地段进行高路堑边坡开挖，必须是自上而下进行，每开挖一台都需要对裸露边坡进行地质分析，重新评价边坡的稳定性；在需要采取边坡加固时，为了让后续施工对滑坡稳定性可能造成的影响降到最小，应停止开挖下级边坡，待加固工程起到稳定边坡作用后，才可以进行下级边坡开挖。

为了防止地表水集中灌入滑体，要及时疏通和清理排水沟，及时修补好破损处，且及时完善好路基排水系统与滑坡范围内的排水系统；通过监测掌握滑坡动态，使监测达到要求；迅速排除地下水和降水。产生滑坡的主要外因是地下水活动，不论采用哪种方法处理滑坡，都必须处理好地下水和地表水，地下水和降水排除的主要方法有以下几种：一是环形截水沟，环形截水沟设置处，应在滑坡可能发生的边界以外且大于5m的地方，如果山坡汇水面积大，流速与地表径流流量也都比较大时，则应该根据实际情况来设计截水沟，且截水沟间距最好是 50～60m，然后根据沟间汇水面积确定截水沟的断面尺寸，截水沟应采用浆砌片石防护，在可用预制混凝土块铺砌防护石料缺乏的地方；二是树枝状排水沟，排除滑体坡面上的径流主要用的是树枝状排水沟，树枝状排水沟设置，要结合施工现场地形条件，充分利用坡面上的自然沟系，汇集并旁引坡面径流排出滑体外。如果以自然沟渠作为排除地表水的渠道时，为了使水流通畅，不渗漏，就必须对其进行必要的整修、加固和铺砌。

另外，季节对滑坡施工质量的影响也是非常重要的，实践中我们发现，选择在当地的干旱季节施工，可以有效地避免滑坡的质量问题，因为滑坡的大部分问题在于对含水量的控制，所以干旱季节的施工可以有效地避免这一问题。在滑坡施工前，有关部门还应做好天气的观察和监控工作，选择干燥的天气开始施工。与此同时，还要事先做好工作人员的组织和施工材料和设备的调配，以保证在最佳施工状态下完成工程。

牵引式滑坡、具有膨胀性质的滑坡不宜用滑坡减重法。牵引式滑坡是指坡脚的土体先失稳，向下滑动，坡体后部土体由于失去支承而相继滑下。上积土减重后并不能防治该类滑坡的产生和发展，因而对于牵引式滑坡，不采用减重法。牵引式滑坡多发生于黏土和堆积层滑坡中。具有膨胀性质的滑坡的滑带土（或滑体）具有卸荷膨胀的特性，减重后能使滑带土松散，地下水浸湿后其阻滑力减小，因而引起滑坡下滑，故不宜采用减重法。

三、崩坍和岩堆地区公路路基施工

崩塌现象多发于多山地带的陡峻山坡上，发生崩塌时，岩块或者土体由于自身重力作用突然从高处迅猛的坠落；碎落则是被风化的岩石化成一块块碎石不断地坠落到山脚，日积月累，山脚下的崩落物就形成了岩堆。

（一）形成崩塌地区的条件和因素

1. 地势条件

能否形成崩塌与斜坡的陡峻程度有关，当斜坡坡度小于45度时基本不会形成崩塌；当斜坡坡度大55度小于75度时最容易导致崩塌，另外，还与是否存在凹坎和悬石有关。

2. 岩性条件

崩塌易发生在以下几种岩性条件中：一是节理发达的岩块或岩层；二是抗风化能力差的软岩层及其夹层；三是软岩层上有厚岩层覆盖。

3. 构造条件

以下几种构造面倾向临空并且倾斜角度较大时容易成为崩塌的依附面：岩层层面、断层面、错层面、错动面、节理面有裂缝、有软弱夹层。

4. 降雨量

降雨量大容易导致雨水渗透到地下去，同时对地表进行严重的冲刷，使得岩层之间的粘合力减弱，摩擦力降低，并且雨水增加了岩体本身的重量，软化了裂缝填充物，此种情况下，难以阻止崩塌的发生。

5. 温度变化及人为因素

促使岩石风化的因素有：季节的更替，昼夜温差及湿度的变化等。而人为因素主要包括：过度采伐、不当开挖、爆破手段的使用。

以上因素往往不是单一存在的，崩塌现象的发生往往是多种因素一起促成的，其中地势和地貌条件是主要问题。而人为因素中的边坡开挖时一种主要的诱发因素。

（二）崩塌地区防治措施和路基施工

在进行施工时，首先要检查地貌，如果要施工的坡面上有很多岩石裂缝，或者坡面的岩石已经破碎不堪了，亦或是因为长期受到雨水的侵蚀以及恶劣气候的冰冻导致了岩石剥落地段，那么在施工时必须要采取措施来防止岩石继续风化。通常有两种方式，一种是喷射砂浆嵌补铁丝网，具体过程是，首先喷射水泥砂浆稳定地貌。喷射厚度在 5 ~ 10cm 之间。但是，如果当地气候非常寒冷，那么厚度要大于 10cm。在非常陡峻的斜坡上施工时，需嵌入铁丝网，其规格为直径 2 ~ 6mm，间距 10 ~ 20cm，嵌入同时要用 18 ~ 22mm 的锚杆钢筋将其固定，每平方米内 1 ~ 2 处即可，最后将砂浆喷射到铁丝网固定处。另一种是用砂浆堆砌片石来保护斜坡坡面，一般选用厚度在 3cm 以上的片石，这样制成的保护面需要每平方米留置一个泄水孔，直径在 6cm 以上。

当施工过程中遇到发生过较大崩塌事故的地段时，要尽量绕开。当现实情况实在不允许绕开时，就要考虑运用遮挡建筑物如明洞、棚洞或悬臂式棚洞等作为补救方式。当施工地段发生小型崩塌及碎落时，要及时将散落下来的碎石清除干净。若崩塌时破坏了基岩，那么就需要构筑拦截构造物。

边坡锚固法用来固定附着有较大危石的边坡的。采用此法，可以加强危石与边坡的紧密度。运用边坡锚固法时需要使用预应力锚索和锚栓。采用预应力锚索锚固的方法时，要先用打孔机在基岩上钻一个有一定深度的孔，然后将预应力锚索插进去，同时将混合好的高标号水泥砂浆灌入锚固段长度内，并注意锚固段内封锚防护。边坡锚固法适合应用在风化层厚度和防护面积都比较大的坡面上。其锚索间距与长度需要根据设计而定。其中需要特别注意的是锚固应设置在强度足够大的岩石层里面以确保其可靠性和安全性。

对于结构面比较薄弱的高边坡，为了防止其容易发生崩塌，需要用支挡墙或者支护墙等措施进行防治。其原理是用支挡墙或支护前支撑边坡，防止软结构面不断扩大和断裂。当施工路段经过有堆积物的山坡并且无法绕开时，需要将有堆积物的山坡进行卸载放缓或者分级处理。

（三）岩堆的工程地质特性

1. 年代较近

岩堆大部分年代比较近，岩堆的表面坡度通常大约在 25 ~ 45 度之间，通常认为它与其组成物质在相对干燥的情况下形成的天然安息角的角度相接近。岩堆的安息角取决于其组成物质的岩性及岩块的大小程度。

2. 内部层理形式各异

岩堆内部的层理形式各异，其中向外倾斜的层理比较多见，倾斜的角度与其天然安息角相接近，当发生震动以及有重物掉落在上面的时候，其表层活间层很容易滑动变形。

3. 结构组成不均匀

岩堆的组成结构是不均匀的，因为他本身比较松散，碎石空隙很大，随着时间的累积，碎石不断地随风剥落，雨水冲刷着地表并深入地下，最终在其空隙内形成一些填充物。因此岩堆有以下特点：上部结实但是下部松散，有松散夹层，有重物打压时容易产生不均匀沉陷。

4. 基本位于基岩斜坡上

岩堆的基底和傍依区，基本上都坐落在或其大部分坐落在基岩斜坡之上。岩堆在以下情况下较为容易发生滑移：一是接触面被地下水浸湿；二是接触面上的摩擦力被降低；三是受到外力作用。

（四）在岩堆地区开展路基施工的方案

1. 路堤的方位

路堤适合修筑在岩体下部或坡脚处。修筑路堤的过程中，应当对其基地进行清理，由于岩堆表层一般较为松软，需要清除其表层的松散堆积物，并且挖好台阶。挡土墙嵌入基岩是解决岩堆较薄时路堤容易错位的首选方法。另外，当岩堆厚度和面积都比较小时，需要将岩堆全部清除。在基岩面挖筑台阶和填筑路堤。

2. 关于路堑的施工

（1）路堑边坡施工方案

通常，路堑边坡的坡度要与岩堆坡度相吻合。当然，如果岩堆非常稳定，亦可采用较陡的边坡坡度。同时，要用石砌来保护边坡中的松散夹层。阶梯型边坡用于高度超过20米的边坡。由于在施工过程中，开挖后的剩余土体容易发生滑动，因此要额外关注其稳定性。故应将边坡坡度放缓或全部清除剩余土体，将不安定因素消灭在萌芽状态。

（2）对于切穿岩堆的路堑的施工措施

当岩堆厚度较小，挖方边坡切穿岩堆体，破坏了岩堆的平衡时，为预防岩堆沿接触面发生位移，应当在其上侧修筑挡土墙来确保可靠性和安全性。

（3）挡土墙的运用

挡土墙的使用条件为：一是岩堆较薄；二是岩堆的平衡性遭到破坏。此时，应当在其上侧修筑挡土墙来确保可靠性和安全性。当岩堆厚度较小时，可在基岩上修建挡土墙的基础；当岩堆厚度较大时，可在岩堆堆积层内修建挡土墙基础。但同时需要特别注意下列几个方面。

①挡土墙的基础是否稳固

如果岩堆堆积层的承载力不足，则需结合其实际情况适当地扩大挡土墙的基础。如果基底的洞数量比较多，则应通过填实和灌浆等措施来确保其稳定性和安全性。

②挡土墙与岩堆的整体是否稳固

在岩堆坡度较陡的情况下，若在岩堆的中上部分修筑高挡土墙和高填土路堤，因为会增加相当大的负荷，从而容易引发岩堆整体位移或沿基底下的黏土夹层发生位移；若在岩堆底部修建挡土墙，因为底部岩堆坡度较小，堆积物多是大型石块，所以其稳定性比较高。

③岩坡坡度是否平缓

如果岩坡坡度较为平缓，那么无论挡土墙的位置与高度处于何种状态，其稳定性通常都比较高；但是当挡土墙的位置处于岩堆上部，墙身高度比较大，并且沿基底下存在黏土夹层的情况下，其稳定性就会变得很差，容易发生位移。

3. 岩堆变形的预防措施

要预防岩堆变形的发生，就必须设置好排水设施，坡面采用阶梯的形式。此外还可以考虑先在坡面通过撒铺种植土来填充空隙，然后再在种植土上栽培植被。对于临河的岩堆，当通过加固沿岸河堤来防止坡脚受到冲刷导致稳定性下降。

四、岩溶地段路基处理施工技术

（一）岩溶地段

岩溶指地下水和地表水对可溶性岩石的破坏和改造作用及其形成的水文现象和地貌现象。岩溶又称喀斯特（Karst），原是前南斯拉夫西北部伊斯特里亚半岛石灰岩高原的地名，意为岩石裸露的地方，那里有各种奇特的石灰岩地形。岩溶地貌不仅在碳酸盐岩石地区发育，而且在其他可溶性岩石(硫酸盐、卤化物)分布区也可见到，但以碳酸盐岩石地区的岩溶地貌最为广泛和壮观。

在岩溶发育地区进行工程建设，由于岩溶发育往往使地面上石芽、溶沟丛生，参差不平整；地下溶洞又破坏了岩体的完整性，岩溶水动力条件的变化，又会使其上部覆盖土层产生沉陷，这些都不同程度地影响工程的稳定性，道桥工程建设中会因岩溶而导致路基沉陷等。因此，对岩溶地段的路基应进行一定的处理。

（二）岩溶地段路基处理施工技术

1. 冲击碾压

当挖方段的路槽形成并且填方段的表面清理之后，为了清除路基浅表层上的小型微型土洞的潜在危害，提高路基的物理承载力学性能，最好采用冲击压路机施工，这种压路机的规格最低不小于50t，反复碾压至少5遍，这样就可以起到固化的作用。

2. 浅层开挖回填

当洞顶至地面表层为土层，埋深小于3米；洞顶至地面表层为岩层，埋深小于1米时，面对这样类型的溶（土）洞或者裸露于地表的溶（土）洞，通常会采用浅层开挖处理的方式来解决。可以通过爆破或者其他方式来揭开和扩大溶洞顶板，直接对溶洞进行回填工作，回填的过程中，要逐层回填和夯实。倘若溶洞中有水流或者其他沉积物，则要将水流添堵和沉积物清理，然后再进行回填。而回填材料的选择我们一般会采用碎石、片石碎石土和C15 混凝土等材料，但是也必须要根据现场的情况来选择和配置回填材料。

3. 钻孔注浆

对于规模较小的溶洞且溶洞内没有沉积物时，最好采用完全注浆的方式来填充整个溶洞；当溶洞内存在松散的沉积物时，就需要注浆来挤密和胶结沉积物。

对于规模较大、埋深较深的溶洞，整个填充的工程量较大，不可能进行完全填充，就需要考虑溶洞的规模、形态、顶板的厚度和地层情况，从而采用间隔分布和一定间距的注浆方式钻孔，这样施工就会形成具有一定稳定程度和强度的支柱，形成岩溶顶板进行支撑，从而加强整个岩溶顶板的受力强度。同时也会对溶洞内沉积物起到一定的挤压作用。钻孔注浆一般会采用静压注浆法，通常情况下注浆孔的直径为 80 ~ 135mm，而在特别需要的情况下，也可以设置 155mm 的钻孔，注浆的水泥选择一般会采用普通的硅酸盐水泥，但是强度要不低于 32.5，注浆的浆液在采用纯水泥砂浆时，需要使用挤压式注浆泵来注浆施工，当浆液为水泥浆时，则要使用泥浆泵注浆。

4. 盖板跨越

对于位于挖方地段、埋深较大且溶洞顶板较为破碎的情况下，对于溶洞的处理就需要采用钢筋混凝土的盖板跨越法。盖板的选择要不低于 30cm，不设置伸缩缝，施工缝的位置要设置抗剪钢筋。而对于处于发育阶段的溶蚀地貌地段，则最好采用盖板＋旋喷装的方式加固，这样旋喷桩可以直接对盖板形成支撑。

5. 强夯法

对于埋深 3 ~ 5m 的密集中小型溶（土）洞，最好选用高能级强夯法处理，使溶（土）洞坍塌，从而消除其存在的隐患，同时也提高地基土的承载能力和强度，这样就可以改善隐伏较深的溶（土）洞顶板的安全状况。当溶洞坍塌后要采用碎石土夯填。强夯的强夯点间距 6 ~ 8m，能级最好为 3000 ~ 6000kJ，分 2 遍来夯实。强夯工点的设置必须要远离居民区，从而尽量避免对居民房屋造成施工伤害。

五、膨胀土地区路基处理施工技术

（一）膨胀土的概述

膨胀土系指黏粒成分主要由强亲水性矿物组成具有吸水膨胀和失水收缩特性的黏性土。由于膨胀性土会因为土中含水量的变化而发生相应的膨胀或收缩变形特别是在场地膨胀性土层厚度不一均匀性不一、不同部位处含水量的变化以及路基底压力不等等原因时就会导致地基土不均匀的隆起或下陷使得建筑物产生墙体开裂、地面隆起或下陷等破坏。因此必须对膨胀性土场地进行处理以满足施工要求。

（二）膨胀土的工程特性

在交通部部颁现行《公路路基设计规范》(JTJ013-95) 中采用黏粒含量小于 $2\mu m$ 的百分比和自由膨胀率及膨胀总率三个指标把膨胀土分为强膨胀土、中膨胀土和弱膨胀土三个级别。膨胀土的工程特性大致可以归纳如下：

1. 胀缩性

膨胀土吸水后体积膨胀使其上面的建筑物或路面隆起如膨胀受阻即产生膨胀力；失去水分后体积收缩造成土体开裂并使其上面的建筑物下沉。

2. 崩解性

膨胀土浸水后体积膨胀在无侧限的条件下则发生吸水湿化。不同类型的膨胀土其崩解性不一样强膨胀土浸入水后几分钟内很快就完全崩解；弱膨胀土浸入水后则需要经过较长的时间才能逐步崩解且不完全崩解。

3. 裂隙性

膨胀土中的裂隙主要可分为垂直裂隙、水平裂隙与斜交裂隙三种类型。这些裂隙将土体层分割成具有一定几何形状的块体如棱块状、短柱状等破坏了土体的完整性。膨胀土路基边坡的破坏大多与土中裂隙有关且滑动面的形成主要受裂隙软弱结构面控制。

（三）路基工程中的膨胀土处理技术

一般来说，膨胀土路基处理技术有如下几种：

1. 换土

换土是膨胀土路基处理方法中最简单而且有效的方法。顾名思义换土就是挖除膨胀土换填非膨胀土或沙砾土换土深度根据膨胀土的强弱和当地的气候特点确定。在一定深度以下的膨胀土含水量基本不受外界气候的影响该深度称之为临界深度该含水量称之为该膨胀土在该地区的临界含水量。由于各地的气候不同各地膨胀土的临界深度和临界含水量也有所不同。换土深度要考虑受地面降水影响而使土体含水量急剧变化的深度基本上在 $1 \sim 2m$ 即强膨胀土为 2m 中、弱膨胀土为 $1 \sim 1.5m$ 具体换土深度要根据调查后的临界深度来确定。

2. 湿度控制

湿度控制法包括预湿和保持含水量稳定。为控制由于膨胀土含水量变化而引起的胀缩变形尽量减少路基含水量受外界大气的影响需在施工中采取一定的措施。如利用土工布或黏土将膨胀土路基进行包封避免膨胀土与外界大气直接接触尽量减少膨胀土内部的湿度迁移。水利工程建设中经常采用膨胀土预湿法用水浸泡地基土或覆盖非膨胀土以达到膨胀土的湿度平衡。

3. 改性处理

化学固化就是利用石灰、水泥或其他固化材料通过与膨胀土的物理化学作用进行膨胀土的改性处理以达到降低膨胀土膨胀潜势、增强强度和水稳性的目的。具体来说：石灰的固化作用是由于盐基交换、次生碳酸钙胶结性、黏土颗粒与石灰相互作用形成新的含水硅酸钙、铝酸钙等新矿物而显现出来；水泥的固化作用是由于钙酸盐与铝的水化物和颗粒间的胶结作用胶结物逐渐脱水和新生矿物的结晶作用从而降低膨胀土的液限增大了膨胀土的塑限和抗剪强度；NCS 固化材料除具有石灰、水泥的优点消除土的胀缩性外还有吸水增强作用改善土的压实性并生成微型加筋结构提高土的强度。在以往的膨胀土地基处理中已有过许多成功的先例利用这种处理方法的成败主要取决于固化材料的技术指标和施工工艺。

4. 膨胀土边坡的刚性防护

膨胀土挖方坡传统的处置方案是采用全封闭的刚性防护，以阻止降水被非饱和土吸收，其主要方式如浆砌石满铺防治、混凝土六角块满铺防护、土钉墙加固边坡、抗滑桩、重力式挡墙等。此方法需要避开雨季施工，路基开挖后各道工序要紧密衔接，连续施工，时间不宜间隔太久，防止雨水浸泡。但是刚性防护没有从解决在大气风化作用影响深度范围内膨胀土体的胀缩问题，并且耐久性较差。

第四节　路基工程质量通病及防治措施

一、路基压实质量问题的防治

（一）路基行车带压实度不足

1. 路基行车带压实度不足原因分析

行车带压实度不足的原因，包括以下几种：①压实程序的次数没有达到标准要求；②使用的压实机械不合理，不同的厚度与不同的土质需要使用的压实机械不同；③碾压作业过程比较草率，路面没有被碾压均匀；④路基的含水量不符合规定；⑤在填筑之前没有对其表面进行处理；⑥土场存在多种土质的土壤，填筑时单层可能出现了不同性质的填料；⑦填土的颗粒过大使得颗粒与颗粒之间的间隙过大，使得路基之中有缝隙，或者使用的填料不符合标准。

2. 路基行车带压实度不足预防措施

①确保压路机的碾压遍数符合规范要求；②选用与填土土质、填土厚度匹配的压实机械；③压路机应进退有序，碾压轨迹重叠、铺筑段落搭接超压应符合规范要求；④填筑土应在最佳含水量 ±2% 时进行碾压，并保证含水量的均匀；⑤当紧前层因雨松软或干燥起尘时，应彻底处置至压实度符合要求后，再进行当前层的施工；⑥不同类别的土应分别填筑，不得混填，每种填料层累计厚度一般不宜小于 0.6m；⑦优先选择级配较好的粗粒土等作为路堤填料，填料的最小强度应符合规范要求；⑧填土应水平分层填筑，分层压实，

压实厚度通常不超过 20cm，路床顶面最后一层通常不超过 15cm，且满足最小厚度要求。

3. 路基行车带压实度不足治理措施

①因含水量不适宜未压实时，洒水或翻晒至最佳含水量时再重新进行碾压；②因填土土质不适宜未压实时，清除不适宜填料土，换填良性土后重新碾压；③对产生"弹簧土"的部位，可将其过湿土翻晒，或掺生石灰粉翻拌，待其含水量适宜后重新碾压，或挖除换填含水量适宜的良性土壤后重新碾压。

（二）路基边缘压实度不足

1. 路基边缘压实度不足原因分析

①路基填筑宽度不足，未按超宽填筑要求施工；②压实机具碾压不到边；③路基边缘漏压或压实遍数不够；④采用三轮压路机碾压时，边缘带（0cm ~ 75cm）碾压频率低于行车带。

2. 路基边缘压实度不足防治措施

①路基施工应按设计的要求进行超宽填筑；②控制碾压工艺，保证机具碾压到边；③认真控制碾压顺序，确保轨迹重叠宽度和段落搭接超压长度；④提高路基边缘带压实遍数，确保边缘带碾压频率高于或不低于行车带；⑤校正坡脚线位置，路基填筑宽度不足时，返工至满足设计和"规范"要求（注意：亏坡补宽时应开台阶填筑，严禁贴坡），控制碾压顺序和碾压遍数。

二、路基边坡病害的原因及防治

（一）边坡滑坡病害的原因及防治

1. 边坡滑坡病害原因分析

①在设计过程中没有考虑到地震、洪水或者地下水位变化等自然原因；②路基基地没有严格按照规定清理，存在一定量的软土，并且软土的厚度不均匀；③填土工作进行的速度过快，而其中的沉降观测工作和侧向移位观测不到位；④路基处于陡峭的斜坡面上；⑤路基填筑层有效宽度不够，边坡二期贴补；⑥路基顶面排水不畅；⑦用透水性较差的填料填筑路堤处理不当；⑧边坡植被不良；⑨未处理好填挖交界面。

2. 边坡滑坡病害防治措施

①路基设计时，充分考虑使用年限内地震、洪水和水位变化给路基稳定带来的影响；②软土处理要到位，及时发现暗沟、暗塘并妥善处治；③加强沉降观测和侧向位移观测，及时发现滑坡苗头；④掺加稳定剂提高路基层位强度，酌情控制填土速率；⑤路基填筑过程中严格控制有效宽度；⑥用透水性较差的土填筑于路堤下层时，应做成 4% 的双向横坡，如用于填筑上层时，除干旱地区外，不应覆盖在由透水性较好的土所填筑的路堤边坡上；⑦当原地面纵坡大于 12% 或横坡陡于 1 ：5 时，应按设计要求挖台阶，或设置坡度向内

并大于4%、宽度大于2m的台阶，应从最低处起分层填筑，逐层填压密实；⑧加强地表水、地下水的排除，提高路基的水稳定性；⑨减轻路基滑体上部重量或采用支挡、锚拉工程维持滑体的力学平衡，同时设置导流、防护设施，减少洪水对路基的冲刷侵蚀。

（二）边坡塌落病害的原因及防治

1.边坡塌落病害的原因分析

（1）土质路堑边坡塌落的原因

①由于边坡土质属于很容易变松的砂类土、砾类土以及受到雨水浸入后易于失稳的土，而在设计或施工时采用了较小的边坡坡度；②较大规模的崩塌，一般多产生在高度大于30m，坡度大于45°（大多数介于55°～70°之间）的地形条件；③上缓下陡的凸坡和凹凸不平的陡坡；④暴雨、久雨或强震之后，雨水渗入土体，使斜坡岩体的稳定性降低，或者由于流水冲掏下部坡脚，削弱斜坡的支撑部分，或者由于地震改变了坡体的稳定性及平衡状态而发生边坡塌落；⑤在多年冰冻地区，由于开挖路基，使含有大量冰体的多年冻土溶解，引起路堑边坡坍塌。

（2）石方路堑边坡塌落的原因

①排水措施不当或施工不及时造成地表水和地下水；②大爆破施工，施工时路堑开挖过深、过陡，或由于切坡使软弱结构面暴露，使边坡岩体推动支撑；由于坡顶不恰当的弃土，增加了坡体重量。

2.边坡塌落病害的防治

①排水，在可能发生塌落的地段，必须做好地面排水设施；②加固边坡，及时清除滑塌的土石方及路基上方的危岩、危石，对于土质路基，可种草或植树，对于风化的软质岩层，可修建干砌或浆砌护面墙，如有危及行车安全的路段，应拉警示带，设置必要的安全警示标志，并根据地形和岩层情况，采用嵌补、支顶等方法予以加固；③设置拦截构造物，在小型塌落地段，应尽量采取全部清除的办法，如由于基岩破坏严重，塌落的物质来源丰富，则宜修建落石平台、落石槽、拦石墙等构造物；④设置支挡构造物，由于存在软弱结构面而易引起塌落的高边坡，可根据情况采用支挡构造物，以支撑边坡，并防止软弱结构面张开或扩大，主要防治公路上方的危岩危石等；⑤采用柔性防护网。

三、高填方路基沉降病害的原因及防治

（一）高填方路基沉降病害的原因分析

①按一般路堤设计，没有验算路堤稳定性、地基承载力和沉降量；②地基处理不彻底，压实度达不到要求，或地基承载力不够；③高填方路堤两侧超填宽度不够；④工程地质不良，且未做地基孔隙水压力观察；⑤路堤受水浸泡部分边坡陡，填料土质差；⑥路堤填料不符合规定，随意增大填筑层厚度，压实不均匀，且达不到规定要求；⑦路堤固结沉降。

（二）高填方路基沉降病害的防治措施

①高填方路堤应按相关规范要求进行特殊设计，进行路堤稳定性、地基承载力和沉降量验算；②地基应按规范进行场地清理，并碾压至设计要求的地基承载压实度，当地基承载力不符合设计要求时，应进行基底改善加固处理；③高填方路堤应严格按设计边坡度填筑，路堤两侧必须做足，不得贴补帮宽，路堤两侧超填宽度一般控制在30cm～50cm，逐层填压密实，然后削坡整形；④对软弱土地基，应注意观察地基土孔隙水压力情况，根据孔隙水压确定填筑速度，除对软基进行必要处理外，从原地面以上1m～2m高度范围内不得填筑细粒土；⑤高填方路堤受水浸泡部分应采用水稳性及透水性好的填料，其边坡如设计无特殊要求时，不宜陡于1∶2.0；⑥严格控制高路堤填筑料，控制其最大粒径、强度，填筑层厚度要与土质和碾压机械相适应，控制碾压时含水量、碾压遍数和压实度；⑦路堤填土的压实不能代替土体的固结，而土体固结过程中产生沉降，沉降速率随时间递减，累积沉降量随时间增加，因而，高填方路堤应设沉降预留超高，开工后先施工高填方段，留足填土固结时间。

四、路基横向裂缝病害的原因及防治

（一）路基横向裂缝病害的原因分析

①在施工时选用的填料不符合要求，其液限超过50，塑性指数超过26；②没有按照施工要求，按填料的性质进行分层填筑，而是将性质不同、塑性指数相差较多的填料混合在同一层进行填筑；③路基顶层的填筑没有按照衔接规范进行施工，导致衔接部位产生异常；④路基顶与其下层的平整度和填筑厚度相差太大，并且其最小的压实厚度低于8cm；⑤暗涵结构物基底沉降或涵背回填压实度不符合规定。

（二）路基横向裂缝病害的防治措施

①严格要求路基填料的材质，所有材料的液限都需要在50以上，并且塑性指数大于26；②性质不同的填料必须严格按照规定分层进行填筑，同一层填筑材料的性质必须相同；③在路基顶层的施工过程中，在两段的交接部分，需要按照标准进行；④路基施工过程中的每一个填筑层的高度、平整度都需要进行严格地控制，保证路基顶填筑层压实厚度不小于8cm；⑤暗涵结构物施工时检查基底承载力，控制暗涵结构物沉降，涵背回填透水性材料，层厚宜15cm一层，在场地狭窄时可用小型压路机压实，控制压实度符合规定。

第三章　路面施工技术

路面施工是保证路面使用寿命的重要环节之一。其是用各种材料或混合料分层修筑在路基顶面供车辆行驶的层状结构物，直接经受车辆荷载与自然因素综合作用，因此路面的性能应能满足车辆安全、迅速、舒适的行驶要求。在路面施工过程中必须层层把关、严格要求，路面施工工艺和施工质量直接影响到公路的行车安全和运营效益，是关系到公路整体服务水平的关键。

第一节　路面基层施工技术

一、路面基层概述

（一）路面的面层、基层、垫层

1. 面层

路面面层是直接通行车和大气相接触的层位，承受行车荷载较大的竖向力、水平力和冲击力的作用，同时又受降水的侵蚀作用和温度变化的影响。路面面层具有较高的结构强度、刚度、耐磨、不透水和高低温稳定性，并且其表面层还具有良好的平整度和粗糙度。面层可由一层或数层组成，高等路面可包括磨耗层、面层上层、面层下层，或称上（表）面层、中面层、下（底）面层。

2. 基层

基层是面层的下卧层，主要承受由面层传来的车辆载荷的垂直力，并将其扩散到下面的垫层和土基中去，它是路面结构中的承重层，应具有足够的刚度和强度。虽然位于面层之下，但是仍有可能经受地下水和渗入雨水的侵蚀，所以应具有足够的水稳定性和冰冻稳定性，以及足够的抗冲刷能力。

3. 垫层

路面垫层是指基层或底基层与路基之间的结构层次，主要起扩散荷载应力和改善路基水温状况的作用，以保证面层和基层的强度、刚度和稳定性不受土基水温状况变化而造成不良的影响。垫层往往是为蓄水、排水、隔热、防冻等目的而设置的，所以通常设在路基处于潮湿或过湿以及有翻浆的地段。此外，垫层还能扩散由基层传下来的应力，以减小土基的应力和变形，而且它也能阻止路基土挤入基层中，从而保证基层的结构性能。

（二）路面基层的分类

按材料组成分类，分为水泥稳定类、石灰粉煤灰稳定类、水泥混凝土类、沥青稳定类、无结合料粒料类；按力学行为分类，分为半刚性、柔性、刚性；按结构组成分类，分为骨架密实结构、骨架孔隙结构、悬浮密实结构、均匀密实结构。

（三）路面基层的作用

1. 沥青路面中基层的作用

沥青路面的基层作用，主要有以下几方面：一是承受行车荷载，作为道路的主要承重层和面层一起将车轮的荷载传到下层的结构中去；二是增加了道路的整体强度和面层的疲劳抗力，防止或减轻面层的裂缝的出现；三是可以缓解土基不均匀冻胀或不均匀体积变形对面层的不利影响；四是为面层施工机械提供稳定的行驶面和工作面。

2. 水泥混凝土路面基层作用

水泥混凝土路面的基层作用，主要有以下几方面：其一，起到连续、均匀支承的弹性地基的作用，以使路面板获得可靠地支持，路面通过较厚的刚性路面板极大地扩散了荷载，故分布于基层的荷载较小，但路面板是脆性材料，变形适应能力较差，抗弯拉强度相对较小；其二，基层的水稳定性好（透水性好）。路面板产生纵横向缝较多，接缝处材料老化、脱落之后，地表水容易渗入。

二、粒料类基层施工

（一）级配碎（砾）石

级配碎石路拌法施工工艺流程如图 3-1 所示。

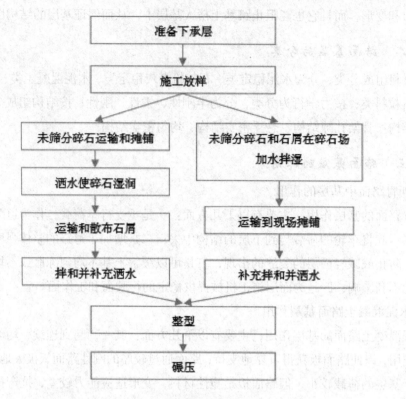

图 3-1　级配碎石路拌法施工工艺流程

1．准备下承层

级配碎石路拌法施工的下承层表面应保持平整，具有规定的路拱，平整度和压实度应符合规范规定。需要注意的是，下承层断面不宜做成槽式。

2．测量放样

应该按照规范的具体规定逐个断面检查下承层的标高。

3．备料

计算材料用量，根据各路段的基层或底层的宽度、厚度及规定的压实干密度并按确定的配合比，分别计算各段需要的未筛分碎石和石屑的数量或不同粒级碎石和石屑的数量，并计算每车料的堆放距离。未筛分碎石的含水量较最佳含水量宜大 1% 左右。未筛分碎石和石屑可按预定比例在料场混合，同时，洒水加湿，使混合料的含水量超过最佳含水量约 1%。

4．运输与摊铺

集料装车时，应控制每车料的数量基本相等。在同一料场供料的路段内，宜由远到近卸置集料。卸料距离应严格掌握，避免料不够或过多。未筛分碎石和石屑分别运送时，应先运送碎石。应事先通过试验确定集料的松铺系数并确定松铺厚度。人工摊铺混合料时，其松铺系数约为1.40～1.50；平地机摊铺混合料时，其松铺系数约为1.25～1.35。用平地机或其他合适的机具将料均匀地摊铺在预定的宽度上，表面应力求平整，并具有规定的路拱。同时，应摊铺路肩用料。

5.拌和及成型

施工时根据拟定的混合料配合比、基层宽度与厚度及预定达到的干密度等计算确定各规格集料的用量，以先粗后细的顺序将集料分层平铺在下承层上，然后用人工或平地机进行摊平；级配碎（砾）石混合料可用稳定土拌和机、自动平地机、多铧犁与缺口圆盘耙相配合拌和，拌和应均匀，避免出现集料离析现象，确保级配碎（砾）石基层具有良好的整体强度。应边拌和边洒水，使混合料达到最佳含水量。表面整理成规定的路拱横坡，随后用拖拉机、平地机或轮胎压路机在初平的混合料上快速碾压 1 ~ 2 遍，使潜在的不平整部位暴露出来，再用平地机整平。

6.碾压

整形后，当混合料的含水量等于或略大于最佳含水量时，轮压路机、振动压路机或轮胎压路机进行碾压。直线和不设超高的平曲线段，由两侧路肩开始向路中心碾压，在设超高的平曲线段，由内侧路肩向外侧路肩进行碾压。碾压时，后轮应重叠 1/2 轮宽；后轮必须超过两段的接缝处。后轮压完路面全宽时，即为一遍，碾压一直进行到符合要求的密实度为止。一般需碾压 6 ~ 8 遍，应使表面无明显轨迹。压路机的碾压速度，头两遍以采用 1.5km/h ~ 1.7km/h 为宜，以后用 2.0km/h ~ 2.5km/h。路面的两侧应多压 2 ~ 3 遍。严禁压路机在已完成的或正在碾压的路段上调头或急刹车。凡含土的级配碎石层，都应进行滚浆碾压，一直压到碎石层中无多余细土泛到表面为止，滚到表面的浆（或事后变干的薄土层）应清除干净。

7.接缝处理

位于两个作业段之间衔接处的横缝，需要进行搭接拌和；在施工过程中，应该尽量避免纵缝的出现，如果实在难以避免纵缝，那么纵缝也需要进行搭接拌和。

（二）填隙碎石基层施工

填隙碎石基层施工的顺序为：准备下承层寅施工放样寅运输和摊铺粗骨料寅稳压寅撒布石屑寅振动压实寅第二次撒布石屑寅振动压实寅局部补撒石屑并扫匀寅振动压实，填满空隙洒水饱和（湿法）或洒少量水（干法）寅碾压。其中，运输和摊铺粗骨料及振动压实是确保施工质量的关键。

填隙碎石施工时，细集料应干燥；采用振动压路机充分碾压，尽量使粗碎石骨料的空隙被细集料填充密实，而填隙料又不覆盖粗碎石表面自成一层，粗碎石应"露子"。填隙碎石的压实度用固体体积率来表示，用作基层时，不应小于83%；用作底基层时，不应小于85%。填隙碎石基层碾压完毕，铺封层前禁止开放交通。

三、半刚性基层施工

（一）半刚性材料的概念和特点

半刚性路面基层是指在路面基层材料中掺入一定比例的石灰、水泥、粉煤灰或其他工业废渣等结合料，加水拌和形成的混合料经摊铺压实及养生后形成的路面基层，与传统的全柔性路面基层（级配碎石、级配砾石、填隙碎石等）相比，具有较高的强度、刚度及良好的板体性、水稳性和一定的抗冻性，大大提高了路面的承载能力，因而被称为半刚性材料。

自20世纪中叶以来，在国内外被广泛用作路面基层，特别是理化、力学性能优越的水泥稳定粒料与石灰、粉煤灰稳定粒料（通常称为二灰稳定粒料），被广泛用作高等级道路路面的基层与底基层。因其强度大、承载能力高，对适应较薄的沥青面层，适当减薄沥青面层厚度，具有很大的现实意义与经济意义。半刚性基层材料以其强度高、原材料来源广、修建成本低等优势成为我国公路建设中的主导路面基层类型。

但是半刚性基层材料组成设计指标、材料结构单一，致使所设计的基层抗裂、抗冲刷能力不足，降低了其应用效果。

（二）半刚性基层施工工艺

1. 路拌法施工（以石灰稳定土为例）

路拌法施工工艺流程为：准备下承层→施工放样→粉碎土或运送、摊铺集料→洒水闷料→整平和轻压→摆放和摊铺石灰→拌和（干拌）→加水并湿拌→整型→碾压→接缝和掉头处的处理→养生。

（1）准备下承层

当石灰稳定土用作基层时，要准备底基层；当石灰稳定土用作底基层时，要准备土基。对土基必须用12t～15t三轮压路机或等效的碾压机械进行碾压检验。在碾压过程中如发现土过干、表层松散，应适当洒水；如土过湿，发生"弹簧"现象，应采用挖开晾晒换土、掺石灰或水泥等措施进行处理；在槽式断面的路段，两侧路肩上每隔一定距离（如5cm～10cm）应交错开挖泄水沟（或做盲沟）。

（2）施工放样

①在底基层或老路面或土基上恢复中线。直线段每15m～20m设一桩，平曲线段每10m～15m设一桩，并在两侧路肩边缘外设指示桩；②进行水平测量。在两侧指示桩上用明显标记标出水泥稳定土层边缘的设计高。

（3）备料

根据灰土层的宽度、厚度及最大干密度，计算出需要干燥土的数量。再根据土的含水量和所用运料车辆的吨位，计算每车料的堆放距离和每一平方米灰土需要的石灰用量，并确定石灰摆放的纵横间距。按照松铺厚度将土摊铺均匀一致，有利于机械化施工，铺土后，先用推土机大致推平，然后用平地机整平，清余补缺，保证厚度一致，表面平整。

（4）洒水闷料

如果已经整平的土含水量过低，那么需要在土层上洒水闷料。需要注意的是，洒水要均匀，杜绝出现局部水分过多的现象，严禁洒水车在洒水段内停留和调头。

（5）摆放和摊铺石灰

①按计算所得的每车石灰的纵横间距，用石灰在土层上做标记，同时划出摊铺石灰的边线；②用刮板将石灰均匀摊开，石灰摊铺完后，表面应没有空白位置。测量石灰的松铺厚度，根据石灰的含水量和松密度，校核石灰用量是否合适。

（6）拌合与洒水

①对于二级及二级以上公路当使用生石灰粉时，宜先用平地机或多铧犁将石灰翻到土层中间，但不能翻到底部；②对于三、四级公路的石灰稳定细粒土和中粒土，在没有专用拌合机械的情况下，可用农用旋转耕作机与多铧犁或平地机相配合拌合四遍；④为石灰稳定级配碎石或沙砾时，应先将石灰和需添加的黏性土拌合均匀，然后均匀地摊铺在级配碎石或沙砾层上，再一起进行拌合；④用石灰稳定塑性指数大的黏土时，应采用两次拌合。第一次加 70% ~ 100% 预定剂量的石灰进行拌合，闷放 1 天到 2 天，此后补足需用的石灰，再进行第二次拌合。

（7）整型与碾压

混合料拌和均匀后应立即用平地机初平。一般在直线段，由两侧向路中心刮平；在曲线段，由内侧向外侧刮平。然后，用轮胎压路机、轮胎拖拉机或平地机快速碾压遍。不平整的地方，用齿耙把表面 5cm 耙松；必要时，用新拌的混合料找平，再进行碾压每次整平碾压，均需按要求调整坡度和路拱。为避免出现薄层贴补，在总厚度满足要求的情况下，摊铺时宜"宁高勿低"，整平时宜"宁刮勿补"。

整平后当混合料处于最佳含水量不超过 1% ~ 2% 的范围时，进行碾压。如表面水分不足，应适当洒水。在人工摊铺和整平的情况下，应先用拖拉机、6t ~ 8t 两轮压路机或轮胎轧路机碾压 1 ~ 2 遍，再用重型轮胎压路机、振动压路机或 12t 以上的三轮压路机进行碾压。碾压结束之前，用平地机终平一次，使高程、路拱和超高符合设计要求，局部低洼之处不得找补，以免出现薄层贴补现象。

（8）接缝和调头处的处理

两个工作段之间，需要采用对接的形式进行搭接。在上一部分拌和之后，留下 5m ~ 8m 的距离不进行碾压工作。当进行下一路段的施工时，在与上一段没有碾压的部分共同进行拌和。需要注意的是，在实际的施工过程中，由于工作需要，拌和机械常常需要调头，但是已压成的石灰稳定土层上不允许拌和机械进行调头。其他拌和机械的调头位置需要采取必要的保护措施，例如，在上面覆盖 10cm 左右厚的砂或者沙砾等，使得石灰稳定土层的表面不被机械造成破坏。

在石灰稳定土层阶段的施工过程中，需要进行避免纵向接缝的出现，如果必须分两幅施工时，纵缝与纵缝之间不能够出现斜接的情况。

2. 厂拌法施工（以水泥稳定土为例）

厂拌法施工工艺流程为：准备工作→施工放样→集中拌和→摊铺→整型碾压→处理接缝→养生及交通管制。

（1）准备工作

①向驻施工现场监理单位报送"基层开工报告单"，经同意后方可进行基层施工；②土基、垫层、底层及其中埋设的各种沟、管等隐蔽构造物，必须经过自检合格，报请驻场监理单位检验，签字认可后，方可铺筑其上面的基层；③各种材料进场前，及早检查其规格和品质，不符合技术要求的不得进场，材料进场时，应检查其数量，并按施工平面图堆放，而且还应按规定项目对其抽样检查，其抽样检查结果，报驻场监理单位；④水泥稳定土基层施工前应铺筑试验段。

（2）施工放样

恢复中心线，每10m设标桩，桩上划出基层设计高和基层松铺的厚度。

松铺厚度＝压实厚度×松铺系数

中心线两侧按照路面设计图设计标桩，在标桩上划出基层设计高和基层松铺厚度，这样做的目的是使基层的高度、厚度和平整度达到标准。

（3）拌和与摊铺

拌合时应按混合料配合比要求准确配料，使集料级配、结合料剂量等符合设计，并根据原材料实际含水量及时调整向拌合机内的加水量。水泥稳定土混合料的含水量可比最佳含水量大1～2个百分点，这样可获得较好的压实效果。

拌合好的水泥稳定类混合料应尽快运到施工现场摊铺并碾压成型，以免因时间过长而使混合料强度损失过大。运输混合料的距离较长时，应用篷布等覆盖混合料以免水分损失过大。

对于二级及二级以上公路，应采用专用稳定土拌合机进行拌合并设专人跟随拌合机，随时检查拌合深度并配合拌合机操作员调整拌合深度。拌合深度应达稳定层底并宜侵入下承层5mm～10mm，以利于上下层黏结，严禁在拌合层底部留有素土夹层。

对于三、四级公路，在没有专用拌合机械的情况下，可用农用旋转耕作机与多铧犁或平地机相配合进行拌合，但应注意拌合效果，拌合时间不能过长；也可以用缺口圆盘耙与多铧犁或平地机相配合，拌合水泥稳定细粒土和中粒土，但应注意拌合效果，拌合时间不可过长。

（4）整型碾压

①在整型施工过程中，平土机是最受欢迎的施工机械，除了使用机械之外，还可以直接人工整型，但需要注意的是，高速公路施工作业一般都使用机械进行整平；②在初步整平的阶段，使用轻型的机械快速地碾压路面，进而将潜在不平整的位置暴露出来，再进行整平工作也就更加方便，一般情况下，整型要进行1～2次；③路面局部地区可能会出现

低洼的现象，那么需要使用齿耙把低洼路面表层5cm耙松，再使用新拌的混合料进行找补、整平；④在整型工序进行过程中，路面不能够有任何车辆通过；⑤在整型工作完成以后，使用大于12t的三轮压路机、重型轮胎压路机或振动压路机碾压。在碾压过程中，碾压的速度应该适中，采用由低处向高处、由近处向远处的方式进行碾压作业，直到达到需要的压实度位置。施工时，基层表面不能过于干燥，需要始终保持潮湿的状态，如果出现表层水蒸气蒸发过快的现象，那么需要施工人员及时补洒少量的水。在碾压过程中如果出现了"弹簧""松散""起皮"等现象，施工人员要及时将这样的路面翻开，重新进行拌和，或者采用其他有效的方式将这一问题解决，使路面的质量达到使用标准的要求。

（5）接缝处理

①横向接缝的处理方式

使用摊铺机将混合料摊铺，混合料摊铺是一个持续的过程，不能够被中断，如果有特殊情况使摊铺作业中断2h以上，再施工时应该设置横向接缝，并且摊铺机要远离混合料的末端。

末端的混合料需要进行人工整平，在混合料的边缘放置两根方形的木棍，方木的高度需要与混合料压实的厚度相等，将方木附近的混合料整平；方木的另一侧用沙砾或碎石回填，回填的距离为3m左右，并且回填的高度应该高于方木几厘米；在重新进行摊铺工作之前，把方木、沙砾或者碎石全部清理，下承层也需要进行彻底的清扫；此时将摊铺机放置到已压实层的尾部，重新进行混合料的摊铺工作。

如果摊铺工作因为种种原因中断，也没有按照上述方式将横向接缝进行科学处理，并且摊铺工作被中断的时间超过了2h。此时再进行摊铺工作时，需要把摊铺机附近以及机械底部没有完全被压实的混合料清理掉，并将已碾压密实且高程和平整度符合要求的末端挖成一横向垂直向下的断面，这一工作完成之后，才可以进行后续的摊铺工作。

②纵向接缝处理方法

在施工过程中，应该尽量避免出现纵向接缝，如果由于某些原因，必须要产生纵向接缝，那么纵向接缝必须是垂直的，并且采用以下措施进行科学的处理：在上一幅摊铺作业过程中，在后面一幅的一侧施工钢模板或者方木作为支撑，这时使用的钢模板或者方木的厚度应该等同于路面压实的厚度；在道路养生完成之后，在摊铺另一幅路面之前，先将钢模板或者方木拆除。

（6）养生及交通管制

养生期应采取洒水保湿措施，在铺筑上层之前，至少养生7d。养生方法根据情况可采用洒水、覆盖砂等方法。未采用覆盖措施时，应封闭交通。采用覆盖砂或喷洒沥青膜养生，不能封闭交通时，应限制车速不得超过30km/h。养生期结束，应立即施工上层，以免产生收缩裂缝；或先铺封层，开放交通，待基层充分开裂后，再施工上层，以减少反射裂缝。

第二节　沥青路面施工技术

一、沥青路面的概述

（一）沥青路面概念

沥青路面是用沥青材料作结合料黏结矿料修筑面层与各类基层和垫层所组成的路面结构，是在柔性基层、半刚性基层上，铺筑一定厚度的沥青混合料作面层的路面结构。这种路面与砂石路面相比，其强度和稳定性都大大提高。与水泥混凝土路面相比，沥青路面表面平整无接缝，行车振动小、噪音低，开放交通快，养护简便，适宜于路面分期修建，是我国路面的重要结构形式。

（二）沥青路面的特性

就沥青路面而言，其具有以下特性：

1. 高温稳定性

高温稳定性即沥青路面抵抗流动变形的能力。由于沥青路面的强度与刚度随温度升高而显著下降，为了能够更好地保证沥青路面在高温季节行车荷载反复作用下不致产生诸如波浪、推移、车辙、拥包等病害，沥青路面应具有良好的高温稳定性。

2. 低温抗裂性

低温抗裂性指的是沥青路面抵抗低温收缩裂缝的能力。由于沥青路面随温度下降，劲度增大，变膨能力降低。在外界荷载作用下，使得—部分应力来不及松弛，应力逐渐累积下来，这些累计应力超过材料抗拉强度时即发生开裂，从而会导致路面的破坏，所以沥青路面在低温时应具有较低劲度和较大的抗变形能力来满足低温抗裂性能。

3. 水稳定性

水稳定性指的是沥青路面抵抗受水的侵蚀逐渐产生沥青膜剥离、掉粒、松散、坑槽而破坏的能力。这是由于水分的存在一方面降低了沥青本身的黏结力，同时也破坏了沥青路面中沥青与矿料间的粘聚力，从而加速了剥落现象发生，造成了道路的水损害。所以说，沥青路面一定要具有水稳定性，这样才能够保证路面的耐用。

4. 耐疲劳性

耐疲劳性指的是沥青路面在反复荷载作用下抵抗破坏的能力。它是由于沥青路面在使用期间经受车轮荷载的反复作用，长期处于应力应变交迭变化状态，致使路面结构强度逐渐下降。当荷载重复作用超过一定次数以后，在荷载作用下路面内产生的应力就会超过强度下降后的结构抗力，使路面出现裂纹，产生疲劳断裂破坏，所以，沥青路面应该具有耐疲劳性。

（三）沥青路面的分类

沥青路面有多种分类方法，按集料种类不同分为：沥青砂、沥青土、沥青碎（砾）石混合料等；按沥青材料品种不同分为：石油沥青路面、煤沥青路面、天然沥青路面和渣油路面。按其施工方法、技术品质和使用特点分为：沥青混凝土路面、厂拌沥青碎石路面、沥青贯入式路面、路拌沥青碎（砾）石混合料路面和沥青表面处治路面。

1. 沥青混凝土路面

由适当比例的各种不同大小颗粒的集料、矿粉和沥青，加热到一定温度后拌和，经摊铺压实而成的路面面层。

（1）碾压式

沥青混凝土混合料多用热拌热铺法制备，其路用性质比较好，故对制备工艺和原材料要求也较高，大多采用集中厂拌法。用得较普遍的沥青混凝土混合料为碾压式类型，即混合料需经重型机械压实后才能成型，故有的国家称它为碾压式地沥青。成型以后路面平整、密实、少尘，有一定粗糙性，因而有较好的行车舒适性和外观；且有较好的耐老化性、耐磨性、温度稳定性和抗行车损坏的能力。使用寿命一般较长，当采用石油沥青作结合料时，大修年限常在 15 年以上。

（2）冷铺式

沥青混凝土热拌冷铺，有的国家也称为冷地沥青，常用于养护小修或需远距离输送混合料的工程，所用沥青比热拌热铺者为稀，用量亦较少，以求在常温时有适当的松散度和黏性，但其使用寿命不及热拌热铺者。

（3）摊铺式

热拌热铺的沥青混凝土混合料可以不用重型机械压实即能成型，常称作摊铺地沥青。为了使摊铺地沥青混合料在摊铺时有适当流动。

2. 厂拌沥青碎石路面

厂拌沥青碎石路面也称黑色碎石路面或开级配沥青混凝土路面。其加工工艺和铺筑工艺接近沥青混凝土路面，但其孔隙较大（两者的分界线并不严格，中国以孔隙率 10% 为分界）。沥青碎石混合料可以热拌热铺，也可热拌冷铺；热铺质量较好，用得较普遍。集料的颗粒有同颗粒及有级配之分，多采用有级配者。和沥青混凝土相比，沥青碎石的细集料和矿粉含量较少，粗集料的比例较大，沥青用量相应也较少。沥青碎石混合料的热稳定性主要依靠集料颗粒间的锁结力，故对沥青用量、稠度、混合料的配合比和集料级配的变动范围可比沥青混凝土为宽，而仍能保持其热稳定性。但因多孔之故，路面容易渗水和老化，故沥青碎石常用于面层的下层、联结层、整平层和基层。若用于路面的上层时，须加沥青封层或嵌撒细粒沥青混合料。但也有把它铺在密实的沥青面层之上，作透水的防滑层用的。沥青碎石路面的使用寿命一般短于沥青混凝土路面，但其工程造价常较廉。

3. 沥青贯入式路面

沥青贯入式路面是浇洒成型的一类沥青路面。把沥青浇洒在铺好的主层集料上，再分层撒布嵌缝石屑和浇洒沥青，分层压实，形成一个较致密的沥青结构层。浇洒施工的优点是设备简单，运料方便；其缺点是施工受气候的影响较大，而且最终成型需要一定时间，成型后的路面不如厂拌沥青混合料路面平整和美观，成型期又多浮动灰砂，并可能泛油。为了克服这一缺点，可把最后一层浇洒沥青和撒布石屑改为铺筑预拌细粒沥青混合料，以加速成型和减少浮动灰尘，并有利于表面排水。贯入式路面的热稳定性主要依靠粗集料间的锁结力，故对沥青用量和沥青稠度也没有沥青混凝土路面那样敏感，其路用性质和适用层位与沥青碎石路面相接近。沥青贯入式路面可热法施工，也可冷法施工。热法施工时用加热的粘稠沥青浇在冷集料上，路面成型较快，适用于城市道路和交通繁忙的公路；冷法施工时用乳化沥青冷浇，但需待乳化沥青的油水分裂、水分蒸发后才能初步成型，适用于养护小修及设置加热设备有困难的长距离公路。贯入式用的集料颗粒宜为接近同粒径集料，以便沥青能充分渗入主层，并使嵌缝层厚度均匀；主层集料的最大粒径应接近面层厚度或为面层厚度的 0.7 ~ 0.8 倍；集料应洁净无灰，表面干燥。

4. 路拌沥青碎石混合料路面

路拌法是堆料于路床上，浇洒适量沥青，然后用机械或人工拌匀，并铺平压实。由于在路床上的集料无法加热，因此需要采用稠度较稀的沥青乳液或液体沥青作结合料，拌和时乳化沥青不常加热，液体沥青闪点高者可以加热。气候潮湿时，还需要在沥青中加入抗剥落剂或采用阳离子沥青乳液，或在混合料中掺入水泥、石灰等，以增加潮湿集料与沥青的粘着力。路拌沥青混合料因受各种条件限制，其路用性质不如厂拌沥青混合料，但可节约就地沙石料的往返运输费和能耗，常用于次要的公路或农村道路。

5. 沥青表面处治路面

表面处治的施工工艺和路用性质接近贯入式，但因其层厚较薄（一般为 1 ~ 3cm），故不用主层集料，而是将沥青直接浇洒在洁净干燥的下层上，然后依次撒布集料和浇洒沥青，最后压实成型。表面处治按浇洒沥青和撒布集料的遍数不同，分为单层式、双层式、三层式。表面处治路面的使用寿命不及贯入式路面，设计时一般不考虑其承重强度，其作用主要是对非沥青承重层起保护和防磨耗作用，而对旧沥青路面，则是一种日常维护的常用措施。施工中第一次撒布的集料颗粒一般较大，然后逐层缩小粒径；但也有相反的工艺，即先逐层用较细的集料修筑一薄的表面处治层，待积累到一定厚度后，用粗集料压入，形式较厚而热稳定性较好的表面处治层；或先用细集料处治形成一层不透水的封层，然后再用较粗的集料处理，使表面粗糙。

二、沥青路面的施工技术

（一）沥青混合料的拌合

各种集料分类堆放，每个料源均进行试验，按要求的配合比进行配料。设置间歇式具有密封性能及除尘设备，并有检测拌合温度装置的沥青混凝土拌合站。拌合站设试验室，对沥青混凝土的原材料和沥青混合料及时进行检测。沥青的加热温度控制在规范规定的范围之内，即 150 ~ 170℃。集料的加热温度控制在 160 ~ 180℃；温和料的出厂温度控制在 140 ~ 165℃。当混合料出厂温度过高废弃，混合料运至施工现场的温度控制在不低于 120 ~ 150℃。出厂的混合料须均匀一致，无白花料，无粗细料离析和结块现象，不符合要求时应废弃。

（二）沥青混凝土的运输质量控制

为了确保沥青混凝土运输的连续性，应该依照运输距离的不同来合理确定自卸车的数量。在自卸车的侧板、底板上面涂抹一层较薄的油水（水：柴油 =3：1），应该避免出现积聚余液问题。将拌和机的混合料装入到自卸车时，必须要卸载每一斗混合料之后挪动一下汽车的位置，同时，在运输过程中避免出现急刹车问题，以免导致粗细集料出现离析问题。另外，卸载车应该覆盖一层篷布，借此进行保温。

（三）沥青摊铺控制技术

选好沥青路面施工所需的机械设备之后，就可以开始准备对沥青路面层的施工，在这个过程中要重点对沥青路面层的横纵方向接缝、面层的宽度、厚度和平整度、压实度，还有路拱、横坡以及中心偏位等等环节进行严格的施工技术控制，以确保沥青摊铺的施工质量。

首先是对摊铺宽度、厚度以及横纵向接缝的控制。摊铺机应当在运载施工材料的车辆到达要进行摊铺的场地之前调整好摊铺的厚度、宽度以及熨平板的仰角等一些初始状态。摊铺的宽度主要是通过摊铺机按图纸设计调整熨平板的组合来确定的，摊铺厚度主要是通过采用非接触式的平衡梁来控制的，目前这种非接触式平衡梁已被广泛应用。对纵向的接缝主要是通过采用两机联铺的方式进行控制的，要求前面摊铺机的外侧采用非接触式的平衡梁进行控制，沥青路面的中心用纵向基准进行控制，第二台摊铺机靠近路面中心的一侧，并用前一台摊铺机铺好的层面作为直接的纵向基准，另一侧也是使用非接触式的平衡梁实现对基准控制。一般来说，沥青路面的横向施工缝应当采用平接缝。因为，横接缝是一种工作缝，存在于公路沥青路面施工过程中，如果横接缝处理的不好，不但会影响到整个路面的平整度，还会影响路面的使用质量，造成路面的早期损坏，最终造成严重的安全危害，所以，一定要在接缝前做好充足的准备工作。

对接缝的具体施工过程可以总结为在施工之前，要使用 3m 的直尺沿着路面的纵向在需要接缝的地方进行多次测量，达到让 3m 的直尺间隙在 2mm 的地方作为横向接缝位置。然后，使用切缝机把已经确定好的位置切开，切割的深应为铺层厚度，要及时清除多余铺层材料。之后，使用喷灯完成对横缝立面的加热，要注意在加温过程中，喷灯应该小幅度的移动，避免对一点的集中加热导致的温度过高，使沥青受高温老化。为了提高新旧材料的黏结质量，可以在加温到立面的沥青熔化时维持一定温度不变，然后在接槎处粉刷一定量的沥青或者乳化沥青。另外，在摊铺机的行进过程中，应该及时清除存留在履带底部和声钠探头上的基层的杂物。同时，还要做好对运料车辆的指挥工作，尽量避免碰撞摊铺机，从而减少声钠探头的获取信息不稳定以及摊铺机的停顿，进一步确保摊铺的平整度，确保摊铺机的连续作业。

（四）沥青混合料的压实与成型

初压：初压又称稳压，选用 DD-110 双轮双振动压路机静压过去，返回时开振动，初压温度应控制在 140℃左右。

复压：复压一般选用 15 ~ 30t 轮胎压路机柔压两遍，后面要接着 DD-110 压路机碾压两扁，复压碾压遍数不少于 4 ~ 6 遍，在复压过程中应及时用三米直尺检测平整度，发现有起拱的部位用 6 ~ 8t 钢轮双轮双振压路机进行横向碾压处理，消除起拱隆起部位，复压时的温度应控制 130℃左右。

终压：宜采用 DD-110 振动压路机或 6 ~ 8t 双轮双振钢轮压路机静压 2 ~ 3 遍。

初压应在混合料摊铺后较高温度下进行，并不得产生推移，发裂等现象，压实温度还应根据沥青稠度、压路机类型，气温、铺筑层厚度，混合料的类型经试验试压确定。初压应从外侧低处向中心（内侧）高处碾压，相邻碾压带应重叠 1/3 ~ 1/2 轮宽，在靠外侧边缘处初次碾压时，可暂预留 40 ~ 50cm 宽不碾压，等压完第一遍后将压路机的大部分重量位于压实过的混合料面上再压边缘，以减少向外推移。

三、沥青路面施工常见问题及对策分析

（一）沥青路面施工常见的问题

1. 基层施工处理问题

基层处理的不当就容易引起沥青路面层面施工的问题，造成沥青路面网裂、沉陷等问题，严重影响了施工质量。基层处理的常见问题：①对施工地点的水纹、气候条件了解不仔细，如基层的地下水位过高，又考虑不足就会造成路基的松软等问题，容易造成路面的塌陷、不平等等；②路基填料不恰当，路基填料的湿度、硬度等对路基的施工质量影响很大，如湿土、腐殖土容易造成路基松软，易发生路面沉陷等问题；③基层的压实度不够，造成基础结合料的不稳定、不平整等问题，影响了路面施工的质量，易造成龟裂、塌陷等

质量问题；④基层找平过程中，会用平地机或路拱板反复刮补，此过程如不注重压实，就会造成基础表面的平整，实质的密度不均，在载重条件下就会造成网状裂缝等质量问题。

2.路面施工问题

路面施工是沥青路面工程的门脸，路面的松散、坑槽等问题严重影响了施工的质量。在路面施工中，最常见的问题有：①沥青路面硬化问题，路面硬化就会表现出路面的陷落、鼓胀、坑洞、起皮等质量问题，一般都是由于施工中矿料的含量过多、沥青的含量过少造成的；②沥青混合料离析问题，常会表现出路面的坑陷等问题，主要成因是由于混合料分布的不均匀、混合料加热不科学等造成；③沥青路面的侵蚀问题，这一问题主要发生在雨天，由于雨水的冲刷或排水的不畅都会造成沥青含水量的改变，造成路面的侵蚀，影响路面的美观，造成施工的质量问题。

（二）沥青路面施工常见问题的解决对策

1.重视准备阶段的沥青原料的筛选

在选取沥青原材料之前要考虑到路面所处地的实际情况、包括当地的气候、地质对沥青混合料性能的特殊要求。此外，还应考虑交通量的增加、车辆荷载等问题来优选沥青路面的沥青、集料、填料等原材料。

（1）沥青结合料

沥青结合料在混合料中所占比例并不大，但是起着弹性与黏结的重要作用，铺筑于路面的沥青筛选要全面考虑当地气候地理条件、沥青温度疲劳特性及混合料类型等，根据离析实验结构来选取适合的材料。

（2）集料

集料是岩石破碎后的碎石材料，包括粗集料与细集料两种其在沥青混合料中占据大部分比例，对沥青混合料路用性能起着关键作用。所选取粗集料应是干燥、无杂质、洁净、无风化的碎石，同时还应保证强度与耐磨性。细集料的选择应注意其吸水率、坚固性与粘附性是否满足设计要求。

（3）填料

填料与沥青结合料一起形成沥青胶浆，采用碱性石料磨细后得到矿粉稳定作用。从而降低沥青流动性，增加黏度，起着至关重要的稳定作用。在选用时要先清除原碱性石料中的杂质来获取干燥洁净的矿粉。

2.把握施工阶段的施工要点

（1）准备下承层

施工进行时，要对下层进行认真检查，不符合规范要求的，需要进行处理，以此保证下承层表面的清洁度；检查路缘石两侧情况是否完好，位置不符的要及时纠正，必须保证摊铺碾压时，不出现挤压和移动的现象；路缘石、路沟。检查井和其他结构物的接触面上应均匀地涂上一薄层沥青。

（2）沥青混合料的拌和

确保沥青混合料质量的关键是先进的混合料是否具有足够的生产能力，而经过先进的沥青混合料生料仓的出料斗的皮带转速振动筛的尺寸选择与规范中的筛孔尺寸是否一致等，各种数据可以随时通过操作室进行指令调整。

每种规格的沥青混合料都要按照比例进行配料，沥青采用导热油需要把温度控制在160℃~170℃范围内，而矿料的加热温度需要控制在170℃~180℃，而两者的混合料则不能超过200℃。

（3）沥青混合料的摊铺

沥青摊铺，沥青摊铺是路面施工的重要工序，摊铺质量直接影响工程路面施工质量，所以需要加强沥青路面施工质量。在摊铺沥青面层路面前，首先需要检查路面基层质量，由于基层局部粗骨料比较集中的区域极可能导致混凝土达不到预定效果，导致路面松散，需要进一步处理后方可摊铺沥青路面。

（4）沥青碾压

沥青碾压是保证路面质量关键，碾压好坏直接关系路面质量及其平整美观度，要严格控制各工序沥青的施工温度，施工过程中安排专职人员检查与检测，在意向路面正常施工的条件下，对于初压，复压和终压都要应在尽可能高的温度下进行，不能再温度较低的状态进行碾压，如果这样碾压可能导致石料棱角严重磨损，也可能致使混凝土压碎，因此，需要采用红外线温度仪器测量路面表面温度，进行路面温度标定。施工单位在施工时要注意以下几点：

一是压路机在新摊铺的面层上坚决不许快速起动和刹车，要求熟练、有经验的驾驶人员操作；二是喷水过多造成沥青混凝土表面冷却过快，使沥青混凝土表面开裂，因此对压路机轮上喷水应严格控制，只要不粘轮即可，而影响压路机对沥青混凝土搓揉的效果；三是使用轮胎方式压路机前检查各轮胎的磨损情况及压力是否相等，防上各轮胎软硬不一，影响面层的横向平整度。

（5）接缝处理

沥青路面接缝是不可避免的作业中断和与构造物的接头两种情况，接缝部位集中了影响路面平整度的不利因素，其质量好坏对路面质量有很大影响，为了提高接缝的质量要求必须采取下列措施：

①切缝

采用3m的直尺预定末端的摊铺段，要用人工将混合料拢齐修成斜坡，用碾压机碾压后，每隔1m测量一次，并记下测量的实层部位开始下榻的位置，以最内侧为基准，画垂直方向的横向直线，即为切缝隙位置。

②碾压横缝

在碾压骑缝时，可在横缝45°角作为碾压方向。顺向碾压，需要先在新铺层往返碾压2次，然后以15~20m，直到约2/3，轮宽过渡进入新铺层为止。然后正常纵向碾压，碾压轮的 1/2 进入新铺层后就可以退出。然后调头从中央带一侧斜向碾压 10～20m。碾压完毕后，用 3m 直尺检验，如果不平整，就在混合料冷却前重新整修压实。相邻两幅及上下层的横向接缝均应错位 1m 以上。

③修边切下的材料及其他的废弃沥青混合料均应从路上清除。

（三）沥青路面的质量控制措施

1. 加强对原材料质量的控制管理

沥青作为沥青路面混合料中最重要的组成材料，其质量的好坏直接关系到路面质量的好坏，因此，应在材料供应站实施严格的质量抽检，确保所有出厂的沥青材料都能符合设计的规定要求；在沥青材料的整个生产过程当中，应按时保质的进行材料的质量检查，及时发现并替换失效劣质材料；高耐久性部位所用的材料，应按照相关规范和规定的要求对原材料质量进行控制，确保做到百分百合格；该严格按照实际工程的要求进行各种混合料的配合比设计，同时还应加强对生产过程的控制和管理。

2. 加强对施工机械的控制管理

施工过程中，应综合工程实际、施工机械的性能、工作效率等因素来确定所需施工机械的种类和数目。一般城市中快速路以及主干道拌合摊铺沥青路面时，施工机械设备的选择应遵循下述基本原则：其一，建议采用间歇式搅拌机进行拌合作业；其二，为能够实现路面摊铺梯队作业，应保证现场有不少于两台摊铺机进行联合作业，选用的摊铺机应具备摊铺效率高、自动调平与调厚以及初步振实与熨平等功能；其三，应采取双钢轮振动压路机与轮胎压路机机动配合、协同压实的方式进行压实作业。

第三节　水泥混凝土路面施工技术

一、组成混凝土的原材料

混凝土的组成材料：水泥、细骨料（砂）、粗骨料（石子）、水，此外还常加入一些外加剂和掺合料。

（一）水泥

水泥：粉状水硬性无机胶凝材料。加水搅拌后成浆体，能在空气中硬化或者在水中更好的硬化，并能把砂、石等材料牢固地胶结在一起。公路、城市道路、厂矿道路应采用硅酸盐水泥或普通硅酸盐水泥（简称普通水泥），水泥强度等级不应低于 42.5 级。水泥和水形成水泥浆，在混凝土中的作用主要是作为胶凝材料发挥胶结作用，将骨料交结成具有一定形状的整体；水泥浆还要填充骨料间的空隙，使混凝土密室，耐久性好；保证硬化后混凝土的强度。

（二）细骨料（砂）

粒径为 0.15mm ~ 4.75mm 的骨料为细骨料，简称为砂。普通混凝土的细骨料主要采用天然砂和人工砂。天然砂是由自然风化、水流搬运和分选、堆积形成的粒径小于 4.75mm 的岩石颗粒。人工砂的表面比较粗糙，颗粒多棱角，经过除土处理后较为清洁，但成本较高。

（三）粗骨料（石子）

普通混凝土常用的粗骨料分为卵石和碎石两类。卵石是由自然风化、水流搬运和分选、堆积形成的，粒径大于 4.75mm 的岩石颗粒。天然卵石表面光滑、多为球形，与水泥的黏结力较差，用卵石拌制的混凝土拌合物和易性好，但混凝土硬化后强度较低；且卵石堆积的空隙率和表面积小，拌制混凝土时水泥浆用量较少。碎石是天然岩石或卵石经机械破碎、筛分制成的，粒径大于 4.75mm 的岩石颗粒。碎石表面粗糙、多棱角，与水泥有很好的黏结，用碎石拌制的混凝土拌合物流动性较差，但混凝土硬化后强度较高。

（四）水

饮用水可直接作为混凝土搅拌和养护用水。非饮用水应进行水质检验，并应符合有关规定，还应与蒸馏水进行水泥凝结时间与水泥胶沙强度的对比试验。

（五）外加剂

1．调凝剂

调凝剂是调节水泥混凝土凝结时间的外加剂，通常有早强剂、促凝剂、速凝剂和缓凝剂。早强剂常用的有氯化钙和三乙醇胺复合早强剂。促凝剂常用的有水玻璃、铝酸钠、碳酸钠、氟化钠、氯化钙和三乙醇胺等。速凝剂是使水泥混凝土迅速凝结和硬化的外加剂，可用于冬季施工。常用的有红星 1 号、711 型、782 型等，通常掺入量为水泥用量的 2.5% ~ 4.0%，初凝时间可在 5min 之内，终凝时间在 10min 之内，缓凝剂常在气温较高时拌制混凝土使用。目前，主要有羟基羧酸盐类（酒石酸等）、多羟基碳水化合物（糖蜜等）和无机化合物类等。

2．流变剂

流变剂是改善新拌混凝土流变性能的外加剂，工程中常用的流变剂为减水剂。工程中常用的减水剂有木质素系减水剂（简称 M 剂）、萘系减水剂（简称 NF、MF 剂等），水溶性树脂（蜜胺树脂）类减水剂等。

3．引气剂

引气剂能在混凝土中形成细小的、均匀分布的空气微泡，对新拌混凝土可改善其工作性、减少泌水和离析，对硬化后的混凝土，可缓冲其水分结冰膨胀的作用。目前，常用的有松香热聚物、烷基磺酸钠和烷基苯丙酸钠等。

（六）矿物掺合料

矿物掺合料可以代替部分水泥，改善混凝土的各种性能，同时利用工业废弃物。

1. 粉煤灰

从燃煤的电场锅炉烟气中收集的细粉末，其颗粒多呈球形，表面光滑，通常呈灰色。其主要成分为 SiO_2、Al_2O_3、Fe_2O_3，与水泥水化生成的 $Ca(OH)_2$，反应生成水化硅酸钙和铝酸钙，与水泥的水化产物一样，因而具有胶凝性质。

2. 硅粉

硅粉又称硅灰，是冶炼硅钢和硅金属或半导体硅时，从烟尘中收集的一种粉末。主要用来配制高强混凝土。硅粉主要成分是 $SiO2$，颗粒粒径较细，是水泥的颗粒的 1/100 ~ 1/50，因而比表面积大，与水的接触面积大，水化反应快。硅粉可明显提高混凝土的强度，此外还可提高混凝土的抗渗性和抗化学侵蚀能力，减少混凝土的碱骨料反应，硅粉会增大混凝土的用水量。

3. 磨细矿渣

矿渣是指熔融的高炉矿渣经水或空气急冷而成的细小颗粒状物料，前者称为水淬矿渣，后者称为气淬矿渣。将粒化高炉矿渣经干燥并与石膏助磨剂一起粉磨后得到的粉状物料称为磨细矿渣，矿渣的主要成分是 SiO_2、CaO、Al_2O_3，与水泥相似，矿渣粉可改善混凝土的工作性，提高强度和耐久性。

4. 沸石粉

沸石粉是天然沸石经磨细而成，含有约 65% 的 SiO_2，主要可以提高混凝土的密实度和强度。其会使混凝土的需水量增大，粘聚性增大，但容易产生裂缝。

二、水泥混凝土面层施工技术

（一）水泥混凝土路面面层施工准备阶段的工作

1. 测量放样

在水泥混凝土路面面层施工之前，比较重要的一项步骤就是测量放样，根据工程的实际要求，要分别找出路面的中心线和边线，然后要根据中出的中心线和边线设定好对对应的桩位，然后核对好对应的分块线，有一点必须要注意，分快线和井盖的边线距离不能够小于一米，不管是什么样的线型，分快线和道路中心线的都应该在垂直的状态。

2. 立模

在硅面层施工的准备阶段，其灰碎石基层也具备和路面相一致的路拱，也必须要足够平整的，板块的分缝传力杆以及角隅钢筋一定是按照严格的设计要求进行施工的，继续施工作业只有得到监理工程师的确认没有问题后方可。

模板应采用 22a 的槽钢，方法建议在钢模的外侧先打一有足够深度的铁桩，也就是选择点焊法，然后再选择铁桩两根，一根支于深铁桩内，另一根则支于槽内，随后将其电焊连接，从而确保钢模具备足够的稳固性和牢靠性。另外，要确保接头衔接的紧密和平顺，在立模的过程中，在模板接头的位置处不可以出现错茬的现象或是前后高低不平，应一边放置一块小油毛毡一边倒入硅熟料，为避免出现跑浆的现象，出现漏浆的现象立模放置振捣过程时，在模板的缝隙处和底部必须使用干砂浆填充紧密，同时在模板之间和硅接触面也要涂上相应的隔离剂，必须有专门的人员负责看模，浇筑硅的过程中，发现问题时迅速的纠正。

3. 钢筋

钢筋是非常重要的施工材料，在选用钢筋的时候，应该使用专业的设备对钢筋的各项参数进行检查，保证选用的钢筋具有良好的性能，然后要根据施工图纸的要求，对钢筋进行连接或加工等工作，一般来说，钢筋的相关制作工作都是在现场进行捆绑，为了备用，经常会把模板的边缘部分分绑焊接，在进行混凝土路面浇筑工作的时候，所有的钢筋必须要在设计图纸规定的地方按照规定摆好，同时角隅钢筋处为了保持稳定性，应该有支架，针对施工缝的传力杆，在进行浇筑的后续工作之前，应该结束沥青的涂刷，后续的工作应该在沥青干了且凝固以后进行。

4. 混凝土拌制和运输

运输通常采用机械搅拌的方式，胶粘材料以及粗细骨料都应严格按照施工要求计量，石头应提前清洗干净。在拌制第一盘混合物之前，采用定量的砂浆或是混合物搅拌，搅拌完成后将其清除，接着按照规定的配合比进行拌制的作业。而其装料的顺序一般为砂、水泥和碎石。进料后应边加水边搅拌，搅拌的时间约为 2 分钟，以保证骨料和水泥能够完全的附着，混凝土塌落度应控制在 2 ~ 3cm 的范围内。

（二）水泥混凝土路面面层后续工程的施工

1. 摊铺

在进行摊铺之间，必须要严格的检查模板的相关情况、钢筋的布置等，摊铺的厚度的确定是非常重要的，应该考虑到震动，预留一定的厚度，从实践的经验来看，一般都为厚度的十分之一左右，这只是参考值，实际的预留厚度还是应该根据现场的实际情况来进行调整。

2. 振捣整平

应先使用插入式的振捣器全面进行插振，在振捣硅混合料的过程中，移动的间距也必须不大于其作业半径的 1.5 倍，而同一位置的振捣时间必须多于 20 秒，从而避免出现碰撞模板和钢筋的情况，接着再进行全面振捣使用平板振捣器，如果水灰比是不小于 0.45 的，那么振捣同一位置的时间也要多于 20 秒，如果水灰比不大于 0.45，振捣同一位置的时间就应多于 30 秒，这样就不会出现蜂窝和麻面的情况。必须为初步整平进行操作，在全面振捣的操作完成后，2～3遍的往返振动拖拉；将气泡赶出，当表面出现泛浆的情况时，振动梁的移动速度必须均匀并且连续移动，还要缓慢；应进行人工的补填，当发现不平的位置时，从而确保表面的平整和均匀。另外，也必须保持平直的状态的振动梁底面，若是弯曲度不小于2mm，必须及时更换。最后就是其进行滚揉的施工作业采用无缝钢管滚筒设备，确保表面的进一步提浆，从而平面的均匀性和平整度有所保证。

3. 真空吸水

在开泵吸水以后，必须要严格的按照规定提升真空度比，如果在规定的时间内没有达到施工的真空度比，那么就应该考虑是否存在漏气的地方，然后找专业人员进行查找，确定科学的补救方法，一般来说，可以再密封边的位置使用喷水装置使其湿润，然后再进行扫压，一般都能够取得不错的效果，如何来对脱水时间检查呢，工程中一般采用的方法是：人用脚来对混凝土面进行踩踏，加入踩踏了以后，踩踏的脚印不是很深，并且没有发生晃动的现象，那么这个时候就可以采用重量为百分之八十的抹面机进行抹面工作，这个时候的抹面效果会非常的理想，在确定好最合理的脱水时间以后，在吸垫两侧的中间位置处应掀起高度约为1.5cm的密封覆盖层，然后接着抽水15秒，这样就可以基本上将路面的水分和管路的水分清除干净，假如施工时在高温的情况下进行的，那么就可以省略这个步骤了，因为这样能够取得更好的压纹和抹面的效果，在完成了真空吸水这一步骤以后，应该再让经验丰富的老工人来使用抹面机再平整一次，同时严格的检查平整的质量，这样就能够有效地提高工程的质量。

4. 板面处理

就是板面处理的施工作业，在完成抹光机的作业之后。一般硅抹面必须进行两次抹光，首先是硅泌水结束后仍处于初凝状态的抹面，然后是驱除泌水并压下石子，从而进行初步的抹平和找平，在硅表面上切忌洒水或撒水泥接着就是使用压纹滚槽器压槽的施工作业，是不能进行压纹的作业的，如果硅脱水不足。

（1）接缝施工

纵缝要放置在板厚的中间位置处并且拉杆必须使用螺纹钢筋，直顺度的偏差范围通常在10mm以内。而面对胀缝和横缝来说，当碎石硅的抗压强度达到了一定要求后并且硅完全凝结后，才能切缝操作进行横向的缩缝。应调整好刀片的进刀深度在进行切缝的操作之前，，跟随切割状态的不断变化然后调整刀片的切割方向，在关闭旋转开关后并且将刀片提升到硅面板之上时，方可停止切缝的操作。应将切缝的时间提前，如果现场的温度突然变化时，并且就应再割一条缝在每个半个小时内，从而使得切缝作业完成后出现因温度应力面导致的不规则裂缝的情况，将缝内的杂物清理干净，应立即灌注填缝的材料，从而确保灌缝的效果。

（2）养护

还要定期进行养护的工作为确保路面有潮湿的状态和合适的温度，当确定了硅路面的强度己符合要求后，一般均匀的洒水并且使用草袋降低表面覆盖，在养护的14小时的范围内，养护的时间应大于 14 小时，必须有专人对其看管，不允许通行一切车辆。

三、水泥混凝土面层施工的质量控制

（一）施工质量控制要求

1. 原材料控制

（1）水泥的选择

城市快速路、主干路应采用 42.5 级以上的道路硅酸盐水泥或硅酸盐水泥、普通硅酸盐水泥；其他道路可采用矿渣水泥，其强度等级宜不低于 32.5 级。水泥应有出厂合格证（含化学成分、物理指标），并经复验合格，方可使用。不同等级、厂牌、品种、出厂日期的水泥不得混存、混用。出厂期超过三个月或受潮的水泥，必须经过试验，合格后方可使用。

（2）粗集料的选择

粗集料应采用质地坚硬、耐久、洁净的碎石、砾石、破碎碎石，技术指标应符合规范要求；宜使用人工级配，粗集料的最大公称粒径，碎砾石不得大于 26.5mm，碎石不得在于 31.5mm，砾石不宜大于 19.0mm；钢纤维混凝土粗集料最大粒径不宜大于 19.0mm。

（3）细集料的选择

宜采用质地坚硬、细度模数在 2.5 以上、符合级配规定的洁净粗砂、中砂，技术指标应符合规范要求。使用机制砂时，还应检验砂浆磨光值，其值宜大于 35，不宜使用抗磨性较差的水成岩类机制砂。海砂不得直接用于混凝土面层。淡化海砂不得用于城市快速路、主干路、次干路，可用于支路。

（4）外加剂的选择

外加剂应符合国家标准《混凝土外加剂》，GB 8076 的有关规定，并有合格证。使用外加剂应经掺配试验，确认符合国家标准《混凝土外加剂应用技术规范》GB 50119 的有关规定方可使用。

（5）钢筋的选择

钢筋的品种、规格、成分，应符合设计和国家标准规定，具有生产厂的牌号、炉号，检验报告和合格证，并经复验（含见证取样）合格。钢筋不得有锈蚀、裂纹、断伤和刻痕等缺陷。

（6）其他材料的选择

传力杆（拉杆）、滑动套材质、规格应符合规定。胀缝板宜用厚 20mm，水稳定性好，具有一定柔性的板材制作，且经防腐处理。填缝材料宜用树脂类、橡胶类、聚氯乙烯胶泥类、改性沥青类填缝材料，并宜加入耐老化剂。

2. 配合比控制

混凝土配合比在兼顾经济性的同时应满足抗弯强度、工作性、耐久性三项技术要求。配合比设计应符合设计要求和规范规定。

3．拌合控制

应提前标定混凝土的搅拌设备，以保证计量准确。每盘的搅拌时间应根据搅拌机的性能和拌合物的和易性、均质性、强度稳定性确定。严格控制总拌合时间和纯拌合时间，最长总拌合时间不应超过最高限值的两倍。

4．运输控制

配备足够的运输车辆，总运力应比总拌合能力略有富余，以确保混凝土在规定时间到场。混凝土拌合物从搅拌机出料到铺筑完成的时间不能超过规范规定。

城市道路施工中，一般采用混凝土罐车运送。运输车辆要防止漏浆、漏料和离析，夏季烈日、大风、雨天和低温天气远距离运输时，应遮盖混凝土，冬季要保温。

5．摊铺控制

模板选择应与摊铺施工方式相匹配，模板的强度、刚度、断面尺寸、直顺度、板间错台等制作偏差与安装偏差不能超过规范要求。摊铺前应全面检查模板的间隔、高度、润滑、支撑稳定情况和基层的平整、润湿情况及钢筋位置、传力杆装置等。铺筑时卸料、布料、摊铺速度控制、摊铺厚度、振捣等应符合不同施工方式的相关要求，摊铺厚度应根据松铺系数确定。

6．振捣控制

振捣宜采用专业振捣设备。另外，需要控制混凝土振捣时间，防止过振。

7．做面与养护控制

混凝土板做面前，应做好清边整缝、清除粘浆、修补掉边、缺角。做面时严禁洒水、撒水泥粉，抹平后沿横坡向拉毛或压槽。混凝土强度完全达到设计强度时，才允许开放交通。

第四节　路面工程质量通病及防治措施

一、沥青路面工程的质量通病及防治措施

（一）沥青路面的常见的质量通病

1．沥青路面的车辙

我们都知道路面结构以及土基的选择，几乎决定着沥青路面的质量，因此我们必须完善路面结构，并且选择好适当的土基。由于路面与土基在行车的重复的荷载，就需要使用车辙来补充压实使用车辙来补充压实，而使用车辙来补充压实就会使得沥青路面结构层材料的侧向位移产生大量的累积，并且会使得沥青路面的内部的结构层材料永久变形。另外，当沥青路面经常重复承载行人和车辆的时候，由于时间太久，以及承载量之大，会造成沥青路面的表面过度磨损。而这种磨损一旦时间太久，也会就会造成严重的车辙。另外，我

们提到过裂缝，一旦裂缝侵入雨水，就会出现塌陷，也会造成严重的车辙。

2. 沥青路面的松散

当沥青路面建成以后，由于选择的土层不够坚实，在沥青路面即将使用的时候发生了不均匀的沉降的问题，使得沥青路面不再坚实，变得松散，从而使得沥青路面被破坏。路基的选择也非常重要，当我们在施工之前，如果路基没有选择好的话，同样也会使得路面由于路基的松散而破坏整个沥青路面的质量。另一个是由于沥青路面的结构里有碎石的成分，而碎石中存在风化颗粒。一旦碎石中的风化颗粒起到风化作用的话，就会使得碎石上的沥青与碎石产生剥离，一旦有雨水侵入，沥青就会由于松散而失去了其本来的作用。最后一个造成沥青路面的松散的原因是沥青路面中的沥青的结合的材料问题。由于沥青路面的沥青的结合的材料带有黏结性，而这种黏结性对于固定沥青的结合的材料具有十分重要的作用。但是，这种黏结性一旦使用的时间过长，它的黏结性能就会不断下降。

3. 常见的沥青路面的裂缝

当施工工程一旦完成沥青路面的建设，随着时间或者是其他因素的影响和作用，沥青路面就会很容易发生裂缝，从而出现严重的质量问题。沥青路面的初期裂缝，由于其实时间是初期，而且沥青路面还处在刚建成不久的阶段中，所以这种情况下沥青路面产生的裂缝就不会对沥青路面的正常使用造成威胁和严重的危害。我们都知道沥青路面上的裂缝会浸水，一旦下起暴雨，它的表面就会侵入雨水。当沥青路面一旦侵入雨水以后，沥青路面的内在结构就会被雨水破坏，从而破坏沥青路面的质量强度。除此之外，如果沥青路面的行人和车辆超过了沥青路面的承载量的话，也会造成沥青路面的内在结构的解体和破坏。雨水会通过裂缝来破坏理沥青路面的结构和质量，而这恰恰可以归结为气候的原因。

4. 沥青路面的泛油

沥青路面泛油大多是由于混合料中沥青用量偏多，沥青稠度太低等原因引起，但有时也可能由于低温季节施工，表面嵌缝料散失过多，待气温变暖后，在行车作用下矿料下挤，沥青上泛，表面形成油层引起泛油。沥青表面处治和沥青贯入式路面最易产生此类病害。

5. 沥青路面的波浪

沥青路面的波浪是在路面上形成有规则的低洼和凸起变形。波浪的产生，主要是由于沥青洒布不均形成油垄，沥青多处矿料厚、沥青少处矿料薄，再经过行车不断撞击而造成高低不平。交叉口、停车站、陡坡路面行车水平作用力较大的地方，最易产生波浪变形。

6. 沥青路面的拥包

在行车水平力作用下，沥青面层材料的抗剪强度不足则易产生推挤拥包。这类病害大多是由于所用的沥青稠度偏低，用量偏多，多因混合料中矿料级配不好，细料偏多而产生。此外，面层较薄，以及面层与基层的黏结较差，也易产生推挤、拥包。

（二）沥青路面的通病的防治

1. 沥青路面的车辙的防治措施

由于沥青路面是随着城市化进程而逐渐兴起的，沥青路面的建设大多都集中在许多的大城市，因此我们就必须经常对路面实行维护和管理。特别是在施工的过程中，我们一定不能松懈。一定要严格按照国家的有关规定和政策，对于施工的阶段的施工材料加以质量上的控制。因为施工材料的质量与整个沥青路面的质量息息相关，并且关乎行人的生命的安全。如果沥青路面的施工过程中，我们采用了密集配的的沥青混合材料，那么我们就可以解决级配的矛盾选择问题。因为我们在选择级配的时候，面临着一个难题。当我们选择较粗的级配的时候，当然认为它有较好的抗车辙的能力。但是令我们想不到的是，选择较粗的级配使得沥青路面的配合比的设计失去了可控制性。由于无法控制配合比，我们就无法进行沥青路面的施工，从而也会使得沥青路面的高温稳定性受到破坏。因而，采用密集配就是我们最明智的选择了。密集配不仅能够消除较粗级配的缺点，它具备高级配的沥青混合材料的良好的性能，从而确保了抗车辙性能的稳定性。

2. 沥青路面的松散的防治措施

首先，我们应该选择结实的土层，防止由于土层不够结实而出现的不均匀的沉降的问题，从而给出行的车辆和行人带来威胁和不便。其次，我们一定要加强路基的质量，防止由于路基出现质量问题，使得沥青路面松散。在施工的过程中，我们一定要确保路基的质量，并建立相关的制度对其进行监督和进行质量控制。路基出现质量问题有很大一部分源于路基下方的软土问题，所以我们一定要对于软土路基采取适当的加固措施。

沥青路面一旦遭到严重的损害的时候，就会影响着交通的畅通和安全。因此交通部门一定要加强对交通的管理，确保大型车辆的安全出行。比如说在夏季的时候，白天的温度就会特别高，特别是在下午两点钟的时候，这个时候就要限制大型超载车辆的通行。而夏天温度最低的时候是在凌晨的时候，这个时候就可以适当地对大型超载车辆放行。另外，当夜间的路表达到最低值的时候，也可以适当地对大型超载车辆放行。但是，为了避免由于轮胎与沥青路面的接触而导致沥青路面的松散，对于那些轮胎上有钉子的车辆绝对不能放行。因为带钉子的轮胎与沥青路面一旦接触，就会使得沥青路面的沥青遭到严重的损害，从而破坏路面的结构。

3. 沥青路面裂缝的防治措施

定期进行路面的养护，并建立监督和监控的系统，确保沥青路面的经常养护。在养护的同时，我们还应该注意沥青路面的排水的情况是否良好。针对沥青路面的排水情况，我们一定要制定相关的制度去确保沥青路面的排水的顺畅。在施工方面，我们一定要舍弃那些落后的机器与设备，争取引进一些先进的机器与设备，保证压实度符合规范。同时，采用先进的机器和设备还可以保证软基避免不均匀的沉降状况。针对沥青路面的裂缝，我们一定不能存在侥幸的心理，而是在沥青路面的施工过程中，就要做好相关的防护工作。我们可以在材料的使用上采用级配优良的矿料，确保沥青路面不发生低温的收缩。温劲度大、延度小、温度敏感性强、蜡含量多的劣质沥青，我们应该坚决拒绝使用。对于地质复杂的路基，我们一定要搞清这段路基的地质状况，精心设计，从而确保路基的结实。为了防止地基由于出现软土层而发生不均匀的沉降的情况，我们一定要主动去加固一些软土层，从而确保路基的安全。另外，在材料的选定方面，我们应该严格按照施工技术人员的要求，去采购符合设计的要求的材料。

4．沥青泛油的处理措施

面对沥青路面泛油的不同情况，采取以下不同的处理措施：一是对于路表轻微泛油，表面石子仍外露的路段可不作处理；二是对于局部施工质量差引起水损坏且出现坑槽破坏的，宜按坑槽修补方法处治；三是对于大段泛油严重，摩擦系数降低较多，影响行车安全的可采用碎石压入法处治或铣刨原路面重新摊铺面层。

5．波浪变形、拥包的防治措施

波浪变形的处治较为困难，轻微的波浪可在热季采用强行压平的方法处治，严重的波浪则需用热拌沥青混合料填平。而拥包则一般只能采取铲平的办法来处治。另外，在施工过程中加强基层的平整度和提高基层与面层的黏结力，也能预防波浪和拥包病害的产生。

二、水泥混凝土路面的质量病害与防治措施

（一）水泥路面产生病害记产生原因

1．表层类病害与成因

表层类病害的首要表现是路面的网裂、纹裂、板面起皮、坑洞。其原因是行车荷载反复用力、施工抹面不均匀、混凝土的耐磨性差以及养护缺失所造成路面起纹裂；混泥土中过多的泥沙、混凝土的用料耐磨性差以及路面表面结合料缺失造成了路面出现露骨、磨光、麻面等病害。

2．接缝类病害与成因

路面的接缝类病害主要表现是填缝料损坏、错台、唧泥和拱起等。病害产生的主要原因是路面在使用过程中产生的气温差距造成了填缝料的空隙，给了泥沙、碎石等可乘之机，致使路面的面板接缝处破损，雨水入侵导致了唧泥；唧泥的产生使路基土面被消减，土质变软的路基发生错台的可能性随之增大；拱起，由于混凝土板收缩裂缝张开，板膨胀后产生较大的压应力，出现纵向压区失稳所造成。

3．断裂类病害与成因

路面的断裂类病害可以归纳为纵、横、交叉裂缝和板角断裂。纵向裂缝主要是由于填料土质不均匀、膨胀性土、湿度不均匀、压实不足、冻土等多种原因形成；横向裂缝常由于混凝土的失水处理不及时、切缝迟延等因素造成；交叉裂缝产生的原因主要是与水泥混凝土的强度不足、路基和基层稳性差和强度等因素有关；板角的支撑强度和反复的荷载

作用是导致板角断裂的主要原因；龟裂产生的主要原因是混凝土浇筑后对表面覆盖不及时，在气温急剧升高或是大风的天气下，表面水分散发加快，路面体积急剧收缩所致。

此外，车辆超载也是造成水泥路面断板、碎板的主要原因。由于经济的发展，车流量不断增加，特别是市场竞争激烈，运输户只雇经营利益，绝大部分的货车进行改装，加高车厢，加厚大梁等等，严重超载，据路政部门检测统计双轴车辆总重量均在 23 ~ 24t、三轴车辆总重均在 35 ~ 45t，荷载大大超过路面设计荷载，造成混凝土板块疲劳，形成水泥板断裂、破碎，大大缩短正常使用年限。

（二）水泥混凝土路面病害的预防对策

对于水泥混凝土路面病害的预防主要从以下几个方面抓起：完善科学的施工方案、加强施工过程的规范以及后期的维护管理到位等方面。

1.施工技术方面的预防对策

（1）路基的预防措施

路面依存的基础是道路路基，路基的稳定会延长路面的使用寿命。主要的措施是：要有合理、科学的路基设计，路基拥有良好的排水功能，适当加高路基的高度，防止雨水等入侵路面的内部；路基要压实，对于软土路基做科学处理，保持路基的干燥；做好边坡防护工作、修筑挡土结构物、对土体进行加筋等防护。

（2）路面裂缝的预防措施

严格把关路面的原材料，选择的集料应该是坚硬、耐磨、洁净、低收缩、低热的不具有碱活性且的水泥，并且加入网状纤维或改性聚丙烯单细纤维等防裂材料使用。严格控制施工过程，确保工程质量符合标准。严格掌握混凝土路面切缝时间和切缝深度，在天气异常条件下施工时要注意覆盖潮湿材料对于路面水分的保护，防治路面出现龟裂。严格控制水泥混混凝土的搅拌均匀度，尤其是模板四周及边角处要振捣压实。可以尝试上下层布钢纤维混凝土的工艺能够提高混凝土抗折强度约40%。严格控制拆模时间、交通开放时间，以确保路面的黏合度、硬实度达到最高标准。

2.施工管理方面的预防对策

（1）材料选择管理

选材的合理，关系着公路路面的工程质量。混凝土配合比设计的科学，是保证路面质量的关键；水泥的选择型号也关系这路面未来的承载能力。例如，对于超重型路面，可采用标号 52.5 以上普通硅酸盐水泥和道路硅酸盐水泥；对于水泥混凝土中的外加剂添加量也是选材的关键所在，质地坚硬、细度模数宜在 2.5 以上的洁净的河沙是细骨料的外加剂。

（2）施工过程的预防措施

路面施工大都是机械施工，因此施工人员要熟练操作机械，保证机械的精确程度，保证传力杆、拉杆的位置、间距符合规格。密切关注天气变化，避免突变天气造成的整体断裂、空隙或是强度不足。施工过程尽量现场平整、有序，防止前期混凝土板在初凝期因行车振动造成板体断裂，严格按照时间拆除模板。后期按照规范压平路基，避免出现基层的干裂或是裂缝。为减少开放交通后的填土沉降可以采用透水性沙砾填筑台背后的路堤保持硬度。

3. 养护管理方面的预防对策

此处的养护管理具有双重含义，一是对于水泥混凝土的养护；二是对于路面清扫、修复的养护。水泥混凝土的养护主要是通过施工管理进行，其次采用养护剂进行路面养护，以保证路面表层具有防水养护膜，以避免路面出现裂缝等病害。对于路面的人工养护主要是及时清扫，死角要干净，保证路面的干净，严格监管接缝处的填料动态，防止病害发生；重视路面排水系统维护，保持排水设施的完备与顺畅，防止积水造成路面的损害。

公路的养护、管理部门，除了日常的养护工作外，应定时组织有进行路况调查，及时制定养护工作计划，确定养护内容，规范养护工作，提高养护队伍素质和机械化的水平，确保公路养护的质量，此外，还应加强路政的管理，严格控制超载车辆的行驶。

4. 修补水泥混凝土路面应注意的其他问题

（1）新的混凝土强度应高于之前的混凝土强度

由于修补水泥混凝土路面是在不断交通的情况下施工，因此要求重新浇筑混凝土的强度不小于旧混凝土的强度。原材料标准、配合比、施工工艺和质量标准应符合有关设计施工规范的规定。当混凝土试块抗压强度达到设计强度的80%后，方可开放交通。

（2）发现公路水泥混凝土出现损坏，应及时进行修补

对于水泥混凝土板裂缝的现象，可采用灌浆处理。对裂缝的彻底处理，可在裂缝两边各30～40cm范围内将混凝土板凿除，放置钢筋网再浇筑与原来面板标号相同的混凝土，夯捣密实后，磨光拉纹，两侧应设置缩缝，缝内填充沥青材料防止雨水渗入；对于基层已遭破坏的裂缝，或发生断板烂板及胀缝破坏的路面，需将混凝土板大面积凿除，结合实际对基层进行处理后，再沿用以上办法处理。

第四章　公路附属工程施工技术

附属工程主要包括路缘石的施工、人行道的施工、交通安全设施的施工以及其他附属设施的施工。公路附属工程完善了公路的各项功能，维护了交通秩序，在一定程度上减少了交通事故的发生。

第一节　路缘石施工技术

一、路缘石的概念

路缘石指的是设在路面边缘的界石，简称缘石。它是作为设置在路面边缘与其他构造带分界的条石。路缘石是公路两侧路面与路肩之间的条形构造物，因为形成落差，像悬崖，所也路缘石形成的条状构造，也叫道崖。结构尺寸通常是 99cm×15cm×15cm。一般高出路面 10cm。路缘石设置在中间分隔带、两侧分隔带及路侧带两侧，缘石可以分为立缘石和平缘石。

二、路缘石的施工技术

（一）路缘石的施工准备阶段

1. 材料选择

原材料：水泥、碎石（砾石）、砂等由持证的材料员及试验员按规定进行检验，确保其质量符合相应标准。砂采用质地坚硬、强度高并且耐磨性好的符合设计要求的中砂，选择标号低的普通硅酸盐水泥和粉煤灰水泥，并且水泥要存放在通风干燥的地方，水采用自来水，路缘石采用正规厂家生产的预制块，并且进场材料质保书、复试报告、混凝土配合比经监理工程师批准。

混凝土配合比设计及试验：按混凝土设计强度要求，由试验室做出试验室配合比，根据现场材料做出施工配合比，满足路缘石用混凝土的要求。

2. 技术要求

熟悉和掌握施工图设计文件以及施工现场的地质、水文资料，编制单项工程施工组织设计，施工前就施工的技术与安全问题向现场技术人员、管理人员、施工人员进行确认。检测各种模具尺寸是否统一，现场试验与室内试验结果是否吻合，各种资源配置是否能保证大面积施工等，并编制作业指导书。备齐施工图纸、招标文件及施工技术规范标准，并组织技术及质检人员认真学习，深切理会图纸设计意图，熟悉标准、规范要求，以便指导施工并控制好施工质量。工地试验室对拟使用的材料如水泥、碎石（砾石）、砂等进行检测，同时根据设计标准进行配比试验，配合比试验结果报监理和业主中心试验室认可。

3.仪器和工具

路缘石施工使用的仪器设备主要包括：一是搅拌设备，JS350型强制搅拌机、30kW发电机一台、路缘石定型钢模；二是运输设备，手推车；三是检测及施工设备，水准仪、水平尺、木制锤头、铁锤、手推车、翻斗车、砂浆搅拌机、尼龙线、水准尺、塞尺、勾缝工具、扫把、塑料桶测量仪器：水准仪、全站仪各一套。

（二）路缘石的施工流程和技术

1.施工流程简介

准备工作→混凝土拌和浇混凝土→拆模→养生→测量放样→路缘石安装→回填种植土及养护。

2.施工流程明细

第一，准备工作。所有施工人员进驻现场，平整场地，安电引水，浇筑路缘石预制用混凝土平台。

第二，混凝土拌和浇混凝土。所用砂石料及水泥均按规范规定频率随机进行检验，各种材料用量严格按照监理工程师批复的设计配合比选用。路缘石模具混凝土接触面均匀涂刷脱模剂，所用模具表面光洁整齐，外形几何尺寸规格。人工用漏斗将拌和好的混凝土装入安放好的模具内，并略有富裕，采用插入式振捣棒振捣，以混凝土表面出现乳状水泥浆及无气泡冒出控制振捣时间。振捣结束后，人工用刮刀将顶面刮平，待混凝土试件收浆后，再将试件仔细抹平。

第三，拆模。混凝土终凝后8～10小时拆模，将拆卸的模具仔细清理、检验、刷油，对变形的模具及时矫正，以备下次周转使用。

第四，养生。拆模后及时对成型路缘石覆盖草苫子洒水养生。

第五，测量放样。基层施工完毕的路段，及时安装路缘石，确保在沥青面层施工前安装完毕。用全站仪精确放出两条距中桩1.5米的中央分隔带路缘石边缘线，及距中桩11.75米的路侧路缘石边缘线，每10米放一桩。

第六，路缘石安装。安装前要进行位置和高程的放样，放样要求准确无误，以保证路缘石的安装质量和路面工程整体的良好外观效果；对下承层进行清扫、洒水，将拌和好的砂浆铺好路缘石的底部基础层，摆放好路缘石进行线条和标高的调整，调整好后勾缝，勾缝前对安装路缘石再检查、调整其外观线形等，清理缝隙中的杂物，然后用砂浆灌缝，缝宽全线要一致，达到设计要求后，清理工作现场，以保证路面的清洁、不得污染路面，若有污染应及时采取措施处理；对于构造物之间的段落，应从中间往两边安装，避免将断头留在段落中间影响整体美观；路缘石底部基础和后背填料要夯打密实，安砌稳固，顶面平整，缝宽均匀，线条直顺，曲线圆滑美观；勾缝密实均匀，且无杂物污染，全线应无明显色差。所安放路缘石要求外观良好，有露石、蜂窝、裂缝、脱皮、啃边、掉角、漏浆的路缘石坚决不用于工程。安装时保证相邻两块高差不大于2mm，裸露面整齐、光洁、美观。

第七，回填种植土及养护。砌完的路缘石顶面应平整，线条直顺，弯道圆滑。路缘石砌筑完毕后，在缘石背后填种植土。如发现路缘石有倾斜或移动现象及时修复。路缘石安放完毕后用地膜覆盖，避免污染，在此期间内严防机械碰撞。

三、路缘石滑模施工技术

（一）路缘石滑模机概述

1. 路缘石滑模机的工作原理

根据工作原理的不同，路缘石滑模机主要分为挤压式、锤捣式、振捣式和振动式。

（1）挤压式路缘石滑模机

挤压式路缘石滑模机工作原理是：混合料被螺旋推进器不断推入成型模具，并充分挤满，混合料内部产生一定的挤压力，形成具有一定密实度、强度及形状的路缘石。混合料对螺旋输送器的水平反力传给机架、行走轮，使整机沿路面前进。

（2）锤捣式路缘石滑模机

锤捣式路缘石滑模机工作原理是：在成型模具前面安装有锤头装置，锤头做活塞式往复运动，将水泥混凝土按一定周期推入成型模具，挤压成型路缘石，机器的行走是靠自撞锤运动的反作用力。

（3）振捣式路缘石滑模机

振捣式路缘石滑模机的工作原理是：在滑模机成型模具的前面加有振捣棒，通过振捣棒的作用使水泥混凝土达到一定的密实度。

（4）振动式路缘石滑模机

振动式路缘石滑模机的工作原理是：在模具上安装一个高频低幅的振动器。通过振动器使水泥混凝土达到一定的密实度，机器的行走是靠本身的动力，而不是依赖混合料对机器的反作用力，因而行走较稳定。

2. 路缘石滑模机的发展历程

最早的路缘石滑模机器始于20世纪50年代的美国，为了改变传统的低效率的施工作业方式，人们研制了早期的挤压式滑模机。后来通过不断改进，现在美国已经生产出成熟的滑模机，不仅能进行路缘石的滑模施工，而且通过更换模具可以摊铺路面、防撞墙、桥栏护栏、沟渠等，更高级的可以进行机场跑道、高铁无喳轨道、地铁、轻轨等的施工。这些机器的特点是机型较大、造价昂贵、适合大规模施工。

根据国内施工市场工程地点分散、工程规模小、专业性强的特点，一些国内企业在20世纪80年代开始研制出几种比较小型的路缘石滑模机。经过近30多年的研究开发，国内主流市场主要以山西生产的锤捣式和河北生产的振动式为代表机型。

（二）路缘石滑模摊铺施工的关键技术

1. 原材料要求

要采用在质地坚硬、强度高并且耐磨性好的粗集料最大颗粒要控制在20mm内，选择粒径在5mm内级配好的细集料，选择标号低的普通硅酸盐水泥和粉煤灰水泥等，并且水泥要存放在通风干燥的地方。

2. 施工准备

（1）测量放线

根据设计要求，沥青混凝土路面完工后，将沥青混凝土路面的两侧边线放出，并将控制点加密，直线段为10～20m。曲线段为5m。控制点之间钉钉连接，打上白线，在钉点处测量路宽，不得小于路宽设计。

（2）切边

切边时切割机标尺应位于放线中心，操作手用力要均衡，保证切割机匀速前进；切边时，应将沥青路面结构层厚度切到设计要求，将切下的沥青混凝土及时装车运走；切边时，用的冷却水不能污染路面，以保证路面的清洁；切割时要准确，做到直线顺直，曲线圆滑。切边的浮浆、碎屑要及时清除干净。

（3）混合料拌和

混合料的拌和质量直接影响路缘石质量。所以操作人员必须严格控制拌和质量。上料时，料不得串仓，存料不得低于料仓的50%。拌和楼每工作4～5h，要对水泥进入拌缸处进行检查，检查有无堵塞现象，保持水泥进1∶3的通畅以及确保水泥的供给。水泥混凝土的坍落度应控制在10～30mm之间。为保证顺利拌和，应注意拌和楼各部分的清理及保养检修工作，以免影响拌和的质量和施工。

（4）水泥混凝土运输

对于水泥混凝土的运输有严格的要求，要使用专业的运输车，具备足够的运输能力，并且在运输的途中，要保证储存罐的转速符合混凝土的离析要求，储存在储料罐中的混凝土最长时间不得超过一个小时。

（5）水泥混凝土摊铺

在进行滑模施工之前，要对切边进行检查，符合质量标准后，在进行施工，控制好摊铺机的导线杆长度。摊铺作业时，注意对摊铺机模板和传感器滑靴的调整。为保证摊铺的流畅性，开始时可在贮料斗内加少量的水并控制好速度。

保证摊铺机和混凝土运输车操作人员配合的密切度，使摊铺工作能够顺利进行。在进行摊铺作业时，操作人员应该根据实际情况及时地调整摊铺机的速度和振动。在摊铺过程中应尽量连续作业，减少因缺料间断产生的接头现象。另外，摊铺过程中应保证路面不被污染。

（6）养生

路缘石成型后在一般气温情况下，应在 10 ~ 12h 内进行养生。新摊铺的路缘石失水较快，所以除洒水养生外，应用塑料薄膜覆盖，减少水分的蒸发，避免产生裂缝。塑料薄膜的覆盖时间以不粘水泥混合料为宜。

（7）施工中应注意采取的措施

为了保障施工质量，在施工过程中应注意采取以下措施：一是切边过程中如不慎将路面结构层切出内偏差大于 5mm 时，应及时用沥青砂补齐，否则会影响路缘石外观质量；二是切边时冷却切割片的水不得污染路面；三是拌和楼拌和完毕后，应由专人负责各部分的清理、检查及保养工作，尤其对拌缸一定要清洗干净，一定要检查水泥贮存罐及输送设施有无水泥变潮结块，以免堵塞影响水泥输送；四是摊铺机工作结束时，应对模板、贮料斗进行及时冲洗。

（三）施工中出现的问题及处理措施

1. 塌边原因及处理措施

在路缘石滑模摊铺施工中，碰到塌边的主要形式有：边缘塌落；边缘倒塌；中间出现鼓肚。造成这种现象的主要原因如下：其一，实际施工中混合料坍落度过大；其二，摊铺机速度过慢，摊铺机振动装置产生的振动使摊铺好的混合料边缘坍落；其三，摊铺机的振动力太大；其四，骨料中扁平状或圆状颗粒成型差，边缘在脱离模板后失去支撑发生塌边。

在滑模摊铺施工中，发生塌边时应采取的主要解决措施有以下几种：一是控制好水泥混凝土的坍落度，不要过大；二是控制好摊铺机的摊铺速度，摊铺机摊铺速度不可过慢，一般控制在 2.5m/min，不超过 3m/min；三是骨料尽量选用方正、有棱角的碎石；四是延长混凝土的拌和时间，控制混凝土运输过程中罐车的转速，不得发生离析现象。如发生塌边现象，可用人工配合修补。

2. 麻面原因及处理措施

在路缘石滑模摊铺施工中，形成麻面的主要原因有以下几种：其一，混凝土的坍落度值低；其二，混合料拌和不均匀；其三，混合料的配合比不符合要求；其四，摊铺机振动频率不够。

在实际施工中出现麻面应采取的主要解决措施有如下：一是控制水泥混凝土的坍落度，不要太小，一般为 3 ~ 5cm；二是加强混凝土配合比控制，使混凝土具有很好的和易性、工作性；三是控制摊铺机摊铺速度，不可不快，不要超过 3m/min，最好控制在 2.5m/min；四是加强摊铺机的振动能力。

（四）滑模摊铺机摊铺的施工效果

经过大量的事实证明，利用滑膜摊铺机进行路缘石施工，可以节省大量的人力物力，加快工期进度，施工质量要比人工浇筑的效果高很多，并且能够获得很高的经济效益。随着这项技术在施工得到的良好效果，在未来的路缘石施工中将会得到广泛的推广。

四、路缘石常见问题、现象与处理措施

（一）强度不符合要求

出现强度不符合要求的现象及原因，包括以下几方面：一是水泥、集料的质量存在问题，配合比不当；二是振动器选择不当或振实时间便短；三是养生不及时，养生时间不足；四是拆模过早。

处理措施为：其一，水泥、砂石材料的质量、规格应符合技术标准的要求；其二，按试验室提供的配合比进行施工，并按规定及时检测混凝土强度；其三，按操作要求选择合适的振动器，震动时间足够；其四，及时保湿养生、养生时间足够；其四，根据施工的实际气温，严格掌握拆模时间。

（二）线形不顺

出现线形不顺的现象及原因，包括以下几方面：一是测量放线不准，施工时又未进行校核、调整；二是模板的强度、刚度偏小，致使模板变形；三是模板的支设尺寸误差大，模板的安装不稳固。

处理措施：其一，必须精心施工，测设准确，坚持拉线定位，放样施工；其二，模板的强度、刚度要足够；其三，模板的支设尺寸要准确，安装要稳固。

（三）与路面错台

出现与路面错台的现象及原因，包括以下几方面：一是路基层压实度低，使边坡外倾下沉，低于路面；二是施工过程中基层高程不到位或过于偏高。

处理措施：其一，施工时严格控制路基层压实度；其二，施工中修饰整平到位，平整度和横坡度符合规范以及设计要求。

（四）土路肩松软

出现土路肩松软的现象及原因，包括以下几方面：一是路肩土为砂性土，易于散失；二是路肩土压实度不足；三是填筑路肩宽度不足，最后勉强用松土贴坡，松土培垫，又不经压实。

处理措施：其一，宜采用黏性土培筑路肩；其二，压实度要足够；其三，施工时，路肩外侧应有20cm～30cm超宽，最后整饰路肩时只许削坡不许贴坡；其四，宜植草或用灰土、

砾料灰土等稳定土路肩。

（五）土路肩阻水

出现土路肩阻水现象及原因，包括以下几方面：一是高低不平，甚至高出路面；二是土路肩横坡度偏小，甚至出现反坡。

处理措施：其一，土路肩压（夯）实后，要整饰到位，平整度符合要求；其二，横坡度要符合设计要求。一般应比路面横坡度大 1% ~ 2%。

第二节　人行道施工技术

一、人行道施工准备

（一）材料要求

沥青混凝土人行道应采用细粒或微粒式沥青混凝土。沥青混凝土铺装层厚不应小于3cm，沥青石屑、沥青砂铺装层厚不应小于2cm。压实度不应小于95%。表面应平整，无明显轨迹。

现浇混凝土人行道，混凝土的抗折强度应不低于设计要求，如设计未规定时，不宜低于3.5MPa。粗骨料尺寸不得大于厚度的二分之一。一般的水泥抗折强度应不低于3.5MPa，同时抗压强度不低于规范规定，无设计时，不宜低于30MPa。表面制花纹分格，以利排水和防滑，其规格、尺寸按设计要求确定，步砖要求大小均匀、颜色一致，无蜂窝、露石、脱皮、裂缝等现象，无缺边掉角，顶面均匀细密，其尺寸允许偏差要符合检验规范要求。现在的水泥步砖，多用细粒干硬混凝土压制，表面为有色水泥砂浆。

水泥混凝土预制砌块必须整齐统一，抗压强度应符合设计规定，设计未规定时，不宜低于30MPa，要求各面平整，无缺边掉角，表面光泽一致，无蜂窝麻面；利用多种异形表面在铺砌时相互连锁的要求稳定。

建筑材料贴面，尺寸形状按设计要求确定，要求表面平整、色泽一致，无缺边掉角。料石、预制砌块宜由预制厂生产，并提供强度、耐磨性能试验报告及产品合格证。进场后应检验合格后方可使用。料石应表面平整、粗糙，色泽、规格、尺寸应符合设计要求，其抗压强度不宜小于80MPa。

（二）作业条件

地面下的暗管、沟槽和附属构筑物等工程已验收合格，场地已平整。原材料经见证取样检验合格。方案已获监理工程师批准。

根据现场与周边环境条件、交通状况，与道路交通管理部门研究制定交通疏导或导行方案，并实施完毕。施工中影响或阻断既有人行交通时，在施工前已采取措施，以保障人行交通畅通、安全。设置排水沟、集水坑，以及时将路基里的积水或地下水排走，确保路基上无积水。

施工用水、用电已经接通。根据工程规模、环境条件，修筑临时施工道路。临时施工道路应满足施工机械调运和车辆通行安全要求，且不得妨碍施工。

已对作业层队伍进行全面技术、安全、质量、环保内容的交底。无雨、雪天气。采用干铺时，环境温度不应低于 0℃。采用掺有水泥的砂浆铺设时，环境温度不应低于 5℃。

（三）人行道施工准备注意事项

1. 地下管线的保护

在基槽开挖之前，应全面掌握人行道下的管线种类、结构、水平位置、埋深等情况。在地下管线埋深较浅处，采用人工开挖基槽，人工或小型机械夯实，以免损伤地下管线。

2. 相邻构筑物的协调

人行道上常有树穴、绿带、各种检查井、电杆穴等构筑物，因此，在人行道施工时，必须与有关部门互相协作和配合，避免在工序上发生冲突，并应保护好测量标志，以保证人行道的标高和横坡。

3. 环境保护

在喷洒乳化沥青或涂沥青漆和摊铺沥青混凝土时，侧石及相邻构筑物应用旧报纸、牛皮纸等加以覆盖，以防止污染。

4. 盲道设置

按设计及规范规定设置施工步骤与施工工艺；行进盲道砌块与提示盲道砌块不得混用；盲道避开树池、检查井、杆线等障碍物；路口处盲道应设为无障碍。

铺砌面层完成后，必须封闭交通，并应湿润养护，当水泥砂浆达到设计强度后，方可开放交通。

二、人行道施工

（一）基槽施工

基槽施工要点如下：

按设计图样实地测高程桩与放线，人行道直线段，一般 10m 一桩，曲线段适当加密，并在桩上标出面层设计标高，或放在建筑物上划线表明设计标高。若人行道外侧已按标高安装有侧石时，则以站石顶面标高为准，按设计横坡放样。

新建道路，可将土路床施工至人行道基槽标高，不必反开挖；路垫开挖接近基槽标高时，适当停留厚度，找平碾压达到设计压实度后再进行检查平整。草地软土应换填或用石灰稳定处理。

开挖基槽前要对地下管网进行了全面检查，并采取相应的保护措施。雨、冬期施工，必须做好相应的排水、防冻措施。

（二）基层施工

人行道基层有石灰土基层、石灰水泥稳定石屑基层、水泥稳定碎石基层、素混凝土基层等。沥青混凝土面层人行道一般采用石灰水泥稳定石屑、水泥稳定碎石等半刚性基层材料，以减少反射裂缝；水泥混凝土人行道多采用石灰土基层、石灰水泥稳定石屑、水泥稳定碎石等基层材料；建筑材料贴面的人行道一般采用素混凝土基层。

（三）面层施工

1．沥青混凝土面层施工

（1）铺筑面层

检查到达工地的沥青混凝土种类、温度及拌和质量等，冬季运输沥青混凝土必须注意保温。人工摊铺时要计算用量，分段卸料，卸料要卸在钢板上，松铺系数为1.2～1.3。上料时要注意扣铣操作，摊铺时不要踩在新铺混合料上，注意轻拉慢推，搂平时注意粗细均匀，不使大料集中。

（2）碾压

用平碾纵向错半轴碾压，随时用3m直尺检查平整度，不平处及粗麻处要及时修整或筛补，趁热压实。碾压不到处要用热夯或热烙铁拍平，或用振动夯板夯实。

（3）接槎

采用立槎涂油热料温边方法。低温施工应适当采取喷油措施，并铺热砂措施，以保护人行道面层，防止掉渣。要求表面坚实，无松散、裂纹、掉渣、积水、粗细料集中等，接槎紧密平顺，与其他构筑物应接顺。

2．现浇水泥混凝土面层施工

（1）摊铺面层

现浇水泥混凝土人行道面层铺筑厚度应不小于10cm。水泥混凝土拌合物应摊铺均匀。布料的松铺系数取1.10～1.25之间。摊铺后表面应大致平整，不得有明显的凹陷。块混凝土板应一次连续摊铺完毕。

（2）振捣

当混凝土摊铺长度大于10m时，可以开始使用平板振捣器进行振捣作业，振动时间不宜少于30s，应重叠10cm～20cm，振捣器行进速度应均匀一致。振捣速度宜匀速缓慢，振捣应连续不间断地进行，其作业速度以水泥混凝土拌合物表面不露粗集料，泛出水泥浆为准。

（3）收面

透水水泥混凝土振捣后，宜使用抹平机对水泥混凝土面层进行收面，收面时必须保持模板顶面整洁，接缝处板面平整。抹面不宜少于 4 次，先找平抹平，待混凝土表面无泌水时再抹面，并依据水泥品种与气温来控制抹面间隔时间。

（4）切缝

根据环境温度在泥混凝土面层成活后 250℃·h，按设计要求间距采用切缝法施工横向缩缝。缩缝应垂直板面，宽度宜为 4mm ～ 6mm。设传力杆时，不应小于面层厚的 1/3。切缝完成后，立即用高压水枪将残余砂浆冲洗干净。待缩缝干燥后，按设计要求进行填缝处理。

3. 路面砖铺砌面层施工

（1）复测标高

按照设计图纸复核放线，用测量仪器打方格，并以对角线检验方正，然后在桩橛上标注该点面层设计标高。

（2）水泥砖装卸

预制块方砖的规格为200 × 200 × 180（单位：mm），装运花砖时要注意强度和外观质量，要求颜色一致、无裂缝、不缺棱角。要轻装轻卸以免损坏。卸车前应先确定卸车地点和数量，尽量减少小搬运。砖间缝隙为2mm，用经纬仪和钢尺测量放线，打方格时要把缝宽计算在内。

（3）拌制砂浆

采用 1 ： 3 石灰砂浆或 1 ： 3 水泥砂浆，石灰粗砂要过筛，配合比要准确，砂浆的和易性要好。

（4）修整基层

挂线或用测量仪器检查基层竣工高程，对小于等于 2cm 的凹凸不平处当低处小于等于 1cm 时，可填实，可填 1 ： 3 石灰砂浆或 1 ： 3 水泥砂浆；当低处大于 1cm 时，将基层刨 5cm，用基层的同样混合料填平拍实，填补前应把坑槽修理平整干净，表面适当湿润，高处应铲平，但如铲后厚度低于设计厚度的 90% 时，应进行反修。

（5）铺筑砂浆

在清理干净的基层上洒水一遍使之湿润，然后铺筑砂浆，厚度为 2cm，用刮板找平。铺砂浆应随砌砖同时进行。

（6）铺砌水泥砖

铺砖时，按控制桩高程，在方格内由第一行砖纵横挂线，根据标线按标准缝宽铺筑第一行样砖，然后纵线不动，横线平移，依次按照样砖铺砌。

铺步砖，缝的直线要通，曲线要顺。扇形平面上铺步砖，要用电锯切割异形步砖相配，也可按直线顺延铺筑，然后用与预制步砖颜色相同的水泥砂浆补齐并刻缝。

砌筑时，步砖要轻拿轻放，用木锤或橡胶锤轻锤击实砌稳，如砌不平，应将步砖拿起，用砂调整重新铺筑，不准在砖底塞灰或用硬料支垫，必须使步砖平铺在密实的砂浆上并稳定无动摇、无空隙。

（7）灌缝

灌缝一般采用 1∶3 水泥细砂干浆，先在步砖表面均匀撒铺一层砂浆，然后用扫帚或板刷将砂浆扫入缝中，然后可用小型振动碾压机振实或浇水灌实，灌缝要反复进行几道，直到缝隙饱满为止。施工完毕后，面上的砂浆要清扫干净，用扫帚扫出步砖本色。

灌缝完毕后应及时洒水养护，在铺砌过程中，质检员应跟踪检查，发现不符合检验规范要求的部位，及时督促修整。

4．其他形式的人行道面层施工

（1）彩色板（砖）和触感板（砖）人行道的施工

彩色人行道方砖要采用刚性或半刚性基层及干拌水泥砂浆黏结层。基层和黏结层的材料、厚度、强度应符合设计要求。基层的施工可按照规程的有关规定执行。

彩色道板（砖）在铺砌之前要浇水湿润。将彩色道板（砖）按照定位线逐块坐实于黏结层上，使其结成整体。相邻板块贴紧，表面平整，线形顺直，铺砌后应浇水湿润养生。艺术花样和触感板的导向、停步块材铺砌时，要按照设计图形进行施工。

（2）水泥混凝土连锁砌块铺装

由于连锁砌块条块狭小，所以，平整度的要求更高，块与块的连接必须连锁紧密、齐平，不得有错落现象。铺砌不留缝，垫层用粗砂，使用专用的振平板振实，灌缝用细砂，其余操作均同般水泥砖。完工后需要表面平整光洁、图案排列整齐、颜色一致，无麻面或者掉面、缺边现象，纵横坡度要符合设计要求。

（3）曲线段人行道板（砖）的施工

曲线段人行道的道面铺砌，可采用直铺法或扇形铺法进行铺砌，其中彩色人行道板（砖）应采用直铺法进行施工。铺板（砖）后所形成的楔形空缺和边、角空缺可采用同标号水泥混合料就地浇筑，彩色人行道板（砖）应按所需形状切割后拼砌，与预制道板（砖）面平，并进行养护。

（四）特殊部位的施工

1．各种井的周边施工

按设计标高、纵坡、横坡，调整井圈高程。对已破坏或跳动的井盖、井圈进行更换。检查井周围，不得使用锯割的步砖嵌砌，步砖与井周空缺应及时用细石混凝土填补好；建筑材料贴面可使用切割后材料与检查井接顺。

2．树穴施工

按设计要求间隔和尺寸留出树穴。树穴与路缘石或站石要方正衔接。树穴边缘按设计要求用水泥混凝土预制件、水泥混凝土缘石或大理石等围成，尺寸、高程按设计要求确定。人行横道线、公共汽车站处不设树穴。

3．无路缘石部位施工

对人行道、广场等无路缘石人行道边缘，应采用混凝土止挡法或步砖砂浆黏结法固定。

4．与建筑物衔接处施工

人行道面层高于建筑物地面时，应调整人行道横坡接平，或将建筑通行范围降低接顺。当建筑物地面与人行道高差较大时，应设置踏步或挡土墙。

（五）人行道的保养与修理

1．人行道保养

人行道保养应从以下几方面入手：①应经常保持人行道的整洁，及时清除人行道上的尘土污泥和杂物；②两侧建筑物的管道排水，不得浸流于人行道上；③禁止机动车辆在人行道上行驶或停放；④经常保持块料铺装人行道块体的稳定，发现松动及时补充嵌缝材料，填充稳固，若垫层不平引起人行道砌块松动，应将砌块挖出，整修垫层重新铺筑；⑤应保养好整体铺装人行道的伸缩缝和施工缝及人行道同检查井口的接缝，发现损坏应及时修补；⑥侧石及平石的接缝要定期清缝及勾缝；⑦对损坏及歪斜的侧石及平石，应及时调整或更换；⑧因树根挤坏人行道及侧石而影响行人及排水时，应同有关部门联系解决。

2．人行道修理

人行道的修理，应针对破损原因（如排水不良、路面树根部的发育、集中堆放重型物资或机动车辆驶入等）采取相应措施进行修补。修复时应符合下列规定：

①处理部分要比损坏边缘扩大 10cm 以上，开挖前应清理尘土、杂物；②要按照修理时画出的轮廓开挖，边缘应垂直整齐，如果修理砌块面层，则应按砌块接缝线前 10cm 进行划线开挖；③人行道路面损坏需要修整并更换侧石和平石，必须在更换侧石和平石后再修整路面；④结构组合应按原人行道结构恢复，回填土及基层压实度应符合规定要求；⑤修理部分要将四周边缘结合至密实平整，检查井的周围要细致地修复，黑色混合料铺筑的人行道结构，槽壁要涂黏结剂浇沥青，水泥混凝土人行道按原规格、原花纹恢复；⑥新开人行道根据道路口宽度、侧石设置、转弯半径等采用不同形式，并要考虑行人行走方便。

第三节　交通安全设施施工技术

一、施工技术和过程

（一）交通标线

1．施工要点

交通标线施工温度和速度的掌握对施工质量有相当重要的影响，因此要求施工操作人员必须具备有关标线涂料及其施工技术的基础知识。在操作过程中，能够根据涂料的不同性能指标，调整设备、施工温度和速度，以达到理想的质量效果。

施工最佳条件：环境温度 5 ~ 32℃。对于气温过高或者车流量较大的施工区域，应延长车辆禁行时间。振动标线的型号、形状和间距设定，必须根据使用者的目的、用途以及道路特征、车速车流量等设定科学合理的最佳方案。施工设备应经常维护保养，否则会影响图形的美观和成型。

2. 常见质量问题的解决

标线施工中极易产生气泡、表面不平及毛刺等现象，影响视认效果和美观。产生上述现象的原因很多，如涂料质量、气温及路面结构等。涂料、气温等因素可以通过选择优质材料、调整施工时间等方式解决，但路面结构是不可改变的。这里着重介绍在不同路面结构情况下，如何保证标线质量。目前高速公路路面多采用 SMA 结构。SMA 路面空隙较大，标线施工时易产生表面不平及毛刺现象。

（二）交通标志

1. 施工要点

标志工程的特点是布点分散，结构复杂，类型众多。施工前应特别注意需要到现场结合图纸进行实地踏勘，以便及时发现问题。应重点关注标志桩号、版面设计内容与实际是否相符，标志设置后有无视线干扰，设置位置处有无高压线（会影响吊车工作），标志基础预留预埋情况（特别是附着在桥梁上的预留基础），线外路网指路标志情况等。

2. 施工中应注意的问题

（1）标志基础

①要特别注意互通立交区段的开挖，因为立交区内光缆、电缆众多，要防止开挖过程中出现损坏光缆、电缆的情况。

②从基坑中挖出的剩余材料，运至监理工程师认可的地方；所有基坑挖方应保持良好的排水；基础的排水方法和采取的措施应取得监理工程师的批准。

③通常，标志施工设计图纸中标志基础所在的边坡比例为 1：1.5，而实际情况边坡比例不尽如此。如果仍按设计进行施工，则可能会出现基础顶面埋设在土中或基础顶端外露过多的情况。通常，解决上述问题的方法是根据现场情况将基础顶面的标高进行提高或降低。

④混凝土基础中的预埋地脚螺栓和基底法兰盘位置要准确，特别是门架、悬臂标志预埋件的位置直接影响标志安装后的角度、板面净空等，应特别注意。

（2）标志板面制作

交通标志的形状、图案、颜色、字体和所采用的反光膜、铝合金板、铝合金槽应严格按设计图及规范规定执行。在此着重介绍铝板的拼接。标志底板采用铝合金板。为了保证标志板面的平整度，设计中常常对于板面尺寸小于 8m² 的标志采用厚度 2mm 的铝合金板，其余交通标志牌采用厚度 3mm 的铝合金板，并采用铝合金龙骨加固。铝板与铝板、铝板与铝合金龙骨的加固一般采用铆接方式。目前已有了新的拼接工艺——焊接。在标志制作过程中，大型标志铝合金板之间以及板面与铝型槽之间的连接，多采用标志板专用焊机和拼板机焊接。此种工艺打破了传统铆接方式，极大地简化了操作程序，提高了工作效率，实现了版面制作数字自动控制，且连接牢固度、平整度均较以往的铆接方式有较大提高。

3. 护栏

（1）施工要点

护栏立柱放样应按设计图进行，根据路桥工程提供的路基中心及基准标高，并以桥梁、通道、涵洞、中央分隔带开口等为控制点，利用经纬仪、水准仪等测量仪器，进行测距定位，逐点测量标高。

立柱放样遇到间距零头时（非标准段），利用调整段调整间距分配零头数。立柱放样后，应调查每根立柱桩位的地基情况，如遇横向排水管、分歧通信管道等预埋管线与立柱有冲突时，需调整某些立柱的位置；中央分隔带通信入井处，立柱应避开人井设置。

在一般路段，立柱采用打桩机打入法施工。立柱打入时要精确定位，打入过深时应将其全部拔出，待基础压实后再重新打入。中央分隔带大中小桥、明涵洞、通道上立柱固定，按图纸要求将立柱用砂浆（一般 10# 砂浆）固定于预留孔中。暗涵洞、暗通道等构造物上的立柱固定，先按设计要求现场浇筑混凝土基础，并预留立柱孔。等混凝土凝固后，将立柱用素混凝土固定于预留孔中。混凝土标号一般为 C20。

立柱安装完成后，进行线形调整。待线形与道路平纵线形相协调后，安装波形梁板。波形梁板拼接方向与行车道方向一致，依次叠加安装。波形梁板的连接螺栓及拼接螺栓不宜过早拧紧，安装过程中利用长圆孔先进行调整，形成平顺线形后，再拧紧螺栓。

（2）钻孔施工技术的应用

护栏是通过打入地下的钢立柱与波形梁护栏板连成整体而起到安全防撞作用的，其原理是车辆首先撞击护栏板，护栏板吸收能量，同时将冲击力传送给立柱。由于立柱深深埋入坚实的路基中，立柱再把能量传送给路基，以此起到安全防撞作用。在此过程中，钢立柱打入路基的牢固程度起着决定性作用。由于路基是一层层的土石经压实形成，在立柱打入过程中如果遇到二灰碎石土（约 40cm）层（这样的土相当坚硬），钢立柱的打入极为困难，此时立柱施工应采用开挖法或钻孔法。

在立柱打入施工中，碰到二灰碎石土等无法打入的情况时（原因是路基施工为整幅填土，整幅压实），常规处理方法是采用开挖法，即在立柱安装位置处挖孔穴（孔径不小于20cm），用风镐等机械将阻碍立柱打入的二灰碎石及二灰土层（或石块等其他硬物）凿除，再将立柱打入设计深度，然后选用良好筑路材料分层回填并夯实。此法费时费力，扰动土较多，相对降低了立柱牢固度。笔者采用钻孔法解决此问题，即在立柱的安装位置处，用一种新型冲击式公路专用钻孔机钻孔，空压机清孔。钻孔径与立柱外径相当（Φ114mm立柱钻孔径为 Φ120mm）。将影响立柱打入的二灰碎石层（或石块等其他硬物）钻通，钻孔深度为立柱打入深度的一半左右，然后再用液压式打桩机把立柱打入到设计深度。这种方法施工简便、效率高，对土层扰动少，立柱牢固度好。

（4）隔离栅

隔离栅设置在公路地界处，施工中经常会出现一些矛盾。为保证放样的准确性，减少不必要的位置冲突，宜事先由土建单位用全站仪放出公路用地界，然后再进行隔离栅的定位。隔离栅既是高速公路与外界的分界线，又是与外界的连接线，故应保持与外界环境相协调。在隔离栅安装前，应进行地形处理，将隔离栅附近地面适当整平，将杂物、杂草等清除干净，并整平、夯实。对地形起伏地段，要将地面修整成一定坡度的斜面，将隔离栅顺坡设置。

二、有关问题探讨

（一）热熔型标线的厚度

目前，热熔标线设计厚度一般为 1.8 ~ 2.0mm。笔者认为这样的厚度有两个缺点：一是厚度较大，易碎裂剥落且浪费材料，成本加大；二是由于车辆的重复碾压以及自然条件的腐蚀风化等原因，标线在两三年后其清晰度、视认性、反光效果显著下降，一般情况下要补划。补划时比较头疼的是原有标线的处理，因为要彻底清除掉原有标线非常困难，而部分清除会使新划标线缺少平整的基准面，影响反光效果；不清除直接在原标线基础上覆盖，则厚度又过大，更易断裂剥落。因此，笔者以为新建高速公路热熔型标线厚度应设计薄一些，以 1.0 ~ 1.2mm 为宜，这样既能保证反光质量、降低成本，又能保证二次涂敷后标线厚度不致过大。

（二）车道识别标志的命名

笔者以为车道识别标志的设置对于规范车辆有序行车，提高高速公路行车速度和运营能力很有意义。时常可以看到这样的现象：高速公路上两个大货车，一个占据超车道，一个占据行车道，你追我赶，互不相让，严重影响了车辆的通行速度。此现象在双向 4（6）车道的高速公路，甚至在双向 8 车道的沪宁高速经常出现。应特别注意对大货车的控制。以双向 6 车道为例，可将上述标志名称调整为：客车道，客货车道，大货车专用道，应急救援通道。这样调整以后，可加深驾驶员对于紧急停靠带功能的认识，也可以规范大货车有序行车，防止随意变道，提高公路利用率。

三、加强交通安全设施施工质量管理与控制

（一）建立合理的质量管理体系

交通安全设施施工中，建设工程都是由一个好的管理体系来支撑，依靠机制来运转的，

作为施工项目管理层，项目总工程师为整个项目质量的负责人，制定该工程质量的总体方针、政策。质量检验工程师及试验人员定期地对施工中的工程质量进行检查，发现不符合规范的，要立即进行整改，直到达到规范要求，才能进入下一道程序的施工。项目专业技术人员或专业工程师在现场进行现场技术指导和监督，及时解决现场出现的问题，使工程质量得到良好的保证。

（二）合理设计交通安全设施

首先应该考虑的是所设计设施功能性是否到位。这就需要设计者明确设计目的和所涉及路段的路况，采用恰当的、综合性的方式进行道路安全保障。例如在提供道路状况方面，以道路标志为先导，使用标线引导驾驶，并辅以轮廓标和突起路标加强夜间引导功能，而在安全保障方面则以道路护栏为主，用隔离栅和防抛网防止行人、动物和杂物进入行驶范围，还要加入防眩设施以避免产生视野盲区。

（三）交通安全设施施工的质量管理

1. 交通安全设施施工中原材料的质量控制

施工前加强对产品及原材料的质量合格检验，这是一道最关键的质量管理程序，拒绝任何不符合设计或技术规范要求的产品或原材料进入施工场地。进场材料构件的质量对交通安全设施的质量起到控制性的作用，如标志牌、波形梁护栏、隔离栅等的质量隐患往往不是出现在安装过程中，而是出现在进场构件的质量上，安装的检验比较容易控制，有缺陷也比较容易发现和纠正，但进场材料的质量问题，往往不易及时发现，通常在使用过程中才能逐渐暴露出来，因此，进场材料和构件的质量检验十分重要，有关人员必须到进货的生产厂家检查和确认其生产设备能力、工艺水平及其质量保证体系的有效性，并在供货过程中，不定期地进行巡查，以保证生产厂商提供的产品合格，产品进场后，技术人员要依据规范的规定试验和检验，确认后方可用于安装，发现疑问时，还可以增加相应的检测项目和频率。

2. 加强施工过程的控制

在对原材料的质量进行控制后，最重要的就是技术人员与施工人员对施工过程进行把控。设计人员在对施工现场进行充分的考察后，设计出适合实际情况、满足实际要求的设计图；技术人员根据设计图对其所需的技术进行具体分析，对会遇见的问题，提前做好预防准备；施工人员则要严格按照设计要求进行施工，注意每一个细节。除此之外，在施工实施过程中和施工完成后都要对道路进行维护和保养，强化施工中对构件的保护，尤其是避免人为因素造成的防腐漆剥离等。

3. 建立科学合理的质量管理体系

一个完善合理的质量管理体系对于加强交通安全设施工程的质量管理将会起到事半功倍的作用，而且一个好的质量管理体系也能够在一定程度上帮助交通专业人员综合素质的提高，专业人员技术水平和综合素质的提高对保证整个施工的质量起到了很大的作用，因此要对专业人员进行定期的培训和再提高教育。只有有效地提高施工人员的专业素养和施工水平，才能保证交通安全设施施工质量。

4. 施工中重视对施工流程的控制与监管

交通安全设施的施工对于工程的顺序要求非常严格，因为一旦工程的某一个环节或某一个工序发生了错误，那么对于整个工程的质量和进度来说将会产生非常严重的影响，不仅会拖延整个工程的进度还会加大施工难度，同时也会造成整个交通安全设施工程的质量问题。所以要重视交通安全设施施工流程的控制及管理，保证整个交通工程的质量。

第四节 其他附属工程施工技术

一、路肩及其施工

（一）路肩

路肩指的是位于车行道外缘至路基边缘，具有一定宽度的带状部分（包括硬路肩与保护性路肩），为保持车行道的功能和临时停车使用，并作为路面的横向支承。

路肩分为右侧路肩和左侧路肩。右侧路肩的设计速度为 120km/h 的四车道高速公路，宜采用 3.50m 的右侧硬路肩。6 车道、8 车道高速公路，宜采用 3.0m 的右侧硬路肩。当受地形条件及其他特殊情况限制时，可采用最小值。左侧路肩，对于 8 车道及其以上的高速公路为整体式断面时，让出现故障或耗尽燃料的车辆穿过几条车道停到右侧路肩既不安全，也不现实。根据经验，应在左侧设置至少不窄于 2.5m 的硬路肩供抛锚车辆停靠或等待拖走。

（二）路肩的作用及宽度

各级公路都要设置路肩。路肩的作用主要有以下几个方面：

①由于路肩紧靠在路面的两侧设置，具有保护及支撑路面结构的作用；②供发生故障的车辆临时停放之用，有利于防止交通事故和避免交通紊乱；③作为侧向余宽的一部分，能增进驾驶的安全和舒适感，这对保证设计车速是必要的，尤其在挖方路段，还可以增加弯道视距，减小行车事故；④提供道路养护作业、埋设地下管线的场地，对未设人行道的道路，可供行人及非机动车等使用；⑤精心养护的路肩，能增加公路整体的美观。

根据上述路肩功能，从构造上又可分为硬路肩、土路肩。硬路肩是指进行了铺装的路肩，它可以承受汽车荷载的作用力，在混合交通的公路上便于非机动车、行人通行。在填方路段，为使路肩能汇集路面积水，在路肩边缘应设置缘石。土路肩是指不加铺装的土质路肩，它起保护硬路肩、路面和路基的作用，并提供侧向余宽高速公路、一级公路当采用分离式断面或宽度大于4.5m的中间带时，行车道左侧也应设硬路肩。高速公路、一级公路的平原微丘区，有条件时硬路宽度宜大于2.50m。城市道路采取边沟排水时，与公路一样，应在路面外侧设置路肩，同样分硬路肩和保护性路肩。城市道路的设计速度大于或等于40km/h时，应设置硬路肩。保护性路肩一般为土质或简易铺装，其作用是为城市道路的某些交通设施，如护栏、杆栏、电线杆、交通标志牌等的设置提供场地，最小宽度为0.5m。双幅路或四幅路中间具有排水沟的断面，还应设置左侧路肩。各级公路和城市道路的路肩宽度根据条件可采用0.75m ~ 4.0m，最窄不得小于0.50m。

（三）路肩施工

路肩石可以在铺筑路面基层后，沿路面边线刨槽、打基础安装；也可以在修建路面基层时，在基础部位加宽路面基层作为基础；也可以利用路面基层施工中基层两侧宽出的多余部分作为基础，厚度及标高应符合设计要求。

路面中线校正后，在路面边缘与侧石交界处放出路肩石线，直线部位 10 米桩，曲线部位 5 ~ 10 米桩，路口及分隔带等圆弧 1 ~ 5 米桩，也可以用皮尺画圆并在桩上标明路肩石顶面高程。

刨槽施工时，按要求宽度向外刨槽，一般为 30cm，靠近路面一侧比线位宽出少许，一般不大于 5cm，太宽容易造成回填夯实不好及路边塌陷。为保证基础厚度，刨槽深度可比设计加深 1cm ~ 2cm，槽底应修理平整。若在路面基层加宽处安装路肩石，则将基层平整即可，免去刨槽工序。

（四）路肩的养护

路肩是保证道路路基、路面有整体稳定性和排除路面水的重要结构，同时，也是为确保临时停车所需两侧余宽的重要组成部分。路肩的养护好坏直接关系到路基面的强度、稳定性和行车的畅通。因此，必须认真做好路肩的养护、维修和加固。

1. 土路肩的养护

道路的路肩是土质、并在土路肩出现车辙、坑洼或与路面产生错合现象时，必须及时修整，并用与原路基相同的土填平夯实。土路肩过高妨碍路面排水时，应铲削整平，宜在雨后土壤湿润状态下，结合清理边沟同时进行，对低洼的路肩所存留的水可以及时排除。

当土路肩的横坡度过大时，适宜采用良好的砂土以及其他合适的材料填补压实，不得用清沟挖出的淤泥或含有草根的土壤填补。当填补厚度大于 150mm 时，应分层夯压密实。对砂性土或粉性土地段，应惨拌一些黏性土加固表面，以便提高路肩的稳定性及抗裂性。

当土路肩的横坡过小时，应削高补低整修至规定的坡度。土或有草的路肩应满足其横坡度比路面坡度大 1% ~ 2% 的要求，以利于顺利地排水。

2. 陡坡路段路肩的养护

对于纵坡大于5%的路肩，由于纵坡大，容易被暴雨冲成纵横沟横，甚至冲坏路堤边坡，一般可根据路基排水系统的情况与需要，综合改善，可采取下列措施：

自纵坡坡顶起，每隔20000mm左右两边交错设置宽300～500mm的斜向截水明槽，并用砾石或碎石填平。同时在路肩边缘处设置高100mm、上宽100mm、下宽200mm的拦水土埂。在每条截水明槽处，留一淌水口，其下面的边坡用草皮或砌石英钟加固，使水集中由槽内流出。

当下暴雨时，养护人员可沿路肩截水明槽下侧临时设置阻水埂，迫使雨水从草内排出，但雨后应立即铲除。中、低级路面的路肩上自然生长的草皮也应予保留。植草皮应选择适宜于当地土壤的种子，成活后需加以维护和修整，使草的高度不超过150mm，如有丛集的杂草应铲除重铺，以保持路容美观。

如若路肩草中淤积沙土过多妨碍排水时，应立即铲除，以恢复路肩应有的横坡度。当使用除草剂消灭杂草时，应注意对沿线环境的影响。路肩外侧，最容易被洪水冲缺牲畜踩踏形成缺口处，可以用石块、水泥混凝土预制或草皮铺砌宽200mm左右的护肩带，既消除病害，又能起美化路容的效果。

3. 路肩的加固和改善

道路上的路肩通常不供行车之用，但从功能上要求应能承受汽车荷载。为了减少路肩养护工作量，对于行车密度大的路线，应由养护部门有计划、有步骤地将土路肩改铺成能行车的硬路肩。硬路肩的类型大体上有以下几种：

草皮加固路肩。采用此法时草的高度不得高于100mm。否则应进行修剪；丛集的杂草应铲除重铺；当路肩中的淤泥积砂过多妨碍排水时，应立即铲除修平。

砂石加固的硬路肩。主要材料指泥结砾石或泥结碎石；稳定类路肩材料，主要指石灰土、二灰碎石、泥结碎石、泥结砾石、水泥土等。

综合结构硬路肩。这是指在基层工作沥青表面处治的综合结构路肩，具有较好的稳定性。

为了防止雨水冲刷和雨中会车时泥泞陷车，应对路肩进行加固。加固的具体方法是：用粗砂、小砾石、风化石、炉渣、碎礓、贝壳等粒料掺拌黏性土，铺筑加固层，加固厚度不小于50mm，并尽量采用挖槽铺压；也可在雨后路肩湿软时直接将粒料撒铺到路肩上，并进行碾压。每当采用此方法时，应该注意路肩与路面衔接处的平顺，并保持适当的横坡度。

4. 严禁堆放杂物在路肩上

路肩上禁止堆放任何杂物，对于养路的材料，应该放在公路以外相连路肩之外，根据地形的具体情况，选择适合堆放养路材料的地点，设置堆料坪。堆料坪的间距以200～500m为宜。堆料坪长度约5～8m，宽经2m。如若属机械化养路或者是高级路面，可以不设或少设堆料坪。

修补路肩坑槽所需的砂石材料，如必须堆置放在路肩上时，应选择在较宽的路段顺一边堆放，但不允许堆放在桥头引道、弯道内侧、陡坡上。而且所有的料堆必须离路面边缘

300mm，料堆长度不得大于 10m，而且每隔 10 ~ 20m 必须留出不小于 1m 的空隙，以利于排水，同时有利于车辆的正常行驶。对于料堆放置的时间也有限制，一般情况下应在 7 天内处理完毕，最多不得超过 10 天的时间。

二、雨水口及其施工

雨水口是在雨水管渠或合流管渠上收集雨水的构筑物。街道路面上的雨水首先经过雨水口通过连接管流入排水管渠。

（一）雨水口的形式

1．平箅式

平箅式水流通畅，但暴雨时易被树枝等杂物堵塞，影响收水能力。平箅式雨水口又分为偏沟式和地面平箅式。偏沟式雨水口适用于有缘石的道路。地面平箅式适用于无缘石的路面、广场、地面低洼聚水处等。

2．立箅式

立箅式不易堵塞，边沟需保持一定水深，而许多城市道路加铺沥青层后导致立箅断面减小很多，影响收水能力。

（二）雨水口布置位置

1．一般道路雨水口的布置

道路雨水口应该首先布置在道路最低点、道路的汇水点上，其次再布置在无障碍通道的上游、人行横道的上游、公共汽车停靠站的上游、沿街单位出入口上游，靠地面径流的街坊或庭院的出水口等处均应设置雨水口。最后在市政道路上合适间距设置雨水口。

2．环道雨水口的布置

环道雨水口的布置应在环道周围布置雨水口，以保证雨水不进入环道内。

3 道路交叉口雨水口的布置

道路交叉口雨水口的布置，包括以下几种情况：一是如果交叉口处于凸形地形上，相交道路的纵坡均背离交叉口，则交叉口内不需要设计雨水口；二是如果交叉口处于凹形地形上，相交道路的纵坡方向都指向交叉口，为防止雨水汇集到交叉口中心，应适当改变相交道路的纵坡以抬高交叉口中心标高，并在转角设置雨水口；三是如果交叉口处于分水线地形上，有三条道路纵坡方向背离而一条指向交叉口。在纵坡指向交叉口道路的人行横道线外设雨水口，防止雨水流入交叉口内；四是如果交叉口处于谷线地形上，有三条道路纵坡方向指向交叉口而一条背离。在三条纵坡指向交叉口道路的人行横道线外设雨水口；五是如果交叉口处于斜坡地形上，相邻两条道路纵坡指向交叉口而一条背离。在纵坡指向交叉口道路的人行横道线外设雨水口；六是如果交叉口处于马鞍形地形上，相对两条道路纵坡指向交叉口而另两条背离。在纵坡指向交叉口的道路两侧设置雨水口。

4. 两块板以上的道路雨水口的布置

有分车绿带的道路可将雨水口布置在绿化带内，这样可减少雨水口的荷载，提高道路施工速度。

（三）雨水口的施工

1. 测量放线

按道路设计边线及支管位置确定雨水口位置，定出雨水口中心线桩，使雨水口长边必须重合道路边线（弯道部分除外），并放出雨水口开挖边线。开挖边线按照雨水口结构尺寸确定，一般开挖边线比雨水口墙体边线宽 150～200mm。

2. 挖槽

开挖时，应核对雨水口位置，有误差时以支管为准，平行于路边修正位置，并挖至设计深度。

3. 混凝土基础

在灌筑基础混凝土前，应对槽底仔细夯实，遇水要排除，槽底松软时应夯筑 3：7 灰土基础。一般采用标号不低于 15MPa 的混凝土。混凝土厚度一般为 100mm，根据设计要求及标准图集，确定基础尺寸。

4. 井墙砌筑及勾缝

雨水口混凝土基础强度达到 5MPa 以后，方可进行雨水口的砌筑。

灰缝宽度应控制在 8～12mm。砌筑井墙，应灰浆饱满，随砌随勾缝。每砌高 300mm 应将墙体肥槽及时回填夯实。回填材料应采用二灰混合料或低标号混凝土。雨水支管与井墙间应砂浆饱满，管顶应发 125mm 砖券，管口应与井墙面齐平。

5. 井箅安装

井箅安装需要注意以下几方面：一是安装方法，按路面或平沿石拉线，井箅与道路纵横坡度必须保持一致，内侧与外侧的高差可用水平尺控制；二是安装高度，根据路面施工经验，井箅比路面低 10～15mm 为宜，这样路面易于碾压、顺坡；三是井框固定，井周必须采用钢筋混凝土浇筑；四是道路雨水口顶面高程应比此处道路路面高程低 30mm，并与附近路面接顺。

6. 细粒混凝土泛水找坡

雨水口井砌筑完成后，井底用 15Mpa 细粒混凝土抹出向雨水支管集水的泛水坡。细粒混凝土厚度最大 50mm，最小 30mm。雨水口三箅以上时，设置 1% 的坡度向支管。

7. 过梁、井圈及井箅安装

雨水口预制过梁安装时要求位置准确，顶面高程符合要求；安装牢固、平稳。铸铁井圈和混凝土井圈应注意，现浇井圈时模板应支立牢固，尺寸准确，放入钢筋笼后浇筑、养生。

8. 井周回填与砌筑

井周回填与砌筑同时进行，可采用低标号混凝土（可采用废弃混合料适量掺加水泥、砂拌和）或毛石（砖块）灌浆。

9. 位置尺寸

井壁与立沿石线必须吻合。井内壁距立沿石边线 14cm，保证井算安装牢固。

（四）雨水口的管理与养护

1. 对市政道路雨水口的管理

（1）保证施工时雨水口不受堵塞

道路雨水口施工时，施工工人施工不认真导致雨水口时有堵塞，或水泥砂浆误倒入雨水口造成堵塞。为此管理单位需加强对施工单位的施工、验收管理。

（2）防止污水接入雨水口

施工废水的排放是巡视重点。由于施工废水往往含有泥土、砂石水泥浆等必凝集、沉降的物质。按 CJ3082-1999 污水排入城市下水道水质标准的相关条款，应该在施工场地内进行预处理（沉淀或澄清），达标后排入城镇管道系统。出于方便，施工废水通常由雨水口接入。如果施工废水未处理或处理不达标就排放，不仅直接淤积、堵塞雨水口，泥沙、水泥浆等进入排水干管或主干管后，由于水力条件改变而易于沉降，再加上水泥浆的固结作用，淤积后清疏困难，将造成管道逐步堵塞，影响整条管线。为防止雨水口的堵塞，应加强管理，禁止油脂含量高、杂物多的污水接入雨水口。

（3）防止垃圾进入雨水口

雨水口设置低于地面且有一定面积的孔洞，有效收集雨水的同时杂物也容易进入。道路清扫人员往往将一些灰、土、树叶等杂物扫入雨水口中，严重时甚至使整个雨水口井身堵塞。这不仅降低了雨水口的泄流能力，也增加了雨水口乃至排水管道的维护工作量，对此需要有一定的制度进行约束。与环卫部门协调，双方同时进行教育、监管，并与对清扫人员的考核工作相结合，有效地减少了人为造成的雨水口的堵塞。

2. 雨水口的养护

为确保雨水口的正常排水功能，除保证设计合理、施工准确之外，还需要大量的后期养护和管理工作。雨水口在使用过程中，杂物（如泥沙、树叶等）容易堵塞雨水算子，直接影响收水能力；有些临街用户污水直接接入雨水口，造成雨水管道淤堵。为解决这些问题，需加强雨水口的巡视、清扫工作，采取一定的保护措施，例如在北方地区，非汛期时在雨水口上覆盖包裹一层麻布袋，防止垃圾进入井内；也可以在雨水口设计时，加装雨水口截污网等设施，起到拦截污染物的作用。

三、检查井及其施工

（一）检查井

1. 检查井的概念

检查井是为城市地下基础设施的供电、给水、排水、排污、通信、有线电视、煤气管、路灯线路等维修，安装方便而设置的。一般设在管道交汇处、转弯处、管径或坡度改变处、以及直线管段上每隔一定距离处，是便于定期检查附属构筑物。

2. 检查井在道路疏通中的重要性

自改革开放以来，我国城镇化进程越来越快，城镇人口与日俱增，车辆也随之急剧增加，为了给行人以及车辆等提供一个通畅、美观的道路环境，就需要对城市排水检查井进行疏通，平和管网缓冲压力。由此可见检查井在道路疏通中的重要作用和意义，因此，为了确保检查井的作用得以正常有效发挥，就需要在实际进行施工的过程中重视检查井的施工质量，从而为道路的通常运行提供基础和前提。

（二）检查井施工技术

1. 施工准备

测量人员认真核对图纸，了解设计意图，并进行了现场施工放样。人员和机械设备已经就绪，施工场地具备施工条件。配合比已选定并通过监理工程师审批，材料储存满足施工要求。检查井的轴线、边桩位置及平面尺寸放样完成，标高核实无误，已报请监理工程师检验认可。

2. 基底的验收和处理

目的主要是确保基底的高程和承载力。首先根据设计图纸要求采用机械开挖检查井处基坑（随沟槽开挖一起进行），基坑周边采用自然放坡，坡度为 1：0.33，基坑底部的宽度要同时满足支模板和操作的需要。清底时采用人工进行，清完基底后，对高程进行复核，同时邀请勘察单位、监理方一同对基底的承载力和土质进行验核，承载力采用钎探技术，验收基底的承载力，承载力要大于 130Kpa。若不满足规范要求，需要采用天然沙砾换填法或石灰土法进行加固处理，直至承载力合格。

3. 绑扎井室主体钢筋

在相关各干支管线以及支管的高程均已确定的情况下，即可进行井室钢筋的绑扎工作，应在绑扎井身钢筋网时连同管口位置一起确定，在浇注混凝土前将管身按要求插入钢筋网内就现状帮扎，并凿毛其表面（如雨水口支管，雨水口支管进井处井壁钢筋配置要咨询设计）。若各管线已完成，应直接就现状绑扎，同时要对埋在井身里的管外表面进行凿毛（如雨、污水干、支线）。伸入井室的管端应平整完好。井室钢筋帮扎好后，再绑扎踏步，踏步安装前刷防锈漆，并及时检查踏步的上下，左右间距及外露尺寸，保证位置准确无误后浇注混凝土。

4. 支底板模板，浇筑底板混凝土

采用钢模板，内刷脱模剂，浇注 C25-S4 混凝土，顶部沿井墙位置拉毛处理，井底厚度根据设计图纸：直线井为 25cm，三通、四通井为 30cm。模板拆除 24 小时前需报监理工程师批准，侧模板，在抗压强度达到 2.5MPa 时，方可拆除，以保证其表面及棱角不致因拆模而受到损坏。

5. 砌筑井内流水槽

采用 MU10 的页岩砖和 M7.5 的砂浆进行砌筑。流水槽的槽帮高度控制：根据设计图纸，污水井流水槽帮高度与管道顶部齐平；雨水井流水槽帮高度为管道竖向直径的一半。流水槽内表面用 1：2.5 的防水砂浆进行抹面，槽内表面要圆滑顺畅，三通以上检查井的流水槽相交部位要相互圆滑过度。

6. 混凝土工程

模板经监理工程师检查合格后，开始浇注混凝土。混凝土浇筑前应清除模板内的杂物，并用清水对模板进行认真冲洗。混凝土采取施工现场 350 强制搅拌机拌合，挖掘机挖斗浇注。拌合中严格控制材料计量，并对拌合出的混凝土进行坍落度测定。采用挖掘机挖斗浇注。浇注中控制好每层浇注厚度，防止漏振和过振，保证混凝土密实度。混凝土浇筑要连续进行，中间因故间断不能超过前层混凝土的初凝时间。浇注混凝土的自由倾落高度不得超过 2m，以免产生离析。浇注混凝土必须连续浇注不得间断，如到万不得已应控制间断时间，必须在前层混凝土初凝前把次层混凝土浇筑完毕。混凝土浇筑的允许间隔时间不得超过 2h。

混凝土浇筑应按顺序、一定的厚度和方向分层进行，分层厚度为 30cm，必须注意在下层混凝土初凝或重塑前浇筑完上层混凝土。上下层同时浇筑时，上层与下层前后浇筑距离应保持 1.5m 以上。振捣采用插入式振动棒，移动间距不应超过振动棒作用半径的 1.5 倍，并与侧模保持 5～10cm 的距离。振捣时插入下层混凝土 5～10cm，每一处振完后应徐徐提出振动棒。振捣时避免振动棒模板，钢筋等；对每一振动部位必须振到该部位混凝土密实为止，也就是混凝土停止下沉，不再冒气泡，表面呈现平坦、泛浆。在浇筑过程中应安排各工种检查钢筋、支架及模板的变化，遇到情况及时处理。浇筑混凝土时，应填写混凝土施工记录。

在混凝土浇筑完成后，应在初凝后尽快保养，采用麻袋或其他物品覆盖混凝土表面，洒水养护，混凝土洒水养护的时间为 7 昼夜，每次洒水以保持混凝土表面经常处于湿润状态为度。在浇筑过程中同时做好混凝土试件，频率为每一工作班两组，进行 28 天抗压和抗渗强度检验。

7. 井壁周围回填

改善井周回填材料，加大井周回填密实度，对减少检查井沉降有直接作用。近几年的道路施工中，设计单位采用在检查井周围加设钢筋网加固、检查井周围 40cm 范围内以三灰碎石回填等方法防止沉降，效果很好。但如下层土夯填不实，或回填质量不合要求，也达不到理想效果。影响回填质量的因素有很多，如回填土的土质、含水量的大小、压实机具、夯实遍数、虚铺厚度等等。因此要做到：①检查井周边要分层回填，每层回填虚铺厚度控制在 20 ~ 25cm，并用平板振动夯夯实至路面的基础高度；②控制填料的最佳含水量，遇地下水或雨后施工时必须先排干水，再分层随填随压密实，杜绝带水回填或水夯法施工；③针对井壁与井周边灰土、无机料基层压实后强度等级的不同，检查井周围 (环距井壁外 80 ~ 100cm 范围内) 可采用掺加定量水泥的方法增加填料强度；④根据夯实机具的不同，采用不同的虚铺厚度，蛙式夯为 20cm、立式夯为 18cm、四人夯应 ≤20cm。当地基地质水文条件不良时，可进行换填处理，以提高基底承载力。如地基土壤被扰动或受水浸泡，应先挖除松软土层或扰动部分，超挖部分用砂或碎石等稳定性好的材料回填密实后再做混凝土基础。

8．检查井盖安装施工

在路基结构层水泥稳定碎石底基层施工完成后，要对检查井周进行加固。具体施工方法为：沿检查井周将水泥稳定碎石结构层挖除，需宽出井壁 30cm，避免扰动周边路面结构。采用双壁波纹管锯开一条通缝，管高度视结构层的厚度加 20cm 的工作高度而定，用铁皮将双壁波纹管外围包好预留工作长度。支模时在通缝里塞入木桩，须保证检查井的内径符合设计要求。浇筑混凝土前将槽底及槽壁清理干净，去除松动部分，并用水冲洗湿润基槽。检查井周围的加固混凝土强度等级以不小于 C25 为宜，浇筑混凝土的同时必须使用震动棒振捣，并且找平。混凝土应养护 7d 以上，周边必须放置警示牌（如请勿踩踏）或警示灯，避免在养护期内混凝土的强度受到外界因素的影响。可根据施工进度要求适当掺入外加剂，如早强剂、速凝剂等，缩短养护时间。混凝土表面应凿毛，便于下一道工序的结合。最后，要用临时盖板将井口盖好，防止发生安全事故。检查井井盖安装应保证开口方向与行车方向一致，带转轴的井盖，应将井盖转轴与井座焊死，避免沥青路面损坏。道路检查井井盖标高的调整应在粗粒式沥青摊铺施工完成后进行，具体施工方法是：将检查井井周粗粒式沥青混凝土挖除，根据道路侧石上的标高以及设计横坡放线，确定检查井井盖的标高。首先，将检查井井盖放置在检查井上，检查井井盖顶面调至放线标高位置，使用膨胀螺丝固定，检查井井盖底与混凝土间的坐浆使用高标号水泥砂浆（强度等级应不小于 M10），坐浆应均匀饱满。调整好标高的检查井应使用围挡或明显的警示标志隔离，直至摊铺最后一层细粒式沥青混凝土方可撤去隔离标志。检查井井周的混凝土表面应均匀喷洒结合油。使用细粒式沥青混凝土进行补填，使用小型压路机压实，压实后的标高应比原粗粒式沥青混凝土的标高高出 5 ~ 10mm。

（三）检查井形成的主要病害以及防治措施

1．道路检查井形成的主要病害

在外力的作用下，检查井周边路面应力比较集中，在长期汽车荷载作用下，容易产生裂缝、坑槽、下沉及碎裂等病害。这些病害对路面结构产生了严重的破坏，路面的使用性能大大降低，也相应减少了道路的使用寿命。病害产生过程大致如下：道路通车后，检查井边缘 10cm ~ 30cm 的位置上沥青路面会发生环裂，刚开始，裂缝的宽度较小，后来，慢慢地，裂缝宽度增宽，裂缝的数量也得到增加，各种裂缝相互交织断裂成多块，接着，井盖周边的路面下沉，井盖也随之下沉。随着时间的推移，井盖周围路面继续破碎，导致井盖严重下沉。

2. 病害原因分析

病害原因分析大致有以下几个方面：

（1）高程控制有质量问题

检查井及其周围的道路会直接受到回填土的影响。在城市道路施工过程中，应该对填土的土质做出严格的要求。

（2）井四周回填土的质量

施工过程中，当遇到有机土或腐殖土时，最好用 4% ~ 6% 灰土或好土进行回填。回填土的最佳含水量是一个很重要的方面，回填土时，往往很难控制其最佳含水量，含水量过大或者过小往往会使土的压实度不到要求，难免会使检查井周围土体产生下沉。另外，由于检查井自身的限制，其周围往往不能采用机械压实，只能进行人工夯实，此过程中，常常会出现回填土的密实度达不到要求，回填土容易产生塌陷和沉降不均。

（3）检查井井盖及井圈安装不合要求

汽车荷载作用下，路面结构内部，会产生各种压应力、剪应力和拉应力。如果这些应力过大，超过应力极限，路面就会产生破坏，容易产生断裂、波浪、沉陷和磨损等现象。井盖安装的高低会产生很重要的影响，井座和井框会因为井盖安装的高低会产生较大的撞击力作用，易产生车辆跳车现象，而其周围的混凝土面板所受的应力会变大，一旦应力超过混凝土路面的强度，意味着该部分混凝土路面产生了破坏。板角处一般为首先破坏的地段，首先产生微小的裂缝，随着时间的推移，裂缝慢慢变大，纵横交错，接着就会发展成破碎裂缝，最终脱落成坑洼。当坑洼成型时，基层很容易被路面的水渗进去，导致路基湿度变大，在外力的作用下，会产生变形，塑性变形慢慢累积，会导致板底脱空，就这样，路面发生了破坏。

（4）施工流程的影响

现代路基路面施工工程中，机械化程度很高，路基施工工程中全部是机械摊铺。通常情况下，检查井的砌筑高度是随结构层逐层抬高的，这样才能保证机械摊铺的顺利进行。

水泥稳定碎石摊铺之前，要先检查井筒的临时覆盖，接着摊铺并碾压水泥稳定碎石。接着是水泥稳定碎石基层养护时期，先刨挖检查井井盖，抬高井筒使之符合高程要求，并安装钢筋混凝土井圈，用水泥碎石料填实井圈周围。同样在摊铺沥青油面之前，应该先覆盖井圈，再摊铺沥青油面。此时，新升高部分的回填材料密实度变得很难控制，回填部位周围的路基已经被碾压密实，此时，压实路基会产生支撑作用，井四周的回填土材料难以达到符合要求的压实度，即使人工夯实也很难符合要求。

3．主要的防治措施和改进方法

（1）检查井周围回填

检查井砌筑完毕，以及充分养护砂浆后，进行井室四周的回填土工作。一般采用分层法进行周围土的回填，其厚度最小不能小于 25cm，最大不得超过 30cm，并采用平板振动夯进行土的夯实工作，直至到达路面的基础高度。填充的材料和夯实时采用的机械，要根据施工条件和回填的部位进行选择，以达到最佳的压实效果。虚铺厚度一般随着夯实机具的改变而改变：冲击夯虚铺（20cm），蛙式夯虚铺厚度一般为 24cm，而每层的夯实遍数一般要根据压实工具、含水量、虚铺厚度和压实度控制。一般在当处于最佳含水量时，夯实次数达到 5、6 遍即可。

（2）检查井高程的控制

沥青摊铺前，应该对检查井的高程进行严格的控制，道路的横坡和纵坡应该在放线时得到满足。施工中，测定高程比较容易，而施工后很难保持高程，所以，应该保证底部结构和井圈的筑实，可以保证在其他外力作用下不发生变形。

施工中产生的误差不可避免，位于地层的沥青混凝土不能完全达到设计的要求，因此，在沥青混凝土上面层施工前，要微调检查井的井坐标，避免再以设计高程作为井面标高的控制指标，高程的控制要采用以下方法：上面层设计厚度加上下面层的沥青混凝土标高。另外，安装井盖后，视觉误差应该得到消除，可以采用下面方法，把井坐标上调 2mm ～ 3mm。

（3）施工过程控制

摊铺过程中，检查井的高度要时时注意检查，摊铺的厚度也要及时调整，使路面与检查井平顺衔接，尽量做到一次成型。另外，应该用检查井专用平板夯对检查井井圈与沥青混凝土的结合部进行处理，保证其密实度。在压实的工程中，填料或补料不能使用温度较低的沥青混凝土料。铸铁井盖安装前，要首先清扫井圈，应该采用水泥砂浆（1/2.5）灌铸铁防盗井盖和井圈间的缝隙，厚度达到 10mm 即可，稳定之后，不能再调整井盖。

第五章　涵洞工程施工技术

涵洞是公路路基通过洼地或跨越水沟（渠）时设置的，或为把汇集在路基上方的水流宣泄到下方而设置的横穿路基的小型地面排水结构物。它是公路上广泛使用的一种人工构筑物。公路建筑中修建涵洞的目的，一是转为排泄小溪流水和天然雨水，以保护路基的稳固，避免雨水的浸泡毁坏；二是转为灌溉农田之用，不致因修建公路而影响发展农业生产用水。因此，在施工中必须严格控制涵洞各个环节的施工，提高涵洞施工质量，保证道路的安全运行。

第一节　涵洞主体部分施工技术

一、涵洞的概述

（一）涵洞的构成

洞是指在公路工程建设中，为了使公路顺利通过水渠不妨碍交通，设于路基下修筑于路面以下的排水孔道（过水通道），通过这种结构可以让水从公路的下面流过。用于跨越天然沟谷洼地排泄洪水，或横跨大小道路作为人、畜和车辆的立交通道，或农田灌溉作为水渠。涵洞主要由洞身、基础、端和翼墙等。涵洞是根据连通器的原理，常用砖、石、混凝土和钢筋混凝土等材料筑成。一般孔径较小，形状有管形、箱形及拱形等。

涵洞由洞身、洞口建筑、基础和附属工程组成。洞身是涵洞的主要构成部分，其截面形式有圆形、拱形、箱形等。洞口建筑设置在涵洞的两端，有一字式和八字式两种结构形式。涵洞的进出口应与路基衔接平顺且保证水流顺畅，使上下游河床、洞口基础和洞侧路基免受冲刷，以确保洞身安全，并形成良好的泄水条件。在山区修建涵洞时，出水口要设置跌水坎，在进水口处有时要设置落水井（竖井）等减冲、防冲消能设施，一般下游至少应铺出洞口以外 3～5m，压力式涵洞宜更长些。尤其是改沟移位的涵洞，进出水口的沟床应整理顺直，要做好上下游导流排水设施。如天沟、侧沟、排水沟等的连接应圆顺、稳固，以保证流水顺畅，避免流水损坏路基、村舍和农田等。

基础的形式分为整体式和非整体式两种。涵洞的附属工程包括锤形护坡、河床铺砌、路基边坡铺砌及人工水道等。涵洞的建设规模以孔数、跨径、台高的形式来表示，其长度以路基横断面方向的水平距离作为计算依据。

（二）涵洞的分类

涵洞的种类繁多，截面形状、出入口类型、涵内水流流态也多种多样。按不同的分类方法，涵洞可分为不同的类型。

根据涵洞中线与路线中线的关系，可分为正交涵洞和斜交涵洞，正交涵洞中线与路线中线垂直，斜交涵洞中线与路线中线有一定交角；根据涵洞洞身截面形状的不同，可分为圆管涵、盖板涵、拱涵和箱涵等；根据涵洞洞顶填土情况的不同，可分为明涵和暗涵，适用于高路堤和深沟渠；按建筑材料的不同，可分为砖涵、石涵、混凝土涵和其他材料（木、陶瓷、瓦管、缸瓦管、石灰三合土簸管、石灰三合土拱、铸铁管、波纹管）涵等；按涵洞水利特性的不同，可分为无压力式、半压力式、压力式涵等。

无压力式涵洞入口水深大于洞口高度，水仅在进口处充满洞口，而在涵洞全长范围内的其余部分都具有自由水面。通常在涵洞尺寸受路基高度或其他因素限制时采用半压力式涵洞。压力式涵洞入口水深大于洞口高度，在涵洞全长范围内都充满水流，无自由水面。此类涵洞仅在深沟高路堤或允许壅水但不危害农田时采用。

此外，当路线跨越农业灌溉沟渠，沟渠底高于路堤时，可设置为倒虹吸式涵。此时，涵洞的管节宜采用钢筋混凝土或混凝土管，进出水口须设置竖井，包括防淤沉淀井等设施。

1. 圆管涵

圆管涵由洞身及洞口两部分组成。洞身是过水孔道的主体，主要由管身、基础、接缝组成。洞口是洞身、路基和水流三者的连接部位，主要有八字墙和一字墙两种洞口型式。

圆管涵的管身通常由钢筋混凝土构成，管径一般有 0.75m、1m、1.25m、1.5m 和 2m 等五种，管径的大小根据排水要求选择，多采用预制安装，预制长度通常为 2m。当采用 0.5m 或 0.75m 管径时用单层钢筋，而孔径在 1m 及 1m 以上时采用双层钢筋。0.5m 管径时其管壁厚度不小于 6cm，0.75m 管径时管壁厚度不小于 8cm，1m 管径时管壁厚度不小于 10cm，1.25m 及 1.5m 管径时管壁厚度不小于 12cm。

2. 拱涵

拱涵是指洞身顶部呈拱形的涵洞，一般超载潜力较大，砌筑技术容易掌握，便于群众修建，是一种普遍的涵洞形式。

拱涵的构造由洞身、出入口端墙、翼墙和出入口的铺砌组成。洞身又分为拱圈、边墙（双孔的还有中墩）及基础三部分。拱圈一般采用最小厚度为 40cm 的等截面圆弧，边墙及中墩用以支承拱圈，边墙内侧为竖直面，外侧为适应拱脚较大水平力而设有斜坡；基础根据孔径大小一般采用整体式或分离式；洞身全长一般不做成整体，而是用沉降缝将洞身分割为若干涵节，以适应不同基底应力导致不均匀下沉产生的不规则断裂。拱涵的出入口均设有端墙和翼墙，作用是保证水流顺畅流入洞内，防冲、防渗及维护路堤的稳定。此外，为防止对出入口基础及路堤的冲刷，在其一定范围内的沟床还应进行铺砌加固。

3. 盖板涵

盖板涵是涵洞的一种形式，它受力明确，构造简单，施工方便。盖板涵主要由盖板、涵台及基础等部分组成。盖板涵与单跨简支板梁桥的结构形式基本相同，只是盖板涵的跨径较小。

钢筋混凝土盖板箱涵，洞身由钢筋混凝土圆管构成，管节形状均较简单，基础工程亦简易，又可在成品厂集中预制。在既有铁路增建涵洞时，用圆涵可便于采用顶进法施工，对铁路运营影响小。但其过水面积远较拱涵、箱涵为小，泄洪能力差，更不适用洪水夹石块的河沟，也不宜用作立交涵或人工灌溉渠道。另外，圆涵涵顶填土愈高，孔径愈大，不仅运输安装不便，而且工程量增大，因此常用的圆涵孔径一般小于 2.5m，填土高度不大于 15m，所以圆涵适用于孔径小，且沙石料缺乏地区。

4. 箱涵

箱涵是以盖板取代拱圈，洞身截面变成了箱形，称为盖板箱涵，常采用的跨度在 0.75 ~ 3.00m 间。盖板为梁式结构，其边墙尺寸较拱涵小，工程量节省；盖板箱涵内过水面积比同孔径的拱涵大，排水能力较拱涵为强；高路堤采用盖板涵时，其盖板跨中弯矩要增大，不如拱涵经济，故盖板涵一般只适用于低路堤。

二、涵洞的主体部分施工技术

（一）钢筋混凝土圆管涵施工

1. 钢筋混凝土圆管涵施工准备情况

施工准备工作主要包括材料准备、作业条件等。材料准备：水泥、砂、碎石等原材料已准备充分并满足设计规范要求。作业条件：所施工的圆管涵的施工便道畅通，施工人员和机具已到位。

2. 钢筋混凝土圆管涵施工

（1）测量放样

由测量队用全站仪放出控制桩，现场施工技术人员在施工范围外设置护桩，再由现场技术员进行实地放样并用白灰放出基坑开挖边线，测量地面标高确定开挖深度。

（2）基坑开挖

基坑的开挖采用挖掘机和人工配合的方法进行。以设计坡比开挖，开挖至距基底标高 20cm 时停止用机械开挖，改用人工挖除剩余土方（主要是避免超挖），并且要保证基底的施工宽度、深度，夯实基坑底面，最小地基容许承载力不得小于 160Kpa。

（3）铺设垫层

用人工或人工配合机械的方式在基底铺设沙砾垫层，垫层采用中、粗砂或级配碎石。垫层的含泥量不得大于 5%。垫层的厚度、宽度、标高、密实度，必须符合设计图纸的规定。

（4）浇注基础砼

基础砼可分为两部分浇筑，先浇筑管底以下部分，并预留管壁厚度及要坐浆砼 3cm，待安放砼管节后再浇筑管底以上部分。按规定配合比配制 C25 砼，然后用混凝土罐车将砼送至工作面，摊铺振捣，最后人工整平，基础砼的厚度、宽度、标高必须符合设计图纸的规定。基础砼浇注时，根据涵底纵坡和地基情况，每隔 2m 设置一道沉降缝（3cm 宽，中间填砂），必须与管节对应。顶面砼表面平整度控制在 3mm 之内，以便于管节安装调平。

（5）安装涵管

待基础砼达到设计强度的 70% 以上时，方可吊放涵管。安装管节前对管节逐个检查，确认合格后方可使用。用人工配合 12 吨吊车施工，调整好管节的位置及标高，安装时从下游开始，使接头面向上游，每节涵管应紧贴于基座上，使管节受力均匀，必要时可利用支撑杆及钢丝绳辅助稳定。管节必须放稳、垫实，管道内不得遗留泥土等杂物。

（6）管节接缝处理

管节接缝处用 1：3 水泥砂浆做 15cm 宽，3cm 高的砂浆抹带，管内用砂浆抹平，管外按设计要求做管带，其上和管身部需涂沥青两层。

（7）沉降缝处理

在管节接缝处塞满沥青麻絮，然后在接缝上铺一层沥青浸制麻布，再在其中接缝处缠绕 2cm 粗麻绳，上面再缠绕 15cm 宽的沥青浸制麻布三层，并用粗铅丝扎牢固。

（8）浇注剩余混凝土

在涵管两侧浇筑剩余涵身基础砼和端墙砼（浇筑剩余涵身基础砼时，注意新旧砼结合面的凿毛处理），其施工和要求同第 2.4 条。

（9）八字墙及洞口铺砌

八字墙基础采用人工配合机械开挖，砼分为基础和墙身采用 C25 砼，基坑开挖完毕后，对基坑进行清理、处理后进行基础砼浇筑；墙身采用钢模板拼装，加固牢固，砼采用混凝土罐车将砼送至工作面，人工入仓，采用插入式振捣棒振捣；人工铺筑洞口和隔水墙的浆砌片石。

（10）台背回填

周边回填应在结构现浇部分混凝土及砂浆强度强度达到设计强度的 90% 后进行。台背回填过程中，应注意以下几点：①台背回填必须责任到人，明确施工单位责任人和监理单位责任人，在结构物醒目位置设置质量责任牌；②台背填土必须分层填筑，回填前应在结构物上标识填筑线，每层压实厚度不得超过 15cm，压实度不小于 96% 并经监理工程师检测合格方可填筑下一层；③基坑四周开挖留下的空隙应使用灰土或透水性材料分 15cm 每层夯实至原地面，采用小型机具夯实；④锥坡填土应与桥涵台背回填同步进行，肋式台应四周同时回填，保证修整后达到设计宽度要求；⑤台背回填材料（灰土）应集中拌合，严格控制灰剂量，填料必须拌合均匀，禁止在台背回填范围内进行路拌。

3．施工注意事项

（1）钢筋混凝土圆管涵成品应符合下列要求

①管节端面应平整并与轴线垂直。斜交管涵进出水口管节的外端面，应按斜交角度进行处理；②管壁内外侧表面应平直圆滑，如有蜂窝，没处面积不得大于 30mm×30mm，其深度不得超过 10mm，总面积不得超过全面积的 1% 并不得露筋，蜂窝处应修补完善后方可使用；③管节各部位尺寸不得超过 3.1 规定的允许偏差；④管节砼强度应该符合设计要求；⑤管节外壁必须注明使用的管顶填土高度，相同的管节应堆置在一处，以便于取用，防止弄错；⑥涵洞基础坑开挖后地基承载力若 < 160KPA，采取换土或其他措施，换算深度由计算确定；⑦施工放样时，管涵的全长与管节的配置以及洞口端墙的准确位置都在基础开挖时全面考虑；⑧施工过程中，当洞顶填土厚度小于 0.5M 时，禁止任何重型机械和车辆通过；⑨管座砼与管身紧密相贴，使圆管受力均匀；⑩管节接头与基础沉降缝保持一致，沉降缝宽 1 ~ 1.5cm，所有的管节接缝和沉降缝在填塞后密封不透水，所有管节的安装顺流水坡成平顺直线。

（2）安装时注意下列事项

①应注意按涵顶填土高度取用相应的管节；②各管节应流水安装平顺，管节必须垫稳坐实，管道内不得遗留泥土等杂物；③管节沉降缝与基础沉降缝的端面必须严格一致，不得有犬牙交错现象，非沉降缝的管节接缝，应尽量顶紧；④圆管在运输、装卸过程中应防止碰撞，避免管节损坏或产生裂纹；⑤接缝宽度不大于 10mm，并用 1：3 水泥砂浆抹带，形成密封层。

（二）钢筋混凝土拱涵施工

1．施工工艺

测量放样→基础开挖→基础施工→墙身施工→拱圈支架搭设→拱圈施工→拱上端墙施工→拱顶填土。

2．操作要点

（1）测量放样

熟悉好设计图纸，领会设计意图，并实地察看、核对，若现场实际情况存在与设计不符之处，则报请监理工程师进行现场处理。若无问题则按照设计图纸，采用全站仪放出轴线（纵向轴线和横向轴线），轴线桩放到控制面以外，并用水泥砂浆保护好；根据规范要求，结合实际情况，放出拱涵基坑开挖线及洞口八字墙基坑开挖线。同时在开挖处附近选择适合的地方，加设一个临时水准点，用来控制各结构部位的标高。

（2）基坑开挖

基坑开挖，根据不同的地质情况，采用不同的开挖方式。土方以挖掘机辅以人工开挖，石方用小型爆破，开挖的土石方作废方处理。先测量放线，定出开挖线，起点及终点，设立标桩，注明高程及开挖深度，用挖掘机反向开挖，多余的土方装车外运弃土。

基坑开挖完成以后，将基底整平检测地基承载力，当地基承载力达不到设计要求时，则报监理工程师确定处理方案。一般按照要求进行沙砾换填对基底进行处理，换填材料为沙砾，密实度不小于90%。透水性材料应分层摊铺夯实，做到层层夯实层层检测。换填后地基承载力应满足设计要求。

（3）基础施工

在基坑开挖完成，先进行仰拱垫层施工，仰拱垫层厚10cm，采用平板振动器振捣。待垫层砼强度达到设计强度70%，即可进行仰拱施工，待C25砼仰拱施工完成后达到70%以上强度时，进行C10砼仰拱回填施工，仰拱回填混凝土达到70%强度后，进行左右台身基础施工。

①浇筑混凝土前，应对支架、模板、钢筋和预埋件进行检查，并做好记录，符合设计要求后方可浇筑。模板内的杂物、积水和钢筋上的污垢须清理干净。模板如有缝隙，应填塞严密，模板内面应涂刷脱模剂。浇筑混凝土前，应检查混凝土的均匀性和坍落度。

②自高处向模板内倾卸混凝土时，为防止混凝土离析，从高处直接倾卸时，其自由倾落高度不宜超过2m，以不发生离析为度；当倾落高度超过2m时，应通过串筒、溜管或振动溜管等设施下落。混凝土堆积高度不宜超过1m。

③混凝土按一定厚度、顺序和方向分层浇筑，在下层混凝土初凝或能重塑前浇筑完成上层混凝土。在倾斜面上浇筑混凝土时，应从低处开始逐层扩展升高，保持水平分层。混凝土分层浇筑厚度根据捣实方法确定，使用插入式振动器浇筑厚度不大于30cm，用表面振动器浇筑层厚度25cm，人工捣实浇筑层厚度不大于15cm。

④使用插入式振动器时，移动间距不超过振动器作用半径的1.5倍；与侧模保持50mm～100mm的距离；每一处振动完毕后边振动边徐徐提出振动棒；避免振动棒碰撞模板、钢筋及其他预埋件。

⑤表面振动器的移位间距，应以使振动器平板能覆盖已振实部分100mm左右为宜。

⑥对每一振动部位，必须振动到该部位混凝土停止下沉，不再冒出气泡，表面呈现平坦、泛浆为止。

⑦混凝土的浇筑应连续进行，如因故必须间断时，其间断时间应小于前层混凝土的初凝时间或能重塑的时间。混凝土的运输、浇筑及间歇的全部时间不得超过180min。当超过时应预留施工缝。

⑧接缝处采用密封胶条，防止漏浆，按间隔式浇注，相邻浇注段间以1.0m间隔钢管交叉横向支撑，下一个浇注单元沉降缝间用2cm泡磨板相隔。

（4）拱涵墙身施工

涵洞洞身采用分段一次浇灌成形的施工方法。涵洞墙身模板的安装时，墙身模板沉降缝按设计位置设置，做到两端竖直、平整，上下贯通，沉降缝的填塞符合设计及规范要求。

基础混凝土强度达到设计强度的70%以上之后，进行台身混凝土的模板安装。模板统一组合钢模板。钢模板在使用前应将模板表面清理干净，除锈并刷脱模剂。模板接缝处采用密封胶条，防止漏浆。浇注以一个沉降缝为浇注单元两边对称浇注，钢管支撑由低到高 0.6m 一根，横向 1.0m 一根。前后台间纵向 2m 钢管交叉撑。使每一个沉降缝浇注单元的支撑形成框架。

（5）拱座、拱圈及护拱施工

浇注至台顶 61cm 处时进行拱脚模板安装，浇注剩余台身混凝土。待混凝土初凝后拆除隔板，安置拱脚钢筋浇注 30# 拱脚混凝土。拱涵拱圈为 C30 钢筋砼，护拱浇注必须在拱圈砼强度达到 80% 后方可进行。现浇混凝土拱涵采用有支架的施工方法修建，其主要施工工序有材料的准备，拱圈放样，拱架制作与安装，拱圈及拱上建筑的砌筑。

①拱圈的施工

拱圈施工时，为保证在整个施工过程中拱架受力均匀，变形最小，使拱圈的质量符合设计要求，必须选择适当的浇筑方法和顺序。按拱的全宽和全厚，由两侧拱脚同时对称地向拱顶浇筑，争取最快地速度，使在拱顶合拢时，拱脚处的混凝土未初凝。拱圈底模采用矢跨比为 1：3 拱架支撑，保证拱线平顺，模板支架采用腕扣式支架。以一个沉降缝为施工单元满堂搭设，为了便于拆卸和调整高程，支架上、下设置活动支托。支架钢管点位距离为 1.2×1.2m。侧模采用组合式钢模，浇注从两端向拱顶，浇筑按一定的厚度、顺序和方向分层浇筑，厚度不超过 30cm，并在下层砼初凝或能重塑前浇筑完成上层砼，一次性连续浇筑完成，砼的振捣，应振捣至砼表面泛浆、平坦，不再冒泡为止，振捣棒拔出时应徐徐拔出，尽量避免振到模板，不得过振或漏振。浇筑完成时，对裸露面及时进行修整，抹平，等定浆后再抹第二遍并拉毛。浇筑完成后，在收浆后尽快予以麻袋覆盖和洒水养生，保湿养生 7 天，覆盖时不得损坏或污染砼的表面。

②拱上建筑的施工

拱上建筑的施工，应在拱圈合拢，混凝土达到设计强度的 30% 后进行。拱上建筑的施工，避免使主拱圈产生过大的不均匀变形。

（6）涵背回填

①涵洞、通道施工完成后，当砼强度达到设计强度的 100% 以上时，进行涵背填土；②结构物的回填是指结构物完成后，用符合要求的材料分层填筑结构物与路基之间的遗留部分；③结构物处的回填，应按图纸和监理工程师的指示进行；④回填材料严格按照施工图纸要求选用。

（三）钢筋混凝土盖板涵施工

1. 施工准备

开工前准备各种原材料。钢筋按不同钢种、等级、牌号、规格和生产厂家分批验收、分别堆存。钢筋在运输、储存过程中，避免锈蚀和污染。钢筋堆置在专门的棚中，露天堆置时，采取垫高措施并加遮盖。钢筋、水泥具有出厂质量证明书。水泥混凝土配合比及砂浆配合比设计满足有关技术规范要求。

开工前完成对模板、支架等相关材料的检测、维修工作，其几何尺寸、精度及有关特性均满足图纸及有关规范要求。涵洞周围结合实际地形地貌，完善雨季防排水设施。

2．施工测量放线

施工前，组织测量放样，复测中线、高程，准确放出基础位置，并在施工中及时复核。按照设计图纸测量涵洞的位置、方向、长度、孔径及出入口八字墙的位置和高程。若与实际地形地貌有出入，及时与设计单位和监理单位联系，必要时进行变更设计。如实际情况与图纸设计相符，根据涵的地质情况、施工图纸及边坡稳定的要求，结合既有地面标高和涵洞基础底面标高确定基坑开挖尺寸，准确放样。

3．基坑开挖

采用挖掘机进行基坑开挖，坡度 1：1，基底宽度应确保基础两侧有足够的操作空间。挖至距基底 50cm 处时，用水准仪监测，并采用人工配合开挖。距设计标高 20cm 时，停止机械开挖，进行人工清理，修整基坑。清理到设计标高，进行基底承载力检测。开挖时严格控制平面位置、断面尺寸和标高，严禁扰动基底。基底承载力满足设计要求时，及时施工基础。基底情况与设计不符时，及时联系设计单位进行处理。基坑开挖时，做好截、排水设施，坑内设环形排水沟、集水井，随时抽除集水，防止基坑遭水浸泡，导致地基条件恶化。

4．基础施工

在基坑检验合格后，由全站仪准确放线，在垫层上根据所放的实样进行模板安装，将标准钢模板合成分块模板片，将整个模板连成整体安装，模板缝拼接严密，用双面胶增塞板缝，胶带封于缝隙内侧。在安装过程中采用有效的加固措施，防止跑模、漏浆。混凝土浇筑前将模板内的杂物和已浇混凝土面板上的泥土清理干净，报请监理工程师检验符合要求后才浇筑混凝土。混凝土集中拌和，用混凝土罐车运输至工点，用溜槽入模，插入式振动棒振捣，分层浇筑，层厚不超过 30cm。浇铸过程中要注意控制混凝土的坍落度、振捣要密实，不可过振或漏振。混凝土施工完成后，采用表面覆盖麻袋、洒水进行养护。确保基础强度达到设计强度。

5．涵台台身及台帽施工

在涵洞基础施工完毕后，在浇筑完毕的基础上施工出涵洞台身的线，并将模板支好。台身台帽为钢筋混凝土，支模现浇。台身钢筋的绑扎和混凝土浇筑配合进行。在配置垂直方向的钢筋时应有不同的长度，以便同一截面上的钢筋接头能错位不在同一界面，满足涵洞施工规范要求。水平钢筋的接头也内外、上下互相错开。钢筋保护层的净厚度，应符合设计规范要求。

模板、拱架和支架的设计和施工应具有必需的强度、刚度和稳定性，能可靠地承受施工过程中可能产生的各项荷载，保证结构物各部形状、尺寸准确。模板板面平整，接缝严密不漏浆。模板安装完成后，报请监理验收，合格后才能进行混凝土浇筑。混凝土搅拌，由试验人员做出现场施工配合比，控制好坍落度，并做好记录。混凝土由搅拌站集中供应，罐车运到现场，吊车提吊溜槽入模。分层浇筑，层厚不大于30cm，采用插入式振动棒振捣，保证振捣密实。台身、台帽浇筑完毕后，由专人按时洒水，保持混凝土表面潮湿，拆模后继续养护。保证混凝土施工质量。

6. 盖板预制、安装

预制场地平整、坚实，保持清洁，根据地基及气候条件，采取必要的排水措施，防止场地沉陷。每块预制件由混凝土一次浇筑完成，不间断。底模采用具有足够强度的混凝土台座，采用350L以上的拌和机现场拌制，小翻斗车运输，人工入模。混凝土用插入式振动器振捣，钢筋密集部位用插入式振动器和钢钎辅助插捣。

混凝土浇筑完毕后，标明构件型号、制作日期和上下方向，并派专人进行养生。安装构件时，支承结构的强度符合设计要求。支承结构和预埋件的尺寸、标高及平面位置符合设计要求。用汽车运至施工地点，汽车吊进行吊装。

7. 沉降缝

沉降缝端面应整齐方正，基础和涵身上、下不得交错，填塞物应紧密填实。

8. 八字墙、锥坡及附属工程

采用挖掘机开挖基坑，人工配合清基，开挖至设计标高后即检测基底承载力，基底承载力达到设计要求后，立模浇筑基础混凝土，养生达到一定强度后，转入八字墙和锥坡施工。锥体与路基边坡搭接平顺，外形美观。

9. 防水层施工

严格按设计要求进行防水层施工。施工前做好防水涂料的材质试验，检验合格后方可使用。涂料防水施工前进行基层处理，混凝土表面清刷干净。涂聚氨酯防水涂料时基层干燥无水，无杂物，涂敷工作应在干燥温暖（气温不低于5℃）的天气下进行。

10. 涵背回填

台背填土必须在涵身混凝土强度达到设计强度的80%以后，方可进行回填。采用能够充分压实的回填材料，严禁采用草皮土、垃圾和有机土回填。回填应两个涵台同时对称填筑，每层填筑时，与路基相连一侧用挖掘机挖成台阶状，以保证涵洞与路基部分连成整体。回填土应严格控制含水量，采用小型内燃打夯机夯实，松铺厚度不大于15cm，达到压实度标准。涵顶填土高度在50cm以内时应采用轻型静载振动碾压实，其压实标准应满足规范及验收标准的要求。

（四）箱涵施工

1. 箱涵施工的初期工作

箱涵施工的初期工作主要包括施工方案的准备、排查现场管线情况以及基坑支护和土方开挖。其中，施工方案准备和基坑支护两项技术至关重要。

开挖深度超过5m的深基坑工程和施工总荷载在15kN/m²以上的混凝土模板支撑工程属于危险性较大的分部分项工程，必须制定专门的方案供专家组论证，通过后才能进行现场施工，同时需要现场验收的部分在验收时必须请参加论证的专家参与验收，确保实现"现场双确认"制度。在进行土方开挖前，必须对现场的管线进行摸查，能迁移的迁移，不能迁移的标明位置，为以后进行土方开挖提供参考。

基坑支护是保证基坑稳定性的重要措施，是大型箱涵工程施工中至为关键的一个环节。当基坑的深度小于 5m 时，常采用放坡配合坡面防护的方法进行基坑支护。遇到地质较差的情况时可采用设钢板桩支护的措施来提高基坑的稳定性。当深度大于等于 5m 时，基坑的支护方式变得复杂多样，有排桩、地下连续墙、SMW 工法桩等，再较深时可采用多支点形式支护。进行土方开挖时，必须要人工与机械配合施工，及时复测开挖的标高，防止由于机械超挖，造成土体扰动，降低地基的承载力。

2. 箱涵模板施工

施工阶段是箱涵成型的关键步骤，施工的好坏直接影响着箱涵的整体结构稳定性。箱涵的模板安装过程包括侧墙模板施工和顶板模板施工两部分，在这个过程中最重要的就是保证整体模板和支架结构的强度、刚度和稳定性满足规范的要求，能够很好地承受现浇混凝土重量、侧向土压力以及其他施工荷载。侧墙的支护作用对整体结构的完整性具有决定性作用，所以侧墙模板的施工过程便更加烦琐复杂一些。拆除模板要遵循先装后拆，先拆后装的原则。

3. 箱涵钢筋施工

钢筋施工和混凝土施工是箱涵施工的两大核心环节。在箱涵的施工过程中，钢筋的骨架支撑作用至关重要。由于箱涵断面的规则性，在混凝土浇筑过程中，其断面的稳定性难以得到保证，若没有外加支撑，浇筑难以顺利进行。钢筋施工包含了选料、送检、加工、连接等诸多步骤。首先，进入现场用于施工的钢筋必须按照设计要求和施工标准进行抽样送检，在相关部门进行力学试验符合要求后才能进入现场进行施工。性能符合要求的钢筋之后要严格按照设计图纸上标注的弯曲角度、弯起位置等进行加工。钢筋施工的核心环节是钢筋之间的连接。接头位置必须严格按照设计规范进行设置，连接强度也必须满足规范的要求。而且，在绑扎钢筋分项工程完成后，必须经过监理方的验收后方可进行下一步浇筑混凝土的工作。

4. 箱涵混凝土施工

混凝土施工对整个箱涵工程的质量的影响最为重要，其中包含许多重要的具体施工环节，这些环节总体可归纳为三个步骤。首先，浇筑混凝土前的准备工作。在进行混凝土浇筑前，一方面，要进行混凝土施工配合比试验，测试混凝土的强度等，同时控制施工用砂石水泥等材料与适配用料基本一致。另一方面，要考虑混凝土的泵送运输布料，根据浇筑的混凝土量、施工浇筑速度与作业工人协调，准备好施工设备及场地，落实好安全防护措施，保证混凝土浇筑的顺利进行。其次，混凝土的浇筑。箱涵施工混凝土浇筑一般要进行分层浇筑、连续浇筑的施工工艺。所谓分层浇筑是指将浇筑施工过程分为几个层次区段，按一定的顺序进行施工；连续浇筑则是指每层混凝土的浇筑必须是连续的，中间不能出现隔层现象。

5.箱涵土方回填及变形缝控制

相比土方开挖而言，土方回填则是一个相对简单的过程，但土方回填关系到道路的连接及稳定，对以下几个方面仍应给予足够的重视。首先，箱涵施工完成后，要等混凝土等达到规定强度后才能按照设计图纸的要求进行基坑的回填。其次，不能使用淤泥、腐殖土、冻土等不符合规定的材料最为回填材料，回填土必须进行分层夯实。另外，出于道路连接的稳定性考虑，箱涵牛腿与道路连接部分要设置搭板。

处于箱涵节段与节段之间的变形缝是箱涵工程必不可少的一部分，一般是通过在施工时预留的变形缝隙中填充一定的材料而成的构造形式。如果控制不好的话，将对整个工程的质量产生严重的影响。施工时预留的缝隙大小、填充所用的材料必须根据设计规范的要求进行设计、选取。值得注意的是，要先根据设计要求，对变形缝进行全面检查，对预留缝隙内的混凝土进行打毛处理。清扫干净后才可进行嵌缝材料填充的施工。

6.箱涵裂缝质量控制

混凝土收缩和温度应力是导致箱涵裂缝的主要原因。对此，特提出以下几点对裂缝进行控制的措施。首先，应在温度较低的早间、晚上进行混凝土的浇筑，同时采取降温、缓凝等措施来降低大体积混凝土浇筑时产生的水化热作用，防止混凝土温度过高。其次，混凝土浇筑时，要注意缩短顶板与侧板之间浇筑的时间差，加强施工现场对混凝土振捣工作的监督，防止混凝土浇筑不密实及离析现象。加强混凝土的养护工作。尤其是要加强对混凝土温度的监测和控制，在顶板浇筑完成后，用麻袋覆盖后洒水，可有效保证混凝土的养护时间。

第二节 涵洞附属工程的施工技术

一、防水层

涵洞的钢筋混凝土结构设置防水层的作用是防止水分侵入混凝土内，使钢筋锈蚀，缩短结构寿命。防水层的材料多种多样。公路涵洞使用的主要防水材料是沥青，有些部位可使用黏土，节省工料费用。

（一）防水层的设置部位

防水层的设置部位如下：

其一，各式钢筋混凝土涵洞（不包括圆管涵）的洞身及端墙在基础以上被土掩埋的部分，均须涂以热沥青两道，每道厚 1 ~ 1.5mm，不另抹砂浆。

其二，混凝土及石砌涵洞的洞身、端墙和翼墙的被土掩埋部分，只需将圬工表面凿平，

无凹入存水部分，可不设防水层。但北方严寒地区的混凝土结构仍需设防水层

其三，钢筋混凝土圆管涵的防水层可按前面图形所示敷设。图中管节接头采用平头对接，接缝中用麻絮浸以热沥青塞满，管节上半部从外往内填塞；下半部从管内向外填塞。管外靠接缝处裹以热沥青浸透的防水纸8层，宽度15～20cm。包裹方法：在现场用热沥青逐层黏合在管外壁上接缝处，外面再如图在全长管外裹以塑性黏土。

其四，钢筋混凝土盖板明涵的盖板部分表面可先涂抹热沥青两次，再于其上设2cm厚的防水水泥砂浆或4～6cm厚的防水混凝土。其上可按照设计铺设路面。涵、台身防水层按照上述方法办理。

（二）沥青的敷设

沥青可用锅、铁桶等容器以火熬制，或使用电热设备。铁桶装的沥青，应打开桶口小盖，将桶横倒搁置在火炉上，以文火使沥青熔化后，从开口流入熬制用的铁锅或大口铁桶中。熬制用的铁锅或铁桶必须有盖，以便在沥青飞溅或着火时，用以覆盖。熬制处应设在工地下风方向，与一般工作人员、料堆、房屋等保持一定距离，锅内沥青不得超过锅容积的2/3。熬制中应不断搅拌至沥青全部为液态为止。溶化后的沥青应继续加温至175℃（不得超过190℃）。熬好的沥青盛在小铁桶中送至工点使用。使用时的热沥青温度宜低于150℃。涂敷热沥青的圬工表面应先用刷子扫净，消除粉屑污泥。涂敷工作宜在干燥温暖（温度不低于+5℃）的天气进行。

（三）沥青麻絮、油毡、防水纸的浸制方法和质量要求

油毡是用一种特制的纸胎（或其他纤维胎）用软化点低的沥青浸透制成，浸渍石油沥青的称石油毡，浸渍焦油沥青的称焦油沥青油毡。为了防止在储存过程中相互粘着，油毡表面应撒一层云母粉、滑石粉或石棉粉。防水纸（触纸）是用低软化点的沥青材料浸透原纸做成的，除沥青层较薄，没有撒防粘层外，其他性质与油毡相同。油毡和防水纸可以从市场上采购，其外观质量应符合如下要求：（1）触毡和防水纸外表不应有孔眼、断裂、叠皱及边缘撕裂等现象，油毡的表面防粘层应均匀地撒布在油毡表面上；（2）毡胎或原纸内应吸足油量，表面油质均匀，撕开的断面应是黑色的，无未浸透的空白纸层或杂质，浸水后不起泡、不翘曲；（3）气温在25℃以下时，把油毡卷在2cm直径的圆棍上弯曲，不应发生裂缝和防粘层剥落等现象；（4）将油毡加热至80℃时，不应有防粘层剥落、膨胀及表面层损坏等现象。高温下不应粘在一起。

二、沉降缝

（一）沉降缝设置目的

结构物设置沉降缝的目的是避免结构物因荷载或地基承载力不均匀而发生不均匀沉

陷，产生不规则的多处裂缝，而使结构物破坏。设置沉降缝后，可限定结构物发生整齐、位置固定的裂缝，并可事先对沉降缝处予以处理；如有不均匀沉降，则将其限制在沉降缝处，有利于结构物的安全、稳定和对防渗（防止管内水流渗入涵洞基底或路基内，造成土质浸泡松软）。

（二）沉降缝设置的位置和方向

涵洞洞身、洞身与端墙、翼墙、进出水口急流槽交接处必须设置沉降缝，但无圬工基础的圆管涵仅于交接处设置沉降缝，洞身范围不设。具体设置位置视结构物和地基土的情况而定。

洞身沉降缝一般每隔 4 ~ 6m 设置 1 处，但无基础涵洞仅在洞身涵节与出入口涵节间设置，缝宽一般 3cm。两端与附属工程连接处也各设置 1 处。

其他沉降缝：凡地基土质发生变化、基础埋置深度不一、基础对地基的荷载发生较大变化处、基础填挖交界处、采用填石垫高基础交界处，均应设置沉降缝。

岩石地基上的涵洞：凡置于岩石地基上的涵洞，不设沉降缝。

斜交涵洞：斜交涵洞洞口正做的，其沉降缝应与涵洞中心线垂直；斜交涵洞洞口斜做的，沉降缝与路基中心线平行；但拱涵与管涵的沉降缝，一律与涵洞轴线垂直。

（三）沉降缝的施工方法

沉降缝的施工，要求做到使缝两边的构造物能自由沉降，又能严密防止水分渗漏，故沉降缝必须贯穿整个断面（包括基础）。沉降缝具体施工方法如下：

1. 基础部分

可将原基础施工时嵌入的沥青木板或沥青砂板留下，作为防水之用。如基础施工时不用木板，也可用黏土填入捣实，并在流水面边缘以 1 ：3 水泥砂浆填塞，深度约为15cm。

2. 涵身部分

缝外侧以热沥青浸制的麻筋填塞，深度约为 5cm，内侧以 1 ：3 水泥砂浆填塞，深度约为 15cm，视沉降缝处圬工的厚薄而定。缝内可以用沥青麻筋与水泥砂浆填满；如太厚，亦可将中间部分先填以黏土。

3. 沉降缝的施工质量要求

沉降缝端面应整齐、方正，基础和涵身上下不得交错，应贯通，嵌塞物应紧密填实。

4. 保护层

各式有圬工基础涵洞的基础襟边以上，均顺沉降缝周围设置黏土保护层，厚约20cm，顶宽约 20cm。对于无圬工基础涵洞，保护层宜使用沥青混凝土或沥青胶砂，厚度10 ~ 20cm。

三、涵洞进出水口

涵洞进出水口工程是指涵洞端墙、翼墙（包括八字墙、锥坡、平行廊墙）以外的部分，如沟底铺砌和其他进出水口处理工程。

（一）平原区的处理工程

涵洞出入口的沟床应整理顺直，与上、下排水系统（天沟、路基边沟、排水沟、取土坑等）的连接应圆顺、稳固，保证流水顺畅，避免排水损害路堤、村舍、农田、道路等。

（二）山丘区的处理工程

在山丘区的涵洞底纵坡超过5%时，除进行上述整理外，还应对沟床进行干砌或浆砌片石防护。翼墙以外的沟床当坡度较大时，也应铺砌防护。防护长度、砌石宽度、厚度、形状等，应按设计图纸施工。如设计图纸漏列，应按合同规定向业主提出，由业主指定单位做出补充设计。

四、涵洞缺口填土

建成的涵管、圬工达到设计要求的强度后，应及时回填。回填土要切实注意质量，严格按照有关施工规定和设计要求办理。若系拱涵，回填土时，应按照本章第三节有关规定施工。

填土路堤在涵洞每侧不小于两倍孔径的宽度及高出洞顶1m范围内，应采用非膨胀的土从两侧分层仔细夯实，每层厚度10～20cm。特殊情况亦可用与路堤填料相同的土填筑。管节两侧夯填土的密实度标准，高速公路和一级公路为95%；其他公路为93%。管节顶部其宽度等于管节外径的中间部分填土，其密实度要求与该处路基同。如为填石路堤，则在管顶以上1.0m的范围内应分三层填筑：下层为20cm厚的黏土；中层为50cm厚的砂卵石；上层为30cm厚的小片石或碎石。在两端的上述范围及两侧每侧宽度不小于孔径的两倍范围内，码填片石。对于其他各类涵洞的特别填土要求，应分别按照有关的设计要求办理。

用机械填筑涵洞缺口时，须待涵洞圬工达到容许强度后，涵身两侧应用人工或小型机具对称夯填，高出涵顶至少1m，然后再用机械填筑。不得从单侧偏推、偏填，使涵洞承受偏压。

冬季施工时，涵洞缺口路堤、涵身两侧及涵顶1m内，应用未冻结土填筑。回填缺口时，应将已成路堤土方挖出台阶。

第三节 涵洞的质量问题及处理措施

一、钢筋混凝土圆管涵病害分析与预防

（一）混凝土圆管涵常见的病害形式

根据对我市各级公路的观测、调查和了解，多数混凝土圆管涵在交付使用一段时间后都会出现程度不同的各种病害，涵洞的破坏情况，不论是绝对数量还是相对数量方面都大大高于桥梁，在洪水期间也是公路水毁的首发之处和重点部分。病害的表现形式分：一是洞身部分。混凝土管节贯通性裂纹或断裂，边缘破损、缺口；管节一端或整个沉陷、错口、分裂；管节缝隙的沥青麻絮脱落；涵上路基沉陷、出孔洞、涵管跳车；由裂缝、沉陷等原因造成水从管节接口处渗漏，流水冲刷垫层，基底和路基形成洞外排水。二是涵洞洞口部分。端墙、翼墙向外倾斜；墙体断裂、破碎、表面剥落，向外渗漏水；洞口铺砌层碎裂、下沉、水毁；隔（截）水墙破裂、倒塌；水从铺砌层下面和隔水墙内流出。

（二）病害产生的原因分析

洞身部分的一体性强度、刚度弱，在纵向没有管节间相互连接的结构，只依靠节下的垫层来保持，当有不均匀沉降时，就会造成管节接头的上部或下部分离，错缝，水就会从缝隙中渗漏出去。

管节之间的平口对接形式，虽中间缝隙用沥青麻絮填塞，但其侧向抗剪力仍很小，当涵管两侧路基土在填筑和夯实不均匀时，在行车荷载的作用下，涵测的路基土必然是一侧先受压，另一侧再受压，致使产生某管节的侧向移位，管节接口部位产生错口，水就会从错口处排出。

施工单位不按设计文件和施工规范要求，违章操作，如洞身两侧土不对称，有不均衡分层填筑和夯实，过早通车或单车通车等。

为节省费用加快工程进度，施工单位对已破损的涵管不予更换，使涵洞还交付使用就留下病害；或施工时偷工减料如混凝土标号不够、基础入土深度不够等；对洞口铺砌和隔水墙的施工思想上不重视，应付马虎。

目前养护单位和人员忽视了对桥涵的三项常规检查工作，不能及时发现病害和隐患，以致产生不良后果。

（三）混凝土圆涵洞病害的预防措施

水对涵洞的破坏作用比荷载等的损害要大的多，也多得多。所以，涵洞主要是防止水、

荷载等的破坏作用。病害预防的具体措施包括以下几方面：

第一，为保证管节质量，购买时应注意以下几个方面问题：①管径及长度尺寸是否符合设计要求；②是否有破损或贯通裂缝，表面是否有严重的蜂窝孔、麻面和混凝土松散现象及钢筋外露；③管节两端是否平整；④管节强度是否达到设计强度。

第二，依据水文资料计算，使涵洞具有足够的宣泄能力，保证洪水的排泄。在无可靠水文资料情况下，可在保证涵上填土厚度和涵洞不产生淤积前提下，尽可能选择大孔径的涵管。

第三，在涵身纵向设置连接构造，使各个涵管连成一体，不产生管节间的纵向分离。涵管之间的接缝不大于 10mm，禁止加大接缝宽度来满足涵长的要求。用沥青麻絮填接缝的内外侧，形成柔性封闭层。在用两层 15mm 宽的浸透沥青的油毛毡包缠接缝部位。

第四，将目前管节间的平口对接改为企口咬接，在纵向连结的保证下，不产生错口和沉陷。

第五，洞口铺砌和隔水墙，用钢筋混凝土板代替目前的浆砌块（片）石，并保证与端墙、翼墙连接牢固，缝隙紧密，端墙、翼墙的厚度尺寸与墙背面坡度应以保证具有足够的抗倾教条力矩，基础抗滑动力为控制数据。对于东北季冻区，其顶面墙体厚度以不低于 30cm 为宜。

第六，墙体基础入土深度要按最大冲刷深度和当地标准冻深因素确定，在隔水墙以外，抗冲刷能力弱的地质条件下，可受取简易、有效、可靠的铺砌或防护类型加以防护，防止水毁的发生。

第七，当墙体的强度达到设计强度的 70% 以上时，方可按规范要求进行对称回填，回填时采用分层回填，每层松铺厚度 15cm，夯实后压实度应达到 95%。对文件设计中的不适之处，及时与设计人员协调，消除先天性的隐患。施工单位必须严格按照《桥涵施工技术规范》和设计文件中的要求进行施工，杜绝偷工减料和使用不合格材料。

二、拱涵的开裂及处理措施

（一）拱涵产生裂缝的原因

产生裂缝的主要因素归纳为三类：一是由外荷载（静、动荷载）的直接应力，即按常规计算的主要应力引起的裂缝；二是受外荷载作用，产生结构次应力引起的裂缝；三是由于变形产生的裂缝，结构受温度、收缩和膨胀影响，导致不均匀沉降等因素引起裂缝。

（二）裂缝处治措施

1. 轻微裂纹

从设计的角度分析，轻微裂纹的存在是可以的，但由于实际产生裂纹的条件是较为复杂的，所以必须加强观测分析及时采取预防措施。顺着裂缝方向凿除裂缝部位混凝土，采用高强度砂浆进行修补。

2. 较重裂纹、严重裂纹

（1）拱圈、墙身裂纹

对于拱圈、墙身出现较重裂纹，基础未出现裂纹，采取拱圈下加拱的加固方法：墙身未出现裂纹时，在拱脚下部墙身位置根据加厚尺寸凿开安置拱脚石槽，同时凿毛原拱圈混凝土面，用高标号砂浆将新旧拱圈混凝土连接成一个整体。墙身出现裂纹时，墙身应一并加固，先将表面裂纹部位的疏松部分凿除，用高标号砂浆将新旧墙身混凝土连接成一个整体。根据裂纹发展趋势，可以考虑适当配筋。

（2）基础裂纹

基础裂缝如果趋于稳定，不再扩展，采取如下处治措施：采用环氧树脂砂浆封闭所有裂缝，对现有基础顶面混凝土进行凿毛处理，浇筑15cm同级别混凝土。

基础裂缝如继续扩展，采取如下处治措施：采用环氧树脂砂浆封闭所有裂缝，对原混凝土面进行凿毛处理，然后在既有拱涵内壁沿涵洞轴线通长加设钢筋混凝土套拱。混凝土厚度及钢筋布设情况根据应力分析确定。加固施工完成后，设置观察期。特别重视对破损的沉降缝再次进行防水处理，防止雨水下渗，造成二次病害。

（三）预防措施

1. 基底及基础加固处理

对于基底特别是不良地质基底，必须进行基底处理，挖除一定厚度的软弱层后换填以沙砾或三七灰土并夯实，确保基底承载力满足设计要求。对于冲沟等基底需要回填地段，采用浆砌片石回填至设计基底标高后施作涵洞。由于涵洞基础普遍设计为素混凝土或片石混凝土，抗拉性较差，故考虑在基础内增设钢筋，以加强基础的整体抗拉性，有效防止地基变形拉裂涵洞基础。

2. 减少斜交角度

设计图纸中出现斜交涵洞时，与设计沟通，改成正交涵洞，或者减小斜交角度，一般斜交角度应 ≤50°。

3. 土方对称填筑

涵洞梁场填土严格按照对称高度进行夯实回填，为了减少回填时对拱圈的破坏，拱圈周边两米范围采用人工配合小型夯机夯实回填。同时该部位土方填筑必须在拱圈混凝土强度达到设计要求后进行。填土必须对称进行，防止出现偏压。

4. 沉降缝的设置及防水处理

（1）沉降缝的设置

在可能的情况下，尽量少设沉降缝，沉降缝位置是最薄弱，最易渗水的位置。沉降缝的施工，要求做到使缝两边的构造物能自由沉降，又能严密防止水分渗漏，故沉降缝必须贯穿整个断面。

（2）沉降缝的施工质量要求

沉降缝端面应整齐、方正，贯通整个断面，嵌塞物应紧密填实。沉降缝填塞前，缝内必须清扫干净，保持干燥，不得有杂物和积水。如设计有止水带，施工时注意止水带的固定，圆环中心应在沉降缝的中心线上，且浇筑混凝土时须确保与混凝土的连接。

第六章　桥梁下部结构施工技术

桥梁下部结构施工质量直接关系到桥梁的质量、工期等。桥梁下部结构施工技术主要包括模板配置、钢筋质量控制、混凝土质量控制等整体质量安全措施，对整个桥梁工程质量控制具有重要意义。只有控制好了桥梁下部结构的施工质量，才能为桥梁上部工程乃至整个桥梁工程施工打下好的基础。

第一节　桥梁基础施工技术

一、桥梁基础概述

（一）桥梁基础的概念

桥梁基础是桥梁结构物直接与地基接触的最下部分，是桥梁下部结构的重要组成部分。它直接坐落在岩石或土地基上，其顶端连接桥墩或桥台，合称为桥梁下部结构。

（二）桥梁基础的作用

桥梁基础的作用是承受上部结构传来的全部荷载，并把它们和下部结构荷载传递给地基。因此，为了全桥的安全和正常使用，要求地基和基础要有足够的强度、刚度和整体稳定性，使其不产生过大的水平变位或不均匀沉降。

与一般建筑物基础相比，桥梁基础埋置较深，其原因是：①由于作用在基础上的荷载集中而强大，加之浅层土一般比较松软，很难承受住这种荷载，故有必要把基础向下延伸，使置于承载力较高的地基上；②对于水中墩台基础，由于河床受到水流的冲刷，桥梁基础必须有足够的埋深，以防冲刷基础底面（简称基底）而造成桥梁沉陷或倾覆事故。一般规定桥梁的明挖、沉井、沉箱等基础的基底按其重要性和维修加固难易，应埋置在河床最低冲刷线以下至少 2 ~ 5 米。对于冻胀土地基，基底应在冻结线以下至少 0.25 米。对于陆地墩台基础，除考虑地基冻胀要求外，还要考虑生物和人类活动及其他自然因素对表土的破坏，基底应在地面以下不小于 1.0 米。对于城市桥梁，常把基础顶置于最低水位或地面以下，以免影响市容。基顶平面尺寸应较墩台底的截面尺寸大，以利施工。

（三）桥梁基础的分类

地基可分为天然地基和人工地基。直接在其上修筑基础的地层称为天然地基；如天然地层土质过于软弱或有不良工程地质问题时，则需要经过人工加固或处理后才能修筑基础，这种地基称为人工地基。在一般情况下，应尽量采用天然地基。基础的类型，可按基础的刚度、埋置深度、构造形式及施工方法来分类。分类目的在于了解各种类型基础的特点，以便在设计时，根据具体情况合理地加以选用。

1. 按基础的刚度划分

按基础的刚度分类根据基础受力后的变形情况，可分为刚性和柔性基础。

受力后，不发生挠曲变形的基础称为刚性基础，一般可用抗弯拉强度较差的圬工材料（如浆砌块石、片石混凝土等）做成；这种基础不需要钢材，造价较低，但圬土体积较大，且支承面积受一定的限制。

受力后，容许发生较大挠曲变形的基础称为柔性基础或弹性基础，其通常须用钢筋混凝土做成。由于钢筋可以承受较大的弯拉应力和剪应力，所以当地基承载力较小时，采用这种基础可以有较大的支承面积。在桥梁工程中，一般情况下，多数采用刚性基础。

2. 按基础埋置深度划分

按基础埋置深度不同，可分为浅基础（5m以内）和深基础两种。当浅层地基承载力较大时，可采用埋深较小的浅基础。浅基础施工方便，通常用明挖法从地面开挖基坑后，直接在基坑底面砌筑、浇筑基础，是桥梁基础首选方案。如果浅层土质不良，需将基础埋置于较深的良好土层中，这种基础称为深基础。深基础设计和施工较复杂，但具有良好的适应性和抗震性。因此，目前高等级公路普遍应用，常见的形式有桩基础、沉井等基础形式。

3. 按构造形式划分

对桥梁基础来说，可归纳为实体式和桩柱式两类。当整个基础都由圬工材料筑成时称为实体式基础。其特点是基础整体性好，自重较大，所以对地基承载力要求也较高。实体式基础由多根基桩或小型管桩组成，并用承台连接成为整体的基础，称为桩柱式基础。这种基础较实体式基础圬工体积小，自重较轻，对地基强度的要求相对较低，桩柱本身一般要用钢筋混凝土制成。

4. 按施工方法划分

按施工方法不同，可分为明挖法、沉井、沉箱、沉桩、沉管灌注桩、就地钻（挖）孔灌注桩等。明挖法最为简单，但只适用于浅基础，其他方法均用于深基础。

5. 按基础的材料划分

目前，我国公路构造物基础大多采用混凝土或钢筋混凝土结构，少部分采用钢结构。在石料丰富的地区，按照因地制宜、就地取材的原则，也常用砌石基础。只有在特殊情况下（如抢修、林区便桥），才采用临时的木结构。

二、桥梁浅基础施工

（一）桥梁浅基础概述

浅基础一般指基础埋深 3m ~ 5m，或者基础埋深小于基础宽度的基础，且只需排水、挖槽等普通施工即可建造的基础。

（二）浅基础的类型

其基础竖向尺寸与其平面尺寸相当，侧面摩擦力对基础承载力的影响可忽略不计。浅基础根据结构形式可分为扩展基础、联合基础、柱下条形基础、柱下交叉条形基础、筏形基础、箱形基础和壳体基础。

1. 扩展基础

墙下条形基础和柱下独立基础统称为扩展基础。扩展基础的作用是把墙或柱下的荷载侧向扩展到土中，使之满足地基承载力的要求，扩展基础包括无筋扩展基础和钢筋混凝土扩展基础。

（1）墙下条形基础

①刚性条形基础

刚性条形基础是墙基础中常见的形式，通常用砖或毛石砌筑。为保证基础的耐久性，砖的强度等级不能太低，在严寒地区宜用毛石；毛石需用未风化的硬质岩石。砌筑的砂浆，当土质潮湿或有地下水时要用水泥砂浆。刚性基础台阶宽高比及基础砌体材料最低强度等级的要求，有规范规定。

②墙下钢筋混凝土条形基础

当基础宽度较大，若再用刚性基础，则其用料多、自重大，有时还需要增加基础埋深，此时可采用柔性钢筋混凝土条形基础，使宽基浅埋。如果地基不均匀，为增强基础的整体性和抗弯能力，可采用有肋梁的钢筋混凝土条形基础，肋梁内配纵向钢筋和箍筋，以承受由不均匀沉降引起的弯曲应力。

（2）柱下独立基础

独立基础是柱基础中最常用和最经济的形式。也可分为刚性基础和钢筋混凝土基础两大类。刚性基础可用砖、毛石或素混凝土，基础台阶高宽比（刚性角）要满足规范规定。一般钢筋混凝土柱下宜用钢筋混凝土基础，以符合柱与基础刚接的假定。

2. 联合基础

联合基础主要指同列相邻两柱公共的钢筋混凝土基础，即双柱联合基础。在为相邻两柱分别配置独立基础时，常因其中一柱靠近建筑界限，或因两柱间距较小，而出现基地面积不足或者荷载偏心过大等的情况，此时可考虑采用联合基础。联合基础也可用于调整相邻两柱的沉降差或防止两者之间的相向倾斜等。

3. 柱下条形基础

当地基较为软弱、柱荷载或地基压缩性分布不均匀，以至于采用扩展基础可能产生较大的不均匀沉降时，常将同一方向上若干柱子的基础练成一体而形成柱下条形基础。这种基础抗弯刚度大，因而具有调整不均匀沉降的能力。

4. 条形基础

如果地基软弱且在两个方向上分布不均，需要基础在两个方向都具有一定的刚度来调整不均匀沉降，则可在柱网下纵横两向分别设置钢筋混凝土条形基础，从而形成柱下交叉条形基础。

5. 筏型基础

当柱下交叉条形基础底面积占建筑物平面面积的比例较大，或者建筑物在使用上有要求时，可以再建筑物的柱、墙下做成一块满堂的基础，就是筏型基础。此基础用于多层与高层建筑，分平板式和梁板式。由于其整体刚度相当大，能将各个柱子的沉降调整得比较均匀。此外还具有跨越地下浅层小洞穴、增强建筑物的整体抗震性能，作为地下室、油库。水池等的防渗地板等的功能。

6. 箱形基础

由钢筋混凝土底板、顶板和纵横墙体组成的整体结构，其抗弯刚度非常大，只能发生大致均匀的下沉，但要严格避免倾斜。箱形基础是高层建筑广泛采用的基础形式。但其材料用量较大，且为保证箱基刚度要求设置较多的内墙，墙的开洞率也有限制，故箱基作为地下室时，对使用带来一些不便。因此要根据使用要求比较确定。

7. 壳体基础

为了充分发挥混凝土抗压性能好的优点，可将基础的形式做成壳体。常见的形式有：正圆锥壳、M型组合壳和内球外锥壳。其优点是材料省、造价低。但是施工工期长、工作量大且技术要求高。

（三）桥梁浅基础的基坑开挖

1. 基坑定位放样

在桥梁施工过程中，首先要建立施工控制网，其次进行桥梁轴线标定和墩台中心定位，最后进行墩台施工放样，定出基础和基坑的各部分尺寸。桥梁的施工控制网除了用来测定桥梁长度外，还要用于各个位置控制，保证上部结构的正确连接。施工控制网常用三角控制网，其布设应根据总平面图设计和施工地区的地形条件来确定，并作为整个工程施工设计的一部分。布网时要考虑施工程序、方法以及施工场地的布置情况，可以用桥址地形图拟定布网方案。

桥梁轴线的位置是在桥梁勘测设计中根据路线的总走向、地形、地质、河床情况等选定的，在施工时必须现场恢复桥梁轴线位置，并进行墩台中心定位。中小桥梁一般采用直接丈量法标定桥轴线长度并定出墩台的中心位置，有条件的可以用测距仪或全站仪直接确定。

施工放样贯穿于整个施工过程，是质量保证的一个方面。施工放样的目的是将设计图上的结构物位置、形状、大小和高低在实地标定出来，以作为施工的依据。桥梁施工放样的主要内容是：①墩台纵横向轴线的确定；②基坑开挖及墩台扩大基础的放样；③桩基础的桩位放样；④承台及墩身结构尺寸、位置放样；⑤墩帽和支座垫石的结构尺寸、位置放样；⑥各种桥型的上部结构中线及细部尺寸放样；⑦桥面系结构的位置、尺寸放样。⑧各阶段的高程放样。

基础放样是根据实地标定的墩台中心位置为依据来进行的，在无水地点可直接将经纬仪安置在中心位置，用木桩准确固定基础纵横轴线和基础边缘。由于定位桩随着基坑开挖必将被挖去，所以必须在基坑开挖范围以外设置定位桩的保护桩，以备施工中随时检查基坑位置或基础位置是否正确，基坑外围通常用龙门板固定或在地上用石灰线标出。对于建筑物标高的控制，常将拟建建筑物区域附近设置的水准点引测到施工现场附近不受施工影响的地方，设置临时水准点。

2.陆上基坑开挖

（1）浅基坑无水开挖

浅基坑无水开挖指的是在陆地深水位地层中的开挖工作。由于这种类型的基坑很浅，而水位又很深，因此，整个开挖过程都是在无水或者渗水很小的情况下进行的。基坑壁的稳定性不会受到的水的影响，开挖工作可以比较简单的进行。坑壁形态可根据土质情况灵活选择，可选择竖直状、斜坡状、阶梯状。

（2）深基坑无水开挖

深基坑无水开挖是指开挖较深的基坑，但是地下水依旧位于基坑地面以下，坑内有较少的渗水，一般情况下只需在坑底设置几个集水坑进行抽水即可。少量的渗水不会影响基坑壁的稳定性。此时，若条件允许，可以采用坑壁放坡或修筑台阶的方式进行开挖；若条件不允许全方位大尺度扩口，则应当采取适当的护壁措施进行开挖，以防止坑壁发生坍塌。通常采用的护壁措施有插打钢板桩围堰、钢轨、木桩，也可以采用挂网喷射混凝土、地下连续墙、钻孔搅拌桩连续墙等防护措施。

（3）浅基坑渗水开挖

如果桥梁施工位置的地下水位很浅，会出现严重渗水甚至涌水的情况。在这样的状态下，如果不消除水的影响，那么后续的工作将无法正常开展。目前使用较多的排水方法主要有以下三种：①降水井抽水排水法；②钢板桩围堰封闭排水法；③地下连续墙封闭排水法。其中，降水井抽水排水法适用于陆地高水位环境；钢板桩围堰封闭排水法既适用于水中基坑开挖，又适用于陆地高水位环境；地下连续墙封闭排水法适用于陆地高水位环境。在水中环境和陆地高水位环境中，采用集水坑抽水排水的方法是难以奏效的。

（4）深基坑渗水开挖

在水中开挖深基坑是浅基础施工中难度最大的。根据长期的工程实践经验，利用钢板桩围堰封闭开挖空间，使之与外围水源隔绝，在无渗水、无坑壁坍塌的环境中进行水中深基坑的开挖是值得推荐的方法。

3．水中基坑开挖

桥梁墩台基础大多位于地表水位以下，有时水流还比较大，施工时都希望在无水或静止水条件下进行。桥梁水中基础最常用的施工方法是围堰法。围堰的作用主要是防水和围水，有时还起着支撑施工平台和基坑坑壁的作用。围堰的结构形式和材料要根据水深、流速、地质情况、基础形式以及通航要求等条件进行选择。任何形式和材料的围堰，均必须满足下列要求：

①围堰顶高宜高出施工期间最高水位70cm，最低不应小于50cm，用于防御地下水的围堰宜高出水位或地面20cm～40cm；②围堰外形应适应水流排泄，大小不应过多压缩流水断面，以免壅水过高危害围堰安全，以及影响通航、导流等，围堰堰内的平面尺寸应满足基础施工的要求，并留有适当的工作面积；③围堰的填筑应分层进行，减少渗漏，并应满足堰身强度和稳定性的要求，使基坑开挖后，围堰不致发生破裂、滑动或倾覆；④围堰要求防水严密，应尽量采取措施防止或减少渗漏，以减轻排水工作；⑤围堰施工一般安排在枯水期进行。

4．地基处理

（1）多年冻土地基的处理

①基础不应置于季节冻融土层上，并不得直接与冻土接触；②基础的基底修筑于多年冻土层（即永冻土）上时，基底之上应设置隔温层或保温层材料，且铺筑宽度应在基础外缘加宽1m；③按保持冻结原则设计的明挖基础，其多年平均地温等于或高于3℃时，应于冬期施工；多年平均地温低于-3℃时，可在其他季节施工，但应避开高温季节；④施工前做好充分准备，组织快速施工。做好的基础应立即回填封闭，不宜间歇。必须间歇时，应以草袋、棉絮等加以覆盖，防止热量侵入；⑤施工过程中，严禁地表水流入基坑。明水应在距坑顶10m之外修排水沟。水沟之水，应远离坑顶排放并及时排除融化水；⑥施工时，必须搭设遮阳棚和防雨篷，并及时排除季节冻层内的地下水和冻土本身的融化水。

（2）岩层基底的处理

①风化的岩层，应挖至满足地基承载力要求或其他方面的要求为止；②在未风化的岩层上修建基础前，应先将淤泥、苔藓、松动的石块清除干净，并洗净岩石；③坚硬的倾斜岩层，应将岩层面凿平。倾斜度较大，无法凿平时，则应凿成多级台阶。台阶的宽度宜不小于0.3m。

（3）溶洞地基的处理

①影响基底稳定的溶洞，不得堵塞溶洞水路；②干溶洞可用沙砾石、碎石、干砌或浆砌片石及灰土等回填密实；③基底干溶洞较大，回填处理有困难时，可采用桩基处理，桩基应进行设计，并经有关单位批准。

（4）泉眼地基的处理

可将有螺口的钢管紧紧打入泉眼，盖上螺帽并拧紧，阻止泉水流出，或向泉眼内压注速凝的水泥砂浆，再打入木塞堵眼。堵眼有困难时，可采用管子塞入泉眼，将水引流至集水坑排出或在基底下设盲沟引流至集水坑排出，待基础圬工完成后，向盲沟压注水泥浆堵塞。采用引流排水时，应注意防止砂土流失，引起基底沉陷。

5. 基坑施工过程中注意要点

①在基坑顶缘四周适当距离处设置截水沟，并防止水沟渗水，以避免地表水冲刷坑壁，影响坑壁稳定性；②坑壁边缘应留有护道，静荷载距坑边缘不小于 0.5m，动荷载距坑边缘不小于 1.0m，垂直坑壁边缘的护道还应适当增宽，水文地质条件欠佳时应有加固措施；③应经常注意观察坑边缘顶面土有无裂缝，坑壁有无松散塌落现象发生；④基坑施工不可延续时间过长，自开挖至基础完成，应抓紧时间连续施工；⑤如用机械开挖基坑，挖至坑底时，应保留不小于 30cm 厚度的底层，在基础浇筑圬工前用人工挖至基底标高；⑥基坑应尽量在少雨季节施工；⑦基坑宜用原土及时回填，对桥台及有河床铺砌的桥墩基坑，则应分层夯实。

三、桥梁桩基础施工

（一）桩基础概述

桩基础是一种承载能力高、适用范围广、历史久远的基础形式。随着生产水平的提高和科学技术的发展，桩基的类型、工艺、设计理论、计算方法和应用范围都有了很大的发展，被广泛应用于高层建筑、港口、桥梁等工程中。

桩是将建筑物的全部或部分荷载传递给地基土并具有一定刚度和抗弯能力的传力构件，其横截面尺寸远小于其长度。而桩基础是由埋设在地基中的多根桩（称为桩群）和把桩群联合起来共同工作的桩台（称为承台）两部分组成。

桩基础的作用是将荷载传至地下较深处承载性能好的土层，以满足承载力和沉降的要求。桩基础的承载能力高，能承受竖直荷载，也能承受水平荷载，能抵抗上拔荷载也能承受振动荷载，是应用最广泛的深基础形式。

（二）桩基础的分类

桩基按照基础的受力原理大致可分为摩擦桩和端承桩。摩擦桩是利用地层与基桩的摩擦力来承载构造物并可分为压力桩及拉力桩，大致用于地层无坚硬之承载层或承载层较深；端承桩是使基桩坐落于承载层上（岩盘上）使可以承载构造物。

按照施工方式可分为预制桩和灌注桩。预制桩是通过打桩机将预制的钢筋混凝土桩打入地下。优点是材料省，强度高，适用于较高要求的建筑，缺点是施工难度高，受机械数量限制施工时间长。灌注桩是首先在施工场地上钻孔，当达到所需深度后将钢筋放入浇灌混凝土。优点是施工难度低，尤其是人工挖孔桩，可以不受机械数量的限制，所有桩基同时进行施工，大大节省时间，缺点是承载力低，费材料。

（三）桩基础施工

1.沉入桩基础施工

（1）沉桩施工前的准备工作

试桩数量：沉桩工程在正式开工前应先进行试桩。试桩采用冲击试验及静压试验，计有要求时再做静拔试验和静推试验。冲击试验的桩数，一般不少于桩总数的2%，静压试验的桩数，按设计规定处理。在相同地质情况下，按桩总数的1%计，并不得少于2根。位于深水处的试桩，应根据具体情况，由有关部门决定。

沉桩顺序：在一个基础沉入较多的桩时，会把基底以下的土挤密或隆起，如果采用从基础四周向内沉桩的办法，则越往中间沉，基底以下的土挤得越密，导致后续各桩无法下沉，甚至已下沉的基桩被土挤出，因此沉桩次序是一个很重要的问题，必须慎重考虑。沉桩一般由一端向另一端连续进行，当桩基平面尺寸较大或桩距较小时，宜由中间向两端或四周进行；如桩埋置有深浅，宜先沉深的，后沉浅的；在斜坡地带，应先沉坡顶的，后沉坡脚的。

吊桩及插桩：吊桩时根据桩长可采用一个吊点、两个吊点、三个吊点或四个吊点，预制桩吊立时一般多采用一个吊点，较长的桩可采用三个吊点或四个吊点。各种吊点的位置是根据吊运、吊立过程中产生的最大正负弯矩绝对值相等的条件来确定的，由于各种桩的体型不一样，其吊点的位置有时要作相应的变更。起吊前应检查桩上的配件是否齐全。吊桩前应作好桩的吊点位置记号，捆好吊索，并标好检查桩下沉的尺寸。吊点应符合设计规定，不得任意变动。采用一个吊点吊立就位时，当桩吊到一定高度，即相当于1/2桩长加0.5m后，逐渐地放松溜绳直至桩身完全垂直为止，然后把桩纳入龙门框内。吊插大口径的长钢管桩，如直径1.2m、长度40m钢管桩，采用两个吊点吊立就位时，由于桩身偏移量过大、桩质量过大，难以纳入龙门框内，可在上吊点的对称面上增加一个吊点，校正桩身偏移量后，使其易于纳入龙门框内。长桩用单点悬挂时，不得使用吊环；纳入龙门框时，应将标好尺寸的一面向外。桩架就位前，应对桩架本身的水平及龙门框的正直情况进行详细的检查校正。在松软土中插桩时，桩位容易向前走动，应向后移一些插入。在斜坡上插桩，如斜桩与斜坡同一方向时，应向坡上方移动一些。在施工群桩基础时，先沉入的桩已将土挤密，继续插桩时，桩位应略移向先沉好的桩。在深水急流中插桩时，应考虑水流及浮力作用，宜向迎水方向移动一些，必要时可在上游加设临时挡流设施，或用导向框架插桩。插桩时桩位移动距离的大小，应根据试桩情况考虑。插好桩后，应立即将桩头用锤压住，检查锤、桩帽和桩的中心是否在一条竖直线上，并检查桩位有无移动及桩的垂直度或倾斜度是否符合规范要求。

（2）沉桩施工工艺控制措施

锤击沉桩：预制钢筋混凝土桩和预应力混凝土桩在锤击沉桩前桩身混凝土强度应达到

设计要求，桩锤的选择应根据地质条件、桩形、土的密实程度、单桩轴向承载力及现有的施工条件等确定。沉桩前应对桩架、桩锤、动力机械、射水管路、蒸汽管路、电缆等主要设备部件进行检查，开始沉桩时，宜采用较低落距。桩锤、替打、送桩和桩宜保持在同一轴线上。锤击沉桩时，桩帽与桩之间的垫层（包括锤垫和桩垫）要仔细安放，要有适当的厚度，在锤击过程中须及时修理锤垫和更换桩垫，避免桩头引起很高的压应力。桩帽要夹着垫层，减少锤击时产生振动，使锤击力能均匀地分布在桩头上，当沉桩的桩顶标高低于落锤的最低标高时，应设送桩，其强度不得小于桩的设计强度。送桩应与桩锤、桩身在同一轴线上，开锤以后，坠锤或单动汽锤的落锤高度不宜超过 0.5m；双动汽锤应降低汽压，减少每分钟的锤击数；柴油锤应控制供油量，减少锤击能量。以后视桩的入土情况，逐渐加大冲击动能，直至桩的入土深度和贯入度都符合设计要求为止，锤击沉桩的最后贯入度，不宜定得太小，对于柴油锤沉桩的贯入度不宜小于 1 ~ 2mm/击，蒸汽锤不宜小于 2 ~ 3mm/击，以免损坏桩锤。斜坡上沉桩时，桩架应符合斜桩的坡度。根据桩的外移规律及土质、坡度、水深、水流等情况，斜桩尚应考虑自重的影响，结合施工实践经验，桩身宜向岸移一定距离下桩，以使沉桩后桩位符合设计要求。锤击沉桩应考虑锤击振动和挤土等对岸坡稳定或邻近建筑物的影响，可根据具体情况采取措施并对岸坡和邻近建筑物位移和沉降等进行观察，及时记录，如有异常变化，应停止沉桩并研究处理。沉桩时，以控制桩尖设计标高为主。当桩尖已达设计标高，而贯入度仍较大时，应继续锤击，使贯入度接近控制贯入度。当贯入度已达控制贯入度，桩尖标高未达设计标高时，应继续锤击100mm左右，如无异常变化时，即可停锤。沉桩工作应一次沉到设计标高，不得中途停顿。若停顿过久，由于土的恢复将难以下沉。沉好的桩在未经验收以前，不得截锯桩头。截锯桩头时不要用大锤硬砸，以免振出裂缝，可先用钢抱箍或木抱箍将桩身截锯处下面箍紧，用小锤沿箍处凿开一条沟槽，然后再进行扩大截断。

锤击沉桩复打：对发生"假极限""吸入"现象的桩和射水沉桩及上浮、下沉现象的桩都应进行复打。"假极限"是指桩在饱和的细、中、粗砂中连续锤击下沉时，使流动的休止时间按土质不同而异。

静力压桩：压桩前应在桩身做出明显的深度标志，以便压桩时记录压入深度和压力的数值。压桩机在进入现场前，工作场地应先平整，并根据现场条件，预先确定压桩机压桩顺序，尽量减少压桩机行走距离。根据地质钻探，静力触探或试桩资料估算压桩阻力，以选用适当的压桩设备，其重力宜大于压桩阻力的40%。压入桩过程中，应防止一棵桩压入时中断工作，以免间歇后桩阻力增大。采用接桩时应尽量缩短接桩时间，以减少压桩阻力。压桩机的安装与拆卸应根据厂方产品说明书规定执行。吊装前应清理桩身，并检查桩身有无明显碰损处，以免影响夹持下压。如影响则不得使用。吊桩进入压桩机夹具后，应对准桩位。开始压桩时，应使较低的压力徐徐压入，确定无异常情况后，再开始正常工作。压桩过程中应严格控制桩身与地面的垂直度，不允许倾斜压入。如需接送桩时，应保证送桩的中心轴线与桩身的中心轴线上下一致。压桩过程中，应随时注意桩下沉有无变化，如有水平方向位移时，则可能桩尖遇到障碍，当移动量较大时，应将桩拔出，清除障碍或与设计单位研究后改变位置。

射水沉桩：在砂质或砾石土壤中打桩，可采用射水打桩法，随射随打。待桩尖距设计高程 1m 左右时，应停止射水，完全锤击，以增加桩的承载能力。若随射随打仍不能穿过坚实土层时，可利用旧钢轨作引桩先打成导眼，然后将桩插入继续下沉。射水管的直径根据水压和水量决定。射水沉桩应根据土层情况，选择高压泵压力和排水量。一般宜采用多级离心泵，在进水口处应装置真空计，出水口处应装置压力计。起动水泵时，应注满接引水。采用活塞式水泵时，应在压力管中安设气罩。在供水高压管路上，必须设有逆止阀和溢水阀，防止喷嘴堵塞时破坏水泵和管路。为减少水压力损失，水泵应尽量靠近沉桩地点，管路宜顺直，不得拐死弯。在宽水面深水中沉桩时，宜采用浮动水泵站。在沉桩过程中，应及时检查桩的入土深度和桩位，特别是斜桩更应注意。将近停止射水前，必须再检查一次桩位，最后校正。

2. 钻孔灌注桩施工

（1）关于桥梁钻孔灌注桩施工设备与钻具的选择

混凝土是桥梁钻孔灌注桩施工的主要原材料，因此，需要有完整的设备进行配套。要注重以下这些是施工步骤：一是，发电机数量要根据实际施工情况进行配置，要保障电力够用，并要求其发电机设备性能属于较高的水准，事例告诉我们，在具体施工工程中一旦出现断电的情况，备用发电机要及时启动，才能确保桥梁关注施工稳定运行，能有效避免断电噪带来的事故与经济损失；二是，桥梁施工混凝土所需要的拌和机类型选择非常重要，原则上是需要则容量大的拌和机，还要在施工之前做好检查方能投入施工；三是，桥梁灌注水下施工需要导管，因此，选择适宜的管径导管很重要，导管的强度与刚度要符合相关标准，密封度要高，同时还要注意管壁要光滑，导管要平直，接口处需要用弹性垫圈进行密封。

（2）钻孔灌注桩施工准备工作

①施工准备

第一，测量放样。测量人员负责根据图纸桩位坐标放样，以确定桩位。测量人员必须对所放桩位换手复测、复算，两次测量检查无误后，由施工单位报送有关资料至监理工程师处审核。经监理工程师审核无误后方可施工。

第二，钻孔场地准备。场地为旱地时，应清除杂物，换除软土，整平夯实；场地为陡坡时，可用枕木、型钢等搭设工作平台；场地为浅水时，宜筑岛施工，筑岛面积应根据做空方法、设备大小等要求，确定高度应高于施工水位 0.5 ~ 1 米；场地为深水或淤泥层较厚时，可搭设工作平台，平台需牢固稳定，能承受工作时所有静、动荷载，并考虑施工机械能安全进出。

第三，护筒的埋设。为固定桩位，保护孔口不坍塌，隔离地面水和保持孔内水位高出施工水位以维护孔壁及钻孔导向等目的，在钻孔前需按要求制作、埋设护筒。采用刚护筒，筒壁厚度为 4 ~ 8cm，护筒内径大于钻头直径。护筒顶面宜高出施工水位或地下水位 2m，并高出施工场地面 0.3m，并满足对泥浆的要求。护筒制作应坚实，不漏水，接头处内部要无突出物，能耐拉、耐压。

②桥梁钻孔灌注桩施工

第一，钻孔施工。进行钻机安装，保证低架堑平，保持稳定，不得产生位移和沉陷，开孔的孔位必须对准，钻头和钻杆中心与护筒中心偏差不得大于 5cm，钻头的直径小于孔径 4 ~ 5cm，孔内水位宜高于护筒底脚 0.5m 以上或地上水位以上 1.5 ~ 2m，并随时向孔内补水和泥浆，起、落钻头速度宜均匀，不得过猛或骤然变速，在钻孔作业应连续进行，因故停钻时，有钻杆的钻机应将钻头提离孔底 5m 以上，其他钻机应将钻头提出孔外，孔口应加护盖。

第二，清孔及检孔。钻孔至设计标高后，采用监理工程师指定的方法检测孔深、孔径和垂直度等几何尺寸，待检测合格后，采用换浆法清孔，抽渣或吸泥时应及时向孔内注入清水或新鲜泥浆，保持孔内水位，避免坍孔。允许沉渣厚度应符合设计要求，当设计未做规定时，支承桩不大于 5cm，摩擦桩直径 ≤1.5 米的桩不大于 20cm，直径 >1.5m 或桩长 >40m 或土质较差的桩不大于 30cm。

第三，钢筋笼加工及安装。钢筋的材料、加工、接头和安装，应符合相关施工技术标准的有关规定，分段入孔，上下两段应保持顺直，钢筋笼入孔后，应牢固定位。钢筋笼主筋笼与加强必须全部焊接。骨架的焊接拼装应在坚固的工作台上进行，操作时应符合下列要求。钢筋拼装前，对有焊接接头的钢筋应检查每根接头是否符合焊接要求。骨架焊接时，不同直径的钢筋的中心线应在同一平面上。施焊顺序宜由中到边对称地向两端进行，先焊骨架下部，后焊骨架上部，相邻的焊缝采用分区对称跳焊，不得顺序方向一次焊成。长桩骨架宜分段制作，分段长度应根据吊装条件确定，应确保不变形，接头应错开。现场拼装接头宜采用机械连接。

第四，二次清孔。由于钢筋笼安装完后，泥浆沉淀于孔底。因此需应用射水或射风冲射孔底 3-5min，翻动沉淀物，然后立即浇筑水下混凝土，射水或射风压力应比孔底压力大 0.05MPa。二次清孔后重新检测泥浆的各项指标，各项指标均达到规范标准后停止清孔。

第五，混凝土浇筑。导管采用壁厚 3mm 无缝钢板制作，导管内径 200 ~ 300cm，直径制作偏差不超过 2mm。导管中间节长 2.0m，底管节长 4.0m，漏斗下配节长 1.0m、0.5m 导管，在第一次使用前进行试拼试压。试压好的导管表面用磁漆标出 0.5m 一格的连续标尺，并注明导管全长尺寸，以便灌注混凝土时掌握提升高度和埋入深度。安放导管时，导管下口距孔底为 30 ~ 40cm。

灌注混凝土时，拆除导管时速度要快，拆下的导管立即冲洗干净。在水下混凝土灌注过程中，专人测量导管埋深，填写好水下混凝土记录表。水下混凝土的灌注采用提升导管法，按 1 ~ 2m 分节。灌注前对导管进行水密承压和接头抗拉试验，试验合格后方可使用。开导管方法采用降落式隔水硬球塞，塞顶先用 8 号铁丝悬吊在混凝土漏斗下口，当混凝土装满漏斗后剪断铁丝，混凝土即下落到孔底。在灌注水下混凝土过程中，孔内混凝土体积逐渐增加，孔内原有泥浆会逐渐从护筒溢出，在灌注过程中，应将井孔内溢出的泥浆引流至适当地点处理，防止污染环境及河流。

导管上设置封底漏斗，漏斗容积（即首批混凝土方量）应满足封底时导管埋深，灌注过程中导管埋深大于 1 米、小于 3 米，且导管底距孔底不得大于 40cm。在灌注过程中，经常测探孔内混凝土面的位置，及时地调整导管埋深。为防止钢筋骨架上浮，当灌注的混凝土顶面距钢筋骨架底部 1m 左右时，应降低混凝土的灌注速度。当混凝土上升到骨架底口 4m 以上时，提升导管，使其底口高于骨架底部 2m 以上，即可恢复正常灌注速度，除采取以上措施外还应在筒孔对钢筋笼予以固定。灌注混凝土应连续进行，混凝土的灌注时间不得长于首批混凝土初凝时间。当灌注混凝土接近设计标高时，应减缓灌注速度，反复测量混凝土的标高。桩顶的灌注标高比设计标高高出 0.5 ~ 1m。灌注桩的桩顶是首批混凝土组成的，它从开始灌注完成，始终与泥浆接触，易受到浸蚀；在灌注过程中还难免有泥浆、钻渣等杂物混入，其质量较差。灌注完毕后，待进行下道工序时将桩头破除。在混凝土初凝前，将护筒拔出。灌注中拆除导管时速度要快，时间不宜超过 15min，拆下的导管立即冲洗干净。在水下混凝土灌注过程中，专人测量导管埋深，填写好水下混凝土记录表。

（四）挖孔灌注桩施工

1. 施工准备

施工前，应根据建筑物场地工程地质和必要的水位地质资料、桩基施工图及图纸会审纪要、建筑场地和邻近区域的地下管线（管道、电缆）资料、主要施工机械及其配套设备的技术性能资料、桩基的施工组织设计或施工方案、桩基钢筋混凝土所用建材（水泥、砂、石、钢筋）的质检报告等有关资料制定可行的施工方案。施工前，应对施工场地地下管线、地下构造物、危房、精密仪器车间等进行详细检查，并对一些原有特殊裂缝情况做好记录，对在挖孔和抽水有可能危及的邻房应提前做好加固措施。

开挖前，应将场地"三通一平"，场地的所有障碍物都需处理完毕。施工前应准备好供水、供电、道路、排水、临设房屋等设施。施工前应按基础平面图设置好桩位轴线、定位点，测定高程水准点，经复核后应妥善保护，施工中应经常复测。

人工挖孔操作的安全很重要，开挖前应对施工人员进行安全技术交底，操作前应对施工器具进行安全可靠性检查和试验，以确保施工安全。

2. 施工方法

（1）挖孔及护壁

挖孔前，应按建设单位的测量基准点和测量基线放样定位，按施工图纸中桩芯坐标、管线的位置及现场摸查管线的位置，确定挖孔桩的范围；人工挖孔桩施工放线时，要考虑各种施工误差，施工桩位偏移不大于 50mm，桩孔的中轴线偏斜率不大于 0.5%；经有关部门办理签证手续，才能开挖桩身土。

挖孔桩第一米开挖、护壁、锁口混凝土是整根挖孔桩的开始，也是护壁混凝土成功的关键。因此，开挖到位后，应立即埋设锁口钢筋，在每节护壁与下一节护壁之间埋，要埋设连接钢筋（间距20cm）；为保证挖孔的可操作性，挖孔、护壁节与节之间采用锯齿形（锯齿形也能增加桩的摩擦力）；在开挖过程中应经常检查挖孔桩尺寸和垂直度，发现偏差，应及时纠正；孔内排水一般采用明排，如渗水量过大，准备好手动葫芦、铅桶、手推运渣车及抽水泵（如地下水位高时要在桩周围打井点降水）。

根据设计规范要求，挖孔桩的安全距离为4.5m或2.5D（D为桩径）中的最大值，为了提高工作效率与工程进度，可采用循环换孔施工；为了成孔安全，一般地层，每层开挖深度为1m；砂层和淤泥质土层，每节开挖深度不得超过0.5m，挖好后要及时浇筑混凝土护壁，并于当天浇筑好混凝土（夜晚是护壁混凝土最好的养护时间）；护壁时，第一节孔圈护壁应高出地面50cm，以防地面水漫入孔内；在放线定位后，应在桩周围设80cm左右高的防护栏，防止行人进入，确保施工安全。

在挖孔达到一定深度时，会碰到坚硬的岩石，则可采用风镐掘进或用小药量爆破方法进行施工；如开挖至设计标高仍未碰到岩层，要根据实际情况超挖。

浇灌护壁混凝土时，应采用钢筋插实法浇灌，并用镐击模板或用插入式振捣器振捣；当桩孔水淹没模板的情况下，不得灌注混凝土；每一节护壁高度控制在100cm，对不利土层（淤泥、砂层等），应加厚护壁，加大、加密护壁钢筋，并将每一节的护壁高度调整为50cm；护壁混凝土浇筑尽量采用速凝剂。

护壁的厚度、配筋、混凝土强度要符合设计要求，护壁强度达到安全要求后方可进行下一节施工；当护壁混凝土强度达到4Mpa以上时方可拆模；当发现护壁有蜂窝、漏水现象时，应及时补强以防造成事故。

（2）成孔、浇筑桩身混凝土

①成孔施工

挖孔达到设计标高后，要及时对成孔的各项数据（桩径、偏差、桩底渗水量）进行分析，以便及时采取补救措施；成孔时不能超挖，每挖一米即及时浇筑挖孔桩的护壁；孔口周围2m内不得堆放土石方及杂物，要保持壁面高出地面30cm，挖出的土石方应及时运力孔口；孔内设软梯上落，并设置与孔壁锚固的半圆形网作遮挡，上落吊桶时工人只允许在网下操作；每次下井施工前均进行抽水、通风和毒气等检测工作，如发现异常，应返回井面报告，待查明情况、采取有效措施后，方可继续作业；挖到设计要求深度后，会同业主、质检站、设计院、监理单位等部位进行成孔验收，成孔的允许偏差应满足：桩径±50mm，垂直度0.5%，桩位±50mm，合格后进行混凝土封底。

②浇筑桩身混凝土

当每个桩孔成孔后，应及时会同设计、甲方、监理和质检部门进行成孔验收和隐蔽工程验收，当验收合格后，应彻底清理沉渣，然后立即封底和灌注桩身混凝土；在浇注混凝土前，要安放好导筒，要再次检查做孔底渗水测定，渗水量0.3公升/s时，要采用水下混凝土浇筑；如检测需要，可埋设声测管。

（五）桥梁桩基础施工的常见问题及措施

1. 钻孔过程中容易出现的问题及处理措施

（1）坍孔

坍孔的特征是孔内水位突然下降又回升，孔口冒出细密的水泡，出渣量明显增加而不见进尺，钻机负荷显著增加等。坍孔的原因大多数是由于泥浆性能不符合要求、孔内水头未能保证、机具碰撞孔壁等原因造成的。发生坍孔后，应查明坍孔的位置再进行处理。坍孔位置较深且不是很严重时，采用黏土回填至坍孔位置以上 2m ~ 3m，并采取加大泥浆比重、改善泥浆性能、加高水头等措施，继续慢慢钻进；坍孔严重时，应立即将钻孔全部用砂类土或砾石土回填，如果无砂类土和砾石土，可采用黏质土掺入 5% ~ 8% 的水泥进行回填，待孔内回填土稳定后重新开钻；坍孔位置不深时，可采用加深护筒的方法，将护筒内的填土夯实，重新开钻。

（2）斜孔

斜孔一般多发生在采用冲击钻成孔上。造成斜孔的原因通常是由于地质松软不均、岩面倾斜、钻架移位、钻架不平或钻头遇到探头石等原因造成的。钻孔时，要经常检查钻盘是否水平或钢丝绳是否垂直，孔口位置的钻杆或钢丝绳的平面位置是否正确，一旦发现偏差应及时调整。当出现斜孔时，一般可在偏斜处吊住钻头反复扫孔，使钻孔正直。偏斜严重时，应回填黏质土（采用回旋钻成孔）或片石（采用冲击钻成孔）到偏斜处顶面，待沉积密实、稳定后重新开钻。

（3）扩孔

扩孔大多数是由于孔壁坍塌或钻杆摆动过大造成的。对于扩孔的处理，目前没有更好的处理措施，一般是采用失水率小的优质泥浆护壁，改善钻机的机械性能（减小钻摆动）来控制扩孔率。

（4）缩孔

缩孔通常是由于地层中含有膨胀土、软塑土、泥质页岩等不良地质造成的，钻头磨损过大亦能使孔径稍小。缩孔发生后，应立即查明原因，如因钻头磨损过大造成的缩孔现象，应对钻头及时补焊，加大钻头。如因以上不良地质条件造成的，当缩孔不严重时，可采用钻头上下反复扫孔来扩大孔径；当缩孔严重时，采取钢护筒防护，一般情况下钢护筒的长度要根据不良地质的厚度情况来确定，最好是不良地质部分全部下钢护筒。

（5）孔内漏浆

孔内漏浆一般是钻孔钻至透水层时由于泥浆的性能较差，或护筒周围透水，或钻孔遇到小溶洞时发生的。当遇护筒内水头不能保持时，一般采取护筒周围回填土夯实、增加护筒埋置深度、适当减小护筒内水头高度、增加泥浆相对密度和黏度、倒入黏土使钻头慢速转动等措施。当用冲击钻冲孔时，可往孔内回填片石、卵石及适当投入一定数量的水泥，反复冲击，增加护壁。

（6）卡钻

卡钻常发生冲击钻冲孔时，因先形成了梅花孔、十字孔、冲锤磨损未及时补焊、钻孔直径变小而新钻又过大、冲锤倾倒、遇到探头石或孔内掉入物件卡住等原因造成的。卡钻锤后不宜强提，可用小锤冲击或用边冲边吸的办法将卡锤周围的钻渣松动后再提出。

（7）掉钻

掉钻一般是由于钻杆磨损过甚、钻锤的钢丝绳磨损过甚或钢丝绳的卡口螺丝松动造成的。掉钻后应马上用打捞叉、打捞钩、绳套等工具打捞。如果由于打捞时间过长造成钻头被埋，应先清理泥沙，然后再使用打捞工具进行打捞。特别强调指出：初次掉钻头时，钻头在孔内一般是正立的，如果一次打捞不成功造成第二次或者多次掉钻，那么钻头掉在孔内就不一定是正立的，给打捞造成更大的困难。

2. 清孔过程中容易出现的问题及处理措施

桩基在清孔过程中容易出现的问题有：塌孔、泥浆含砂率过大、沉渣过大等。清孔造成塌孔时，要根据塌孔的严重程度采取不同的处理方法进行处理。塌孔不严重时，可采用加大泥浆相对密度等改善泥浆性能的措施后继续清孔。塌孔严重时，该孔需要回填重新钻孔；泥浆含砂率过大及沉渣过大都是由于清孔时加水过快、过多、换浆时不及时捞渣或捞渣不干净、没有使用二级以上沉渣池等原因造成的。泥浆含砂率及沉渣过大时都应加大泥浆相对密度继续清孔，边清边捞渣，等泥浆的含砂率符合要求后再把泥浆的相对密度降低至符合要求。

3. 灌注混凝土过程中容易出现的问题及处理措施

（1）导管进水

首批混凝土下落后导管进水，应将已灌注的混凝土用吸泥机全部吸出，再针对导管进水的原因改正操作工艺或增加首批混凝土储量重新灌注；在混凝土灌注的中期，导管进水是由于多提升导管且管口超出已灌混凝土表面时发生的。遇到这种情况时，可依次将导管拔出，用吸泥机或潜水泥浆泵将原灌注混凝土表面的沉淀物全部吸出，将装有底塞的导管重压插入原混凝土表面 2m 以下，然后在无水导管中继续灌注，将导管适当提升，继续灌注的混凝土可冲开导管底塞流出。

（2）导管堵管

初灌导管堵管大多数是由于隔水硬球栓或硬柱塞被卡住而造成的。发生初灌堵管时，可用长杆往管内冲捣，或用振动器振动、硬物敲打导管外侧，或提升导管迅速下落振冲，或用钻杆加配重冲击导管内混凝土。如果这些方法都无效，应将导管拔出，取出导管内物质，重新下导管灌注混凝土。当发生中期导管堵塞时，处理的方法是将导管连同堵塞物一起拔出，疏通导管。若原灌注的混凝土表层尚未初凝，可用新导管插入原灌混凝土的表面2m 以下深度，用潜水泥浆泵下入导管底将管内的泥浆抽干净，再用圆杆接长的小掏渣桶将管内表面混有泥浆的混凝土掏干净后继续灌注混凝土。

（3）灌注坍孔

大的坍孔特征与钻孔期间比较相似，可用测探仪或测锤探测，如探头达不到混凝土面高程时即可证实发生坍孔。发生灌注坍孔有以下几种原因：护筒脚漏水；潮汐区未保持所需的水头；地下水压超过孔内水压；孔内泥浆相对密度、粘度过低；孔口周围堆放重物或机械振动。发生灌注坍塌时，如坍塌数量不大，可采用吸泥机吸出混凝土表面坍塌的泥土，如不继续坍孔，可恢复正常灌注。如坍孔仍在继续且有扩大之势，应将导管及钢筋骨架一起拔出，用黏土或掺入 5% ~ 8% 的水泥将孔填满，待孔位周围地层稳定后再重新钻孔施工。

（4）钢筋笼上升

灌注混凝土时钢筋笼上升的主要原因是由于混凝土冲出导管底口后向上的顶托力把钢筋笼上浮。为防止混凝土灌注过程中钢筋笼上浮，灌注混凝土前，应将钢筋笼的顶端焊接在护筒或其他牢固的物体上。在灌注混凝土过程中，当灌注混凝土顶面距钢筋笼底部约 1m 时，应降低混凝土的灌注速度；当混凝土面上升到钢筋笼底 4m 以上时，提升导管使导管底口高出钢筋笼底 2m 以上后即可恢复正常速度灌注混凝土。

（5）埋管

埋管一般是由于导管埋置深度过大所造成的。为了避免造成埋管事故，在混凝土灌注过程中应严格控制埋管深度在 2m ~ 6m 之间；若已造成埋管事故，即要对该桩基进行处理。

四、沉井基础施工

（一）沉井基础概述

沉井基础是一个井筒状的结构物，它是从井内挖土、依靠自身重力克服井壁摩阻力后下沉到设计标高，然后采用混凝土封底并填塞井孔，使其成为桥梁墩台或其他结构物的基础。沉井基础的特点是埋置深度可以很大，整体性强、稳定性好，有较大的承载面积，能承受较大的垂直荷载和水平荷载；沉井既是基础，又是施工时的挡土和挡水的围堰结构物，施工工艺并不复杂。

（二）沉井基础的分类

按下沉环境可分为陆地沉井和浮士沉井；按沉井构造形式可分为独立沉井（多用于独立深基础或独立深井构筑物）和连续沉井（多用于隧道工程）；按沉井平面形式可分为圆形、圆端形、正方形、矩形和多边形等，也可分为单孔沉井和多孔沉井；按沉井制作材料可分为混凝土、钢筋混凝土、钢、砖、石以及组合式沉井等。

（三）沉井的构造

就沉井而言，其主要由刃脚、井壁、内隔墙、取土井、凹槽、封底、顶板组成。

1. 刃脚

刃脚是井壁下端一般做成刀刃形状的部分，其作用在于减小沉井的下沉阻力，使之能在自重作用下切土下沉。一般采用不低于 C20 的钢筋混凝土制成。当沉井下沉较深且土质较坚硬时，刃脚面长以型钢（角钢或槽钢）加强。刃脚的地面宽度可为 100～200mm。在坚硬地基上也可做成尖角。脚刃斜面与水平面的交角一般应不小于 45 度。刃脚的高度应视井壁的厚度确定，并应考虑便于拔出垫木和挖土。

2. 井壁

井壁主要承担井外水土压力和自重部分，设计时通常先假定井壁厚度再进行承载力验算，井壁厚度一般为 0.8～1.5m。

3. 内隔墙

内隔墙的设置加强了沉井刚度、缩小外壁计算跨度，同时又将沉井分成多个取土井，便于掌握挖土位置以控制下沉的方向。内隔墙的间距一般不大于 5～6m，厚度一般为 0.5～1.0m。考虑内隔墙既要对刃脚悬臂起支撑作用，又不宜受到土的支撑，妨碍沉井下沉，因此，一般要求内隔墙底面高出刃脚地面 0.5～1.0m。但当沉井穿越极软弱的土层时，为防止沉井"突沉"，也可将内隔墙底面做成与刃脚地面平齐。

4. 取土井

取土井的平面布置应与中轴线对称，以利于沉井均匀下沉。取土井大小由取土方法而定，采用挖土斗取土时，应能使挖土斗自由升降，最小边长不宜小于 2.5m。通常情况下，以素混凝土、片石混凝土或砌片填充处理。

5. 凹槽

为了封底混凝土嵌入井壁，形成整体，使传至沉井壁上的力能更好地传递给封底混凝土底面。遇到意外困难时，还可在凹槽处浇筑钢筋混凝土盖板，将沉井改成沉箱。凹槽深约 0.15～0.25m，高约 1.0m 左右，其距刃脚地面一般在 1.5m 以上。

6. 射水管组、探测管

射水管组：压入高压水把井壁四周的土冲松，以减少摩擦力和端部阻力。高压水水压一般不小于 0.6MPa，每一水管的排水量不小于 200L/min。探测管时探测刃脚和隔墙底面下的泥面标高，清基射水或破坏沉井正面土层以利下沉。

7. 封底

渗水率小于 6mm/min 时，排干水后用 C15 或 C20 普通混凝土浇筑；当井中的渗水率大于 6mm/min 时，宜采用导管法浇筑 C20 级水下混凝土封底。厚度按其承载力条件计算确定，一般其顶面应高出凹槽 0.5m。

8. 顶板

以混凝土填心的沉井可用素混凝土顶板；空心或以其他松散料填心的沉井需用钢筋混凝土顶板，厚度一般为 1.0～2.0m。

（四）水中沉井的施工

1. 筑岛法

水流速不大，水深在 3m 或 4m 以内，可用水中筑岛的方法。筑岛材料为砂或砾石，周围用草袋围护，如水深较大可作围堰防护。岛面应比沉井周围宽出 2m 以上，作为护道，并应高出施工最高水位 0.5m 以上。砂岛地基强度应符合要求，然后在岛上浇筑沉井。如筑岛压缩水面较大，可采用钢板桩围堰筑岛。

2. 浮运法

水深较大，如超过 10m 时，筑岛法很不经济，且施工也困难，可改用浮运法施工。沉井在岸边做成，利用在岸边铺成的滑道滑入水中，然后用绳索引到设计墩位。沉井井壁可做成空体形式或采用其他措施（如带木底或装上钢气筒）使沉井浮于水上，也可以在船坞内制成用浮船定位和吊放下沉或利用潮汐，水位上涨浮起，再浮运至设计位置沉井就位后，用水或混凝土灌入空怀、徐徐下沉直至河底。或依靠在悬浮状态下接长沉井及填充混凝土使它逐步下沉，这时每个步骤均需保证沉井本身足够的稳定性。沉井刃脚切入河床一定深度后，可按前述下沉方法施工。

（五）陆地沉井施工

陆地上的沉井采用在墩台位置处就地制造，然后取土下沉的施工方法。因这种施工方法是在原地制作的，故不需大型设备，且施工方便，成本低。通常情况下，沉井比较高，故可以分段制造、分段下沉。其中，第一节沉井的制作和下沉尤为重要。

1. 第一节沉井的制作

第一节沉井应建造在较好的土质上。当土质强度不能满足第一节沉井制作的质量要求时，可对地基进行处理或减小沉井节段的高度。由于沉井自重较大，刃脚底部窄，应力集中，所以应在沉井刃脚下对称的位置铺垫枕木，再立模，绑扎钢筋，浇筑第一节沉井混凝土，下沉时，应按顺序对称地抽出枕木，以防止沉井出现倾斜和开裂。

2. 沉井下沉

在沉井仓室内不断取土可使沉井下沉。下沉方法可分为排水下沉和不排水下沉两种，两种方法对沉井下沉过程中井壁外侧的摩擦力有较大影响。对于水位以上部分或渗水量小的土层，可采取人工和机械挖土；当井内水位上升时，可采用抓土斗或水力吸泥机取土，待沉井顶面高出地面 1m ~ 2m 时应停止挖土，接高沉井。

3. 封底，填充填料及浇筑盖板

封底之前应对基底进行检验和处理，一般情况下采用不排水封底，封底厚度应满足沉井底部不渗水的要求。封底施工完毕后再填充填料，浇筑盖板。

第二节　桥梁墩台的施工技术

一、桥墩

（一）桥墩的概念及组成

桥墩是支撑桥跨结构并将恒载和车辆活载传至地基的建筑物，一般在两桥台之间。桥墩主要由顶帽、墩身组成。顶帽的作用是把桥跨支座传来的较大而集中的力，分散而匀称地传给墩身和台身。因此顶帽应采用强度较高的材料建筑，一般用不低于 200 级钢筋混凝土建筑，且厚度不小于 40 厘米。此外，顶帽还须有较大的平面尺寸，为施工架梁及养护维修提供必要的工作面。墩身和台身是支撑桥跨的主体结构，不仅承受桥跨结构传来的全部荷载，而且还直接承受土压力、水流冲击力、冰压力、船舶撞击力等多种荷载，所以墩身和台身都具有足够的强度、刚度和稳定性。

（二）桥墩的分类

按照不同的标准，可以对桥墩进行不同的分类。按构造特征分，可分为重力式（实心）桥墩、薄壁空心桥墩、多柱式柔性桥墩、V 形桥墩等；按变形能力分，可分为刚性桥墩、柔性桥墩；按截面形状分，可分为为矩形墩、圆形墩、圆端形墩、尖端形墩、组合截面墩。

1. 重力式桥墩

重力式桥墩一般为采用混凝土或石砌的实体结构。墩身上设墩帽，下接基础。其具有以下特点：充分利用圬工材料的抗压性能，借自身的较大截面尺寸和重量承受竖直方向和水平方向的外力；具有坚固耐久、施工简易、取材方便、节约钢材等优点。缺点是圬工量大，外形粗大笨重，减少桥下有效孔径，增大地基负荷；当桥墩较高，地基承载力较低时尤为不利。

重力式桥墩的适用条件为：一是较大的大、中型桥梁（跨度大、受支座反力大、增加自重和稳定性）；二是流冰、漂流物较多的河流中，因体积大不怕碰撞；三是砂石料方便地区，可就地取材，节约成本。

2. 空心墩

空心墩可采用钢筋混凝土或混凝土。其是由横隔板、检查口、通风口构成，其中横隔板具有增加整体刚度的作用，检查口是为了便于检查，而通风口具有减少温差的影响。优点是节省材料，减轻桥墩的自重，施工速度快，质量好，节省模板支架；缺点是，抵抗流水冲击和水中夹带的泥沙或冰块冲击力的能力差。应用范围为高桥墩圬工量减少的较多，特别是跨山谷的（下面无水）桥梁，不宜在流速大并夹有大量泥沙和可能有船舶、冰、漂流物撞击的河流中应用。

3. 柱式墩

一般由基础上的承台、柱式墩身和盖梁组成。优点是能减轻墩身自重，节约圬工材料，比较美观，刚度和强度都较大，在有漂流物和流冰的河流中可以使用。适用条件为桥跨不大于 30m，墩高不高于 10m 的情况。

4. 柔性桥墩

一般多跨桥的两端设置刚性较大的桥台，中墩均为柔性墩。即墩体的整体刚度很小，在墩顶水平推力的作用下发生较大的水平位移。优点是由于桥墩的水平推力是按各墩的刚度分配的，故分配到每个柔性墩上的水平推力很小。

5. 薄壁墩

薄壁墩主要分为钢筋混凝土薄壁墩和双壁墩以及 V 形墩三类。其共同特点是在横桥向的长度基本和其他形式的墩相同，但是在纵桥向的长度很小。其优点是，可以节省材料，减轻桥墩的自重，同时双壁墩可以增加桥墩的刚度，减小主梁支点负弯矩，增加桥梁美观；V 形墩可以间接的减小主梁的跨度，使跨中弯矩减小，同时又具有拱桥的一些特点，更适合大跨度桥的建造。

二、桥台

（一）桥台的概念及组成

桥台，位于桥梁两端，支承桥梁上部结构并和路堤相衔接的建筑物。其功能除传递桥梁上部结构的荷载到基础外，还具有抵挡台后的填土压力、稳定桥头路基、使桥头线路和桥上线路可靠而平稳地连接的作用。桥台是由台帽、台身和基础组成的。桥台的常用高度不超过 10 米，少数高达 20 米左右。一般以桥头路基填土高度确定桥台的高度。桥梁全长在满足桥孔排洪或桥下交通要求的前提下，可在桥头修筑高桥台、高路堤，也可用引桥取代高路堤，延长桥梁长度，这主要取决于桥位附近地形、地质、土石方调配、合理使用土地及环境美化等方面的条件。

（二）桥台的分类

桥台具有多种形式，主要分为重力式桥台、轻型桥台、框架式桥台、组合式桥台、承拉桥台等。

1. 重力式桥台

重力式桥台的类型：重力式桥台依据桥梁跨径、桥台高度及地形条件的不同，有多种形式。常用的类型有 U 形桥台，埋置式桥台，八字式和一字式桥台等。重力式桥台在铁路桥上还有 T 形桥台，十字形桥台等其他型式。

2. U 形桥台

U 形桥台由台身（前墙）台帽、基础与两侧的翼墙组成，在平面上呈 U 字形。U 形桥台构造简单，基础底承压面大，应力较小，但圬工体积大，桥台内的填土容易积水，结冰后冻胀，使桥台结构产生裂缝。

3. 埋置式桥台

桥台台身埋置于台前溜坡内，不需另设翼墙，仅由台帽两端的耳墙与路堤衔接。埋置式桥台，台身为圬工实体，台帽及耳墙采用钢筋混凝土，当台前溜坡有适当保护不被冲毁时，可考虑溜坡填土的主动土压力。因此，埋置式桥台圬工数量较省，但由于溜坡伸入桥孔，压缩了河道，有时需要增加桥长。它适用于桥头为浅滩，溜坡受冲刷较小，填土高度在 10m 以下的中等跨径的多跨桥中使用。当地质情况较好时，可将台身挖空成拱形，以节省圬工，减轻自重。

4. 轻型桥台

薄壁轻型桥台薄壁轻型桥台常用的型式有悬臂式、扶壁式、撑墙式及箱式等。在一般情况下，悬臂式桥台的混凝土数量和用钢量较高、撑墙式与箱式的模板用量较高。薄壁桥台的优点与薄壁墩类同，可依据桥台高度，地基强度和土质等因素选定。支撑梁轻型桥台单跨或少跨的小跨径桥，在条件许可的情况下，可在轻型桥台之间或台与墩间，设置 3 ~ 5 根支撑梁。支撑梁设在冲刷线或河床铺砌线以下。梁与桥台设置锚固栓钉，使上部结构与支撑梁共同支撑桥台承受台后土压力。此时桥台与支撑梁及上部结构形成四铰框架来受力。轻型桥台可采用八字式和一字式翼墙挡土，如地形许可，也可做成耳墙，形成埋置式轻型桥台并设置溜坡

5. 框架式桥台

一般为双柱式桥台，当桥较宽时，为减少台帽跨度，可采用多柱式，或直接在桩上面建造台帽。框架式桥台均采用埋置式，台前设置溜坡。为满足桥台与路堤的连接，在台帽上部设置耳墙，必要时在台帽前方两侧设置挡板。

6. 组合桥台

为使桥台轻型化，桥台本身主要承受桥跨结构传来的竖向力和水平力，而台后的土压力由其他结构来承受，形成组合式的桥台。常见的有锚定板式、过梁式、框架式以及桥台与挡土墙的组合等形式。比如，锚定板式桥台有分离式和结合式两种形式。分离式是台身与锚定板、挡土结构分开，台身主要承受上部结构传来的竖向力和水平力，锚定板设施承受土压力。结合式的锚定板结构与台身结合在一起，台身兼做立柱和挡土板。

三、桥梁墩台施工

（一）钢筋混凝土墩台施工

1. 钢筋混凝土墩台的施工工艺

（1）技术准备

①认真审核设计图纸，编制分相工程施工方案，进行模板设计并经审批；②已进行钢筋的取样实验、钢筋翻样及配料单编制工作；③组织有关方面对模板进行进场验收；④进行混凝土各种原材料的取样试验工作，设计混凝土配合比；⑤对操作人员进行培训，向有关人员进行安全技术交底。

（2）测量放线

墩柱和台身施工前应按图纸测量定线。检查基础平面位置、高程及墩台预埋钢筋位置。放线时依据基准控制桩放出墩台中心点或纵横轴线及高程控制点，并用墨线弹出墩柱、台身结构线、平面位置控制线。测放的各种桩都应标注编号。涂上各色油漆，醒目、牢固，经复核无误后进行下道工序施工。

（3）搭设脚手架

脚手架安装前应对地基进行处理，地基应平整坚实。排水顺畅。脚手架应搭设在墩台四周环形闭合，以增加稳定性。脚手架除应满足使用功能外，还应具有足够的强度、刚度及稳定性。

（4）钢筋加工及绑扎

①墩、台身钢筋加工应符合一般钢筋混凝土构筑物的基本要求。

②基础（承台或扩大基础）施工时。应根据墩住、台身高度预留插筋。若墩、台身不高。基础施工时可将墩、台身钢筋按全高一次预埋到位；若墩、台身太高。钢筋可分段施工。预埋钢筋长度宜高出基础顶面 1.5m 左右。按 50% 截面错开配置，错开长度应符合规范规定和设计要求，一般不小于钢筋直径的 35 倍且不小于 500mm。连接时宜采用帮条焊或直螺纹连接技术。预埋位置应准确，满足钢筋保护层要求。

③钢筋安装前。应用钢丝刷对预埋钢筋进行调直和除锈除污处理。对基础混凝土顶面应凿去浮浆，清洗干净。

④钢筋需接长且采用焊接搭接时，可将钢筋先临时固定在脚手架上，然后再行焊接。采用直螺纹连接时。将钢筋连接后再与脚手架临时固定。在箍筋绑扎完毕即钢筋已形成整体骨架后，即可解除脚手架对钢筋的约束。

⑤所有钢筋交叉点均应进行绑扎，绑丝扣应朝向混凝土内侧。

⑥钢筋骨架在不同高度处绑扎适量的垫块，以保持钢筋茬模板申的准确位置和保护层厚度。保护层垫块应有足够的强度及刚度，宜使用塑料垫块。使用混凝土预制垫块时，必须严格控制其配合比，保证垫块强度，垫块设置宜按照梅花形均匀布置，相邻垫块距离以

750mm 左右为宜，矩形柱的四面均应设置垫块。

（5）模板加工及安装

①圆形或矩形截面墩柱宜采用定型钢模板，薄壁墩台、肋板桥台及重力式桥台视情况可使用木模、钢模和钢木混合模板。

②采用定型钢模板时，钢模板应由专业生产厂家设计及生产，拼缝以企口为宜。

③圆形或矩形截面墩柱模板安装前应进行试拼装，合格后安装。安装宜现场整体拼装后用汽车吊就位。每次吊装长度视模板刚度而定，一般为 4 ~ 8m。

④采用木质模板时，应按结构尺寸和形状进行模板设计，设计时应考虑模板有足够的强度、刚度和稳定性，保证模板受力后不变形，不位移，成型墩台的尺寸准确。墩台圆弧或拐角处，应设计制作异形模板。

⑤墩台模板应有足够的强度、刚度和稳定性。模板拼缝应严密不漏浆，表面平整不错台。模板的变形应符合模板计算规定及验收标准对平整度控制要求。

⑥薄壁墩台、肋板墩台及重力式墩台宜设拉杆。拉杆及垫板应具有足够的强度及刚度。拉杆两端应设置软木锥形垫块，以便拆模后，去除拉杆。

⑦墩台模板，宜在全桥使用同一种材质、同一种类型的模板，钢模板应涂刷色泽均匀的脱模剂，确保混凝土外观色泽均匀一致。

⑧混凝土浇筑时应设专人维护模板和支架，如有变形、移位或沉陷，应立即校正并加固。预埋件、保护层等，发现问题时，应及时采取措施纠正。

（6）混凝土浇筑

①浇筑混凝土前，应检查混凝土的均匀性和坍落度，并按规定留取试件。应根据墩、台所处位置、混凝土用量、拌合设备等情况合理选用运输和浇筑方法。

②采用商品混凝土时，应选择合格供应商，并提供商品混凝土合格证和混凝土配合比通知单。混凝土浇筑前应将模内的杂物、积水和钢筋上的污垢彻底清理干净，并办理隐、预检手续。

③大截面墩台结构，混凝土宜采用水平分层连续浇筑或倾斜分层连续浇筑，并应在下层混凝土初凝前浇完上层混凝土。水平分层连续浇筑上下层前后距离应保持 1.5m 以上。倾斜分层坡度不宜过陡。浇筑面与水平夹角不得大于 25°。

④墩柱因截面小，浇筑时应控制浇筑速度。首层混凝土浇筑时，应铺垫 50 ~ 100mm 厚与混凝土同配比的减石子水泥砂浆一层。混凝土应在整截面内水平分层，连续浇筑，每层厚度不宜大于 0.3m。如因故中断，间歇时间超过规定则应按施工缝处理。

⑤柱身高度内如有系梁连接，则系梁应与墩柱同时浇筑，当浇筑至系梁上方时，浇筑速度应适当放缓，以免混凝土从系梁顶涌出。V 形墩柱混凝土应对称浇筑。墩柱混凝土施工缝应留在结构受剪力较小。且宜于施工部位。如基础顶面、梁的承托下面。

⑥在基础上以预制混凝土管等作墩柱外模时，预制管节安装时应符合下列要求：①基础面宜采用凹槽接头，四槽深度不应小于 50mm；②上下管节安装就位后，用四根竖方木

对称设置在管柱四周并绑扎牢固防止撞击错位；③混凝土管柱外模应加斜撑以保证浇筑时的稳定性；④管口应用水泥砂浆填严抹平。

⑦钢板箍钢筋混凝土墩柱施工，应符合下列要求：

钢板箍、法兰盘及预埋螺栓等均应由具有相应资质的厂家生产，进场前应进行检验并出具合格证。厂内制作及现场安装应满足钢结构施工的有关规定。

在基础施工时应依据施工图纸将螺栓及法兰盘进行预埋，钢板箍安装前，应对基础、预埋件及墩柱钢筋逆行全面检查，并进行彻底除锈除污处理，合格后施工。

钢板箍出厂前在其顶部对称位置焊吊耳各一个，安装时由吊车将其吊起后垂直下放到法兰盘上方对应位置，人工配合调整钢板箍位置及垂直度，合格后由专业工人用电焊将其固定，稳固后摘下吊钩。

钢板箍与法兰盘的焊接由专业工人完成，为减小焊接变形的影响，焊接时应对称进行，以便很好的控制垂直度与轴线偏位。混凝土浇筑前按钢结构验收规范对其进行验收。钢板箍墩柱宜灌注补偿收缩混凝土。对钢板箍应进行防腐处理。

⑧浇筑混凝土一般应采用振捣器振实。使用插入式振捣器时，移动间距不应超过振捣器作用半径的 1.5 倍；与侧模应保持 50 ~ 100mm 的距离；插入下层混凝土 50 ~ 100mm；必须振捣密实，直至混凝土表面停止下沉、不再冒出气泡、表面平坦、泛浆为止。

（7）混凝土成型养护

混凝土浇筑完毕，应用塑料布将顶面覆盖，凝固后及时洒水养护。模板拆除后，及时用塑料布及阻燃保水材料将其包裹或覆盖，并洒水湿润养生。养生期一般不少于 7d。也可根据水泥、外加剂种类和气温情况而确定养生时间。

（8）模板及脚手架拆除

侧模在混凝土强度能够保证结构表面及棱角不因拆模被损坏时进行，上系梁底模的拆除应在混凝土强度达到设计值的 75 天后进行。

桥梁墩台施工方法通常分为两大类：一类是现场就地浇筑与砌筑；一类是拼装预制的混凝土砌块、钢筋混凝土或预应力混凝土构件。前者工序简便，机具较少，技术操作难度较小；但是施工期限较长，需消耗较多的劳力和物力。后者的特点是可确保施工质量、减轻工人劳动的强度，又可加快工程进度，提高经济效益，对施工场地狭窄，尤其是缺少砂石地区或干旱缺水地区建造桥墩有着更重要的意义。钢筋混凝土墩台施工的每一工艺过程应严格按照相应的工艺标准进行。

2. 钢筋混凝土墩身的施工关键技术及质量控制

（1）墩台模版

在墩台施工时，往往应根据桥址处的场地条件、墩台的结构形状以及模板周转使用的经济性来选择墩台施工的模板组合方式。墩台模板的类型主要可分为拼装式模板和滑升模板两大类。拼装模板是根据墩台所需要的形状由各种尺寸的标准模板利用销钉连接并与拉杆和加劲构件等组成的。

墩台模板应具有较好的强度、刚度和稳定性，必须保证浇筑混凝土前后模板表面的平整度，不出现跑模、漏浆等弊病。如果墩台模板较高，必须设置撑木或抗风拉索等稳定设施。墩台模板选择应考虑周转使用，宜采用标准规格的组合式模板或适合大量同类型桥墩的拼装式模板。平面模板的尺寸应尽可能选择大面积的，以使墩台表面减少接缝。在浇筑混凝土前，应在模板内侧涂刷脱模剂，不得使用会使混凝土表面变色或变质的脱模剂。墩台预埋件或孔洞必须预先考虑，并准确牢固地和模板相固定，以防振捣混凝土或其他外力使之变位。侧模上的拉杆一般均埋于墩台混凝土中。拆模后，墩台表面留下的无用孔洞，必须及时用砂浆或细石混凝土抹平。模板安装完毕后，需在检查其平面位置、顶面标高、节点连接及其他稳定性问题后，方可浇筑混凝土。墩台模板宜在上部结构施工前拆除。拆除模板时，不允许粗暴地敲打和甩掷模板，更要注意拆除的顺序，以防出现事故。

模板的设计、制作、安装和拆卸应符合《公路桥涵施工技术规范》（JTJ041-89）的有关规定：①具有必需的强度、刚度和稳定性，能可靠地承受施工过程中可能产生的各项荷载，保证结构物各部分形状、尺寸的准确；②尽可能采用组合钢模板或大模板，以节约木材，并提高模板的适应性和周转率；③模板平面平整，接缝严密不漏浆；④拆装容易，施工时操作方便，保证安全。

（2）混凝土工程

桥梁墩台具有垂直高度较高、平面尺寸相对较小的特点，因此，其混凝土的浇筑方法有别于梁或承台等构件的混凝土浇筑方法。墩台混凝土施工前，应将基础顶面冲洗干净，凿除表面浮浆，整修连接钢筋。灌筑混凝土时，应经常检查模板、钢筋及预埋件的位置和保护层的尺寸，确保位置正确，不发生变形。混凝土施工中，应切实保证混凝土的配合比、水灰比和坍落度等技术性能指标满足规范要求。

墩台混凝土运输不仅有水平运输，而且存在施工较为困难的垂直运输。墩台混凝土的水平与垂直运输要相互配合方式。如混凝土数量大，浇筑捣固速度快时，可采用混凝土皮带运输机或混凝土输送泵。在混凝土运输过程中，应有足够的初凝时间，以保证混凝土的浇筑质量。为保证灌注质量，混凝土的配制、输送及浇筑的速度不得小于混凝土配料、输送及灌注的容许最小速度。混凝土的拌和、运输及浇筑的速度应大于墩台混凝土浇筑体积与配制混凝土的初凝时间之比。

墩台是大体积圬工，为避免水化热过高，导致混凝土因内外温差引起裂缝，应采取的措施有：用改善骨料级配、降低水灰比、掺加混合材料与外加剂、掺入片石等方法减少水泥用量；采用水化热低的水泥；减小浇筑层厚度，加快混凝土散热速度；混凝土用料应避免日光暴晒，以降低初始温度；在混凝土内埋设冷却管通水冷却。对于泵送混凝土，应防止堵管现象的发生。大体积墩台混凝土浇筑时应注意分层分块浇筑，同时应控制混凝土水化热。在一般情况下应符合《公路桥涵施工技术规范》的要求：当平截面过大，不能在前层混凝土初凝或被重塑前浇筑完成次层混凝土时，可分块进行浇筑。分块浇筑时应符合下列规定：分块宜合理布置，各分块平截面面积小于 50m²；每块高度不宜超过 2m；块与块间的竖向接缝面，应与基础平截面的短边平行，与截面长边垂直；上、下邻层混凝土间的竖向接缝，应错开位置做企口，并按施工缝处理。

墩台身钢筋的绑扎应和混凝土的灌注配合进行。在配置第一层垂直钢筋时，应有不同的长度，同一断面的钢筋接头应符合施工规范的规定，水平钢筋的接头，也应内外、上下互相错开。钢筋保护层的净厚度，应符合设计要求。如无设计要求时，则可取墩台身受力钢筋的净保护层不小于30mm，承台基础受力钢筋的净保护层不小于35mm。墩台身混凝土宜一次连续浇筑，否则应按桥涵施工规范的要求，处理好连接缝。墩台身混凝土未达到终凝前，不得泡水。

（3）镶面与钢筋骨架

随着混凝土作为墩台材料的普遍使用，浆砌片石和浆砌块石作为墩台的主体结构减少了，而为了美化墩台、防止冰棱撞击，保护混凝土表面免受海水或其他化学腐蚀，采用如花岗岩、大理石等镶面材料装饰混凝土表面，也可以将这些材料作为模板，进行墩台混凝土浇筑。桥墩破冰体镶面的砌筑应符合下列要求：破冰棱与垂线夹角大于20°时，破冰体镶面横缝应垂直于破冰棱；夹角≤20°时，镶面横缝可成水平；破冰体镶面的砌筑层次应与墩身一致；砌缝宽度应为1～1.2cm；不得在破冰棱中线上及破冰棱与墩身相交线上设置砌缝。

墩台的钢筋骨架制作需经过调直除锈、下料、弯制、绑扎等工序。由于钢筋混凝土墩台的形式多样，造成了墩台中钢筋骨架形状的各异。预制成的墩台钢筋骨架，必须具有足够的刚度和稳定性，以利于吊装；尺寸要求准确，符合设计要求。墩台钢筋骨架通常体量较大，制作好后必须安放在平整、干燥的场地上，下部用方木垫平，并挂上标识牌，以防止混淆。钢筋骨架吊装时应注意轻起慢落，防止骨架变形。骨架进入模板前应保持顺直。安装后，保护层厚度要符合设计要求。

（二）砌筑墩台施工

石砌墩台具有就地取材和经久耐用等优点，在石料丰富地区建造墩台时，在施工期限许可的条件下，为节约水泥，应优先考虑石砌墩台方案。

1. 石料、砂浆与脚手架

石砌墩台是用片石、块石及粗料石以水泥砂浆砌筑的，石料与砂浆的规格要符合有关规定。浆砌片石一般适用于高度小于6m的墩台身、基础、镶面以及各式墩台身填腹；浆砌粗料石则用于磨耗及冲击严重的分水体及破冰体的镶面工程以及有整齐美观要求的桥墩、台身等。

将石料吊运并安砌到正确位置是砌石工程中比较困难的工序。当重量小或距地面不高时，可用简单的马凳跳板直接运送；当重量较大或距地面较高时，可采用固定式动臂吊机或桅杆式吊机或井式吊机，将材料运到墩台上，然后在分运到安砌地点。用于砌石的脚手架应环绕墩台搭设，用以堆放材料，并支持施工人员砌筑镶面定位行列及勾缝。脚手架一般常用固定式轻型脚手架（适用于 6m 以下的墩台）、简易活动脚手架（能用在 25m 以下的墩台）以及悬吊式脚手架（用于较高的墩台）。

2. 墩台砌筑施工要点

在砌筑前应按设计图放出实样，挂线砌筑。砌筑基础的第一层砌块时，如基底为土质，只在已砌石块的侧面铺上砂浆即可，不需坐浆；如基底为石质，应将其表面清洗、润湿后，先坐浆再砌石。砌筑斜面墩台时，斜面应逐层放坡，以保证规定的坡度。砌块间用砂浆黏结并保持一定的缝厚，所有砌缝要求砂浆饱满。形状比较复杂的工程，应先做出配料设计图，注明块石的尺寸；形状比较简单的，也要根据砌体高度、尺寸、错峰等，先行放样配好料石再砌。砌筑时，同一层石料及水平灰缝的厚度要均匀一致，每层按水平砌筑，丁顺相间，砌石灰缝互相垂直，灰缝宽度和错缝按规定办理。砌石顺序为先角石，再镶面，后填腹。填腹

石的分层厚度应与镶面相同；圆端、尖端及转角形砌体的砌石顺序，应自顶点开始，按丁顺排列接砌镶面石。圆端形桥墩的圆端顶点不得有垂直灰缝，砌石应从顶端开始先砌石块，然后应丁顺相间排列，安砌四周镶面石；尖端桥墩的尖端及转角处不得有垂直灰缝，砌石应从两端开始，先砌石块，再砌侧面转角，然后丁顺相间排列，安砌四周的镶面石。

3. 墩（台）顶帽施工

墩（台）顶帽是用来支承桥跨结构的，其位置、高程及垫石表面平整度等，均应符合设计要求，以避免桥跨结构安装困难，或使顶帽、垫石等出现破裂或裂缝，影响墩台的正常使用功能和耐久性。墩台混凝土（或砌石）灌筑至离墩、台帽底下约 30～50cm 高度时，即需测出墩台纵横中心线，并开始竖立墩、台帽模板，安装锚栓孔或安装顶埋支座垫板、绑扎钢筋等。台帽放样时，应注意不要以基础中心线作为台帽背墙线，浇筑前应反复核实，以确保墩（台）帽中心、支座垫石等位置方向与水平标高等不出差错。墩台帽系支撑上部结构的重要部分，其尺寸位置和水平标高的准确度要求较严，浇筑混凝土应从墩（台）帽下约 30～50cm 处至墩（台）帽顶面一次浇筑，以保证墩（台）帽底有足够厚度的紧密混凝土。台帽背墙模板应特别注意纵向支撑或拉条的刚度，防止浇筑混凝土时发生鼓肚，侵占梁端空隙。

墩（台）帽上的支座垫板的安设一般采用预埋支座垫板和预留锚栓孔的方法。前者须在绑扎墩台帽和支座垫石钢筋时将焊有锚固钢筋的钢垫板安设在支座的准确位置上，即将锚固钢筋和墩（台）帽骨架钢筋焊接固定，同时用木架将钢垫板固定在墩（台）帽模板上。此法在施工时垫板位置不易准确，应经常校正。后者须在安装墩（台）帽模板时，安装好预留孔模板，在绑扎钢筋时注意将锚栓孔位置留出。此法安装支座施工方便，支座垫板位置准确。

（三）装配式墩台施工

1. 装配式墩台的概述

装配式墩台常被应用到山谷架桥以及超过平缓没有漂流物的河沟以及河滩等公路桥梁工程中，尤其是一些容易受到干扰且施工场地比较狭窄、砂石和水供应非常困难的地区，它的施工效果非常显著。对于装配式墩台施工方法来说，它的优势在于结构形式非常轻便，施工速度比较快，施工工序简单，而且预制构件的质量具备可靠的保证。装配式墩又可以分成柱式墩、后张法预应力墩、浇筑墩台等。

（1）装配式墩台的分类

下面对这几种墩台分别进行介绍：①装配式柱式墩，这种墩台是把桥墩分成几个轻型部件，先在工厂或者工地里面集中进行预制，然后运送到施工现场按照桥梁装配规范进行装配，完成后还要及时进行检查；②后张法预应力墩，这种墩台由墩台基础、实体墩身以及装配墩身组成，在这里面装配墩身常由基本构件、隔板、顶帽以及顶板等四种形状不同的构件组成，之后将高强钢丝穿入提前预留的孔道（这种孔道是上下贯通的）里面，张拉锚固便完成了；③现场浇筑墩台，这种墩台又叫 V 形墩，它的施工工序分为两种，一种属于制作和安装的墩台模板，另一种则是混凝土浇筑。

2. 拼装接头

（1）钢筋锚固接头

钢筋铺固接头连接是使构件上的预留钢筋形成钢筋骨架，插入另一构件的预留槽内，或将钢筋互相焊接后再浇筑混凝土，这种方法多用于立柱与墩帽处的连接。

（2）承插式接头

承插式接头连接是将预制构件插入相应的承台预留孔内，插入长度一般为 1.2～1.5倍的构件宽度，底部铺设 2cm 厚的砂浆，四周以半干硬性混凝土填充，这种方法常用于立柱与基础的接头连接。

（3）焊接接头

焊接接头连接是将预埋在构件中的钢板与另一构件的预埋钢板用电焊连接，外部再用混凝土封闭。这种方法易于调整误差，多用于水平连接杆与立柱间的连接。

（4）扣环式接头

扣环式接头连接即相互连接的构件按预定位置预埋环式钢筋，安装时柱脚先安置在承台的柱心上，上、下环式钢筋互相错接，扣环间插入 U 形钢筋焊接，之后立模浇筑外侧接头混凝土。

（5）法兰盘接头

采用法兰盘接头时，在连接构件两端安装法兰盘，连接时要求法兰盘预埋件的位置必须与构件垂直，接头处可以不采用混凝土封闭。

3. 砌块式墩台施工

砌块式墩台安装前的准备工作与石砌墩台相同，只是预制砌块的形式因墩台形状不同而有很多变化。基坑坑底整平后，经检验合格后铺设砂、砾石或碎石垫层并夯实整平，铺好坐浆后安装墩台。其施工方法和注意事项为：

①预制砌块时，吊环宜设于凹窝内，使其不突出顶面，以免妨碍拼装，同时也省去切除吊环工序；②吊运安装机具可采用各种自行式吊车、龙门架、简易缆索吊机设备或各种扒杆；③砌块安装时应对准位置安放平稳，若位置不准确时，应吊起重放，不得用撬棍拔移；④安砌时，平缝用较干砂浆。砌缝宽度应不大于1cm，为防止水平缝砂浆全被上层砌块挤出，可在水平缝中垫以铁片，其厚度需小于铺筑的砂浆。竖向砌缝中砂浆应插捣密实，砌筑上篇路桥工程施工技术外露面时应预留2cm的空缝备作勾缝之用，隐蔽面砌缝可随砌随刮平。竖向砌缝错缝应不小于20cm；⑤每安装高lm左右的砌块应进行找平，控制灰缝厚度和标高。

4. 柱式墩施工

装配式柱式墩系将桥墩分解成若干轻型部件，在工厂或工地集中预制，再运送到现场装配桥梁。其形式有双柱式、排架式、板凳式和刚架式等。装配式柱式墩台应注意以下几个问题：

①墩台柱构件与基础顶面预留环形基座应编号，并检查各个墩、台高度是否符合设计要求；基杯口四周与柱边的空隙不得小于2cm；②墩台柱吊入基坑内就位时，应在纵横方向测量，使柱身垂直度或倾斜度以及平面位置均符合设计要求；对重大、细长的墩柱，需用风缆或撑木固定，方可摘除吊钩；③在墩台柱顶安装盖梁前，应先检查盖梁口预留槽眼位置是否符合设计要求，否则应先修凿；④柱身与盖梁（顶帽）安装完毕并检查符合要求后，可在基坑空隙与盖梁槽眼处灌注稀砂浆，待其硬化后，撤除楔子、支撑或风缆，再在楔子孔中灌填砂浆。

在基础或承台上安装预制混凝土管节、环圈做墩台的外模时，为使混凝土基础与墩台连接牢固，应由基础或承台中伸出钢筋插入管节、环圈中间的现浇混凝土内，插入钢筋的数量和锚固长度应按设计规定或通过计算决定。管节或环圈的安装、管节或环圈内的钢筋绑扎和混凝土浇筑，应按《公路桥涵施工技术规范》（JTG/TF50-2011）有关章节的规定。

5. 后张法预应力钢筋混凝土装配式墩台施工

后张法预应力钢筋混凝土装配式墩台采用的预应力钢材主要有高强度低松弛率钢丝和冷拉Ⅳ级粗筋两种。高强度低松弛率钢丝的强度高，张拉力大，因此所需预应力束的数量较少，施工时穿束较容易。在预应力钢束连接处，受预应力钢束连接器的影响，需要局部加厚构件的混凝土壁。对于冷拉Ⅳ级粗钢筋，要求混凝土预制构件中的预留孔道精度高，以利于冷拉Ⅳ级粗钢筋的连接。后张法预应力钢筋混凝土装配式墩台的预应力张拉方式有两种，即在墩帽顶上张拉预应力钢束和在墩台底的实体部位张拉预应力钢束，一般在墩帽顶上张拉预应力钢束。

（1）在墩帽顶上张拉预应力钢束

在墩帽顶上张拉预应力钢束的主要特点是：①张拉作业为高空作业，虽然张拉操作方便，但安全性较差；②预应力钢束锚固端可以直接埋入承台，而不需要设置过渡段；③在墩台底截面受力最大的位置可以发挥预应力钢束抗弯能力强的特点。

（2）在墩台底的实体部位张拉预应力钢束

在墩台底的实体部位张拉预应力钢束的主要特点是：①张拉作业为地面作业，施工安全且方便；②在墩台底要设置过渡段，既要满足预应力钢束张拉千斤顶的安放要求，又要布置较多的受力钢筋，以满足截面在运营阶段的受力要求；③过渡段构件中预应力钢束的张拉位置与竖向受力钢筋间的相互关系较为复杂。

应特别注意的是，压浆时最好由下而上压注，构件装配的水平拼装缝采用 35 号水泥砂浆，砂浆厚度为 15mm，其一方面可以起到调节水平的作用，另一方面可避免因渗水而影响预制构件的连接质量。

6. 装配式墩台施工时应注意以下几个问题

①预制的构件必须达到满足的强度后才能转场，接头处预埋的钢筋或型钢的位置要足够精确，以免给施工带来难度；②构件在转场途中，需对接头进行保护，如果接头损坏将影响到拼接施工，如果损坏严重时必须重新预制构件；③施工前检查各个墩台或基础的标高是否符合设计要求；④墩台拼装就位时，应在纵向、横向测量，使墩身竖直度或倾斜度以及墩台平面位置符合设计要求，对重大、高度较高的墩进行风缆固定，然后摘除吊钩；⑤构件接头处的混凝土需进行充分的养护，保证整体墩台的连续强度与稳定。

（四）滑模施工

1. 工艺原理及特点

滑升模板主要由模板、围圈、提升架、操作平台吊脚手架、支承杆及千斤顶等其基本构件组成。滑升模板是现浇混凝土工程中的一种活动成型胎模，主要由工具模板和提升机具两部分组成。工具式模板由定型组合钢模板按设计的截面尺寸组装而成，即在两侧模板之间形成一个上下贯通的活动套槽。主要适用于公路与铁路的圆形、圆端形及矩形空心、实心桥墩施工，也可用于倒锥壳水塔有筒身及混凝土料仓施工。对以上结构尺寸的适用范围是：墩（筒）面尺寸与高度均不受限制，壁厚要求不得小于 18cm，并适用于台阶式墩帽施工。

2. 滑模施工

滑模施工的工序：施工前的准备→钢筋的安装→滑模组装→混凝土的浇筑→模板的滑升→混凝土的表面处理→滑模的拆除。

（1）施工前准备

为了保障后续施工的顺利展开，做好施工前的准备工作对于保障工程质量具有重要的意义。施工前的准备主要包括以下多个方面：

①图纸，图纸是整个桥梁墩台滑模施工的参考依据，其完整性将直接影响到施工质量。作为设计人员，应该出具一套统一的、清晰的图纸；作为施工者，需要严格按照图纸进行施工；②滑升方案，滑升方案的确定需要综合考虑各个因素，尤其是构造物的结构特点，此外，还需在反复试验的基础上确定最终方案；③爬杆，爬杆起到的是支架的作用，一方面是为了节约施工材料，另一方面为了使得工程的结构达到最优化，在设计时，需要精确计算；④滑模内侧，为了进一步加固滑模质量，使得其在施工中具有足够的强度，需要在滑模内侧铺设一层由钢板制作的钢槽。

（2）滑模组装

滑模的组装需要按照一定的顺序来进行，以便控制整个桥梁墩台的施工。合理的顺序依次为：搭设临时平台→安装提升架→焊接支柱→安装围圈→安挂模板→组装操作平台→安装三角挑架→安装千斤顶→安装支承架→吊脚手架。在施工现场，由专人指挥，合理安排施工工序。

①滑模的组装，组装标高的确立以基础表面的最高点作为参考依据；②支架高度，低洼处的支架下面需垫上适当的填充物，以此来提升支架的高度；③焊接顺序，焊接时在总体上遵循"先上后下"的原则；④钢筋的绑扎，在横梁底部处，钢筋的绑扎应该形成固定的结构，在横梁以上时，随着模板的滑升高度来绑扎。由于滑模的组装工艺复杂，在操作过程中难免会出现疏忽的地方。因此，在组装工序完成后，还需要由专业的人员仔细检查，直到质量合格时，方可进入下一施工流程。

（3）混凝土的浇筑

混凝土在浇筑的过程中对于和易性及坍落度落度都有具体要求。所以，混凝土在使用前应该做好相关的试验准备工作，根据实际情况调整坍落度。浇筑时主要对以下几个方面重点关注：和易性，混凝土的和易性随时都会发生变化，需要做反复的试验，不能产生离析和泌水现象；出模强度，混凝土的出模强度一般控制在 0.2MPa 左右；凝结时间，为了使得混凝土的强度达到最佳状态，还应该控制它的凝结时间，其中初凝时间在 2 小时以内，终凝时间在 5 小时左右。为了改善混凝土的质量，还可以通过加入早强剂、缓凝剂、减水剂等，来达到工程上的标准。同时，为保证滑模在提升中不至因为提升太快而出现混凝土坍塌或破坏，在施工中，在混凝土拌合物内加入了适量速凝剂，以提高早期强度。速凝剂按照产品说明增加。

滑模提升时间、高度。首批混凝土浇筑完成后，随即提升滑模，根据浇筑速度及混凝土凝结时间，滑模上升速度控制在 1.0m/h 以内，拉升高度每次 0.3m，约 1.5h 提升一次。同时为确保混凝土表面光滑、平整，在滑模下方设有吊篮进行人工收面，在混凝土浇筑完成后放下滑模时再进行一次压光。

当混凝土脱模以后，就需要对其养生喷洒保水剂。如果混凝土表面比较干燥，其内部的水分就会快速蒸发，这对于混凝土的养护是极为不利的，此时，可以向混凝土表面喷洒保水剂，以此来达到均衡水分的效果。也可采用湿布覆盖法，该方法适用于炎热的夏季，夏季水分流失快，一般的保水剂难以保证混凝土内部的含水量，常用的方法是在土工布或塑料薄膜覆盖、包裹，洒水养生。

（4）模板的滑升

模板的滑升主要分三次进行：①初升，模板初升时，对于混凝土强度的要求并不高。就严格的工程来说，其混凝土强度只要超过 3MPa 即可进行；②正常滑升，正常滑升时需要按照混凝土的厚度来进行，在此过程中，始终保持墩身中线不偏离中心。所以，为了保障滑升时千斤顶之间保持平衡，应该每滑升一段距离，就检测一次，在工程中，相邻的两个千斤顶之间的高度需保持在 1cm 的误差范围。此外，还需要对模板的水平状态等做间隔性的检查；③末升，随着模板的上升，最终到达顶端。期间还需要经历一个过程，就是末升。当模板上升到距离顶端 1m 时，接下来的上升阶段称之为末升。此时，应该减缓模板上升的速度，并且对平台的水平度、中心线的位置等做最后的检验，直到模板上升到底部为止。

（5）滑模的拆除

当滑模经过了初升、正常滑升以及末升之后，就可以将滑模拆除。原则上是将装置分解为片状后用塔吊吊运至地面再拆除。具体的拆除顺序为加固支撑杆→油路和千斤顶的拆除→内桁架的拆除→操作平台的拆除→内外模板的拆除→内外吊脚手的拆除→支撑、开字架的拆除→杆件塞头的拆除。由于拆除的工作危险系数较高，由于工作的疏忽等原因而导致工程安全事故的案例每年都有发生。所以，为了安全起见，在拆除模板的时候应该服从指挥，服从管理，严格按照顺序来拆除。在作业中，作业人员必须系安全带，充分利用塔吊将滑模拆除，尽量减少人力的使用，因为这属于重型作业。

第三节　桥梁下部结构常见病害及预防措施

一、桥梁下部结构常见病害

（一）桥梁的盖梁部分

盖梁的主要作用就是支撑桥梁的上部结构重量并且能够将其荷载进行分布和传递，在桥梁的下部结构中扮演着荷载量分散的重要角色，通过盖梁的作用，支座上的荷载量能够与桥墩之间进行传递，将更多的重量转移到桥墩的支撑上去。而桥梁混凝土盖梁最常引起的病害主要是混凝土剥落、开裂以及漏筋等等。一旦桥梁的盖梁结构出现问题，桥梁的整体承载力就会大大降低，加重桥梁上部结构的承载，对桥面造成破坏。

（二）桥梁的墩台结构

墩台是支撑桥梁上部结构、承载桥梁上部重量的重要部分，在建设中，我们通常将桥墩和桥台统称为墩台，墩台上最为常见的病害就是基础冲刷，而造成基础冲刷的病害主要有两个方面的原因：首先在桥梁设计前的野外勘察工作不够充分，造成了桥位选择的错误，其次桥梁下方的河流流量超过我们的预期，没有对河流的流量进行充分的预测，从而造成我们在进行基础埋设的时候较浅，容易造成基础冲刷。

（三）桥梁的支座部分

支座的主要作用就是连接桥梁的上部结构和下部结构，与盖梁的作用相似，支座能够将桥梁的上部结构承载转移到盖梁或者桥墩构件，通过发挥在整个桥梁建设中的传力作用，使得桥梁整体结构的受力情况符合理论计算，避免出现桥梁承载力不够等情况。桥梁支座部分主要可能会发生的病害就是脱空、破裂等。

（四）桥梁下部结构中的桥墩

桥墩位于桥梁的中间结构，扮演着桥梁主要承重的角色，桥梁的上部结构就设置在桥墩之上，主要的病害情况是开裂、墩顶混凝土破损等。

二、减少桥梁常见病害的预防措施

（一）加强对桥梁设计施工过程的关注

桥梁下部结构在桥梁的整体建设中扮演着重要的角色，不仅能够承载桥梁的上部结构，更能够通过桥墩、支座、墩台以及盖梁的设计进行上部结构承载重量的分散和传递，并且对桥梁整体工程的造价以及工期、整体质量以及使用期限等等有着重要的影响。为了能够实现高质量的桥梁建设，预防桥梁下部结构出现各种病害隐患，相关建设人员在进行桥梁下部结构设计的时候应当充分结合桥梁下部整体状况的特点，对各个部分的设计都进行细致的研究和规划，为预防病害做一个提前的准备工作。

在设计的过程中，设计者应当进行整体建设方案的设计，在这个方案中必须要体现合理性以及整体结构的优化，对于整个结构体系进行细致的研究。同时，必须要对配套的施工方案进行安全系数以及可实施程度的评估，充分考虑施工过程中的材质、顺序、方法等对于桥梁结构性能的影响，尽可能地在评估中考虑有可能会出现的病害问题，并做好预防措施方案，最大程度上减少桥梁建成后可能出现的问题。施工过程是设计过程的延伸，我们应当加强对几个方面的关注，首先是建筑材料的选择，在水泥、沙子和砂子几种建筑材料中我们应当加以适当的选择，在选择的时候应当充分考虑该部分在桥梁中的作用，从稳固性等方面加以考虑。在使用混凝土的时候应当优化混凝土的比例，尽可能地提升混凝土的强度和耐久性。在施工队伍的选择方面更是要慎重，尽量选择经验比较丰富的专业团队。

（二）注重培养桥梁养护管理人员并进行检测设备的配备

为了能够最大限度地减少桥梁使用过程中的病害事故，相关管理部门应当为桥梁配备专业的养护管理专职工程师，进行定时专业的检查工作，进行桥梁检查的主要目的在于对桥梁的结构状况和安全状况进行检测，并对桥梁的承载能力和车流量通行能力做一个简单的分析。重要的是，专业的养护管理人员还应当指导相关人员进行桥梁的正确使用和养护，延长桥梁的使用期限，及早地发现桥梁下部结构中的隐患。

同时，相关部门还应当组织工程人员的技术培训，一方面要加强工程人员对于桥梁养护管理的技术，熟悉掌握桥梁养护维修检测的过程和方法，规范要求桥梁检查资料的编写和汇总，另一方面要加强工程人员对于桥梁养护管理的责任感，加深管理人员对于桥梁养护的认识，从而能够更加投入到桥梁的养护管理工作当中。为了能够更好地进行桥梁养护的管理工作，相关部门应当进行配套设备的配置。只有拥有精确的检查设备，技术人员才能够对桥梁的下部结构加以精确的测量和评估，才能够真正实现桥梁养护的目标。相关的检查设备也需要经过定期的检查，并且及时地进行更新，不断地追求精确度上的进步，推动检查设备及手段走向现代化和科学化。

（三）对桥梁的使用加以控制，实现定期检查养护

为了能够最大限度地延长桥梁的使用寿命，我们应当从两个方面着手。首先应当对桥梁的使用加以严格的控制，加强对车辆超载现象的处罚力度，从而能够避免桥梁承载重量过大形成损坏。通过加强对货运的控制，各方的联动配合对超载等现象加以严格的处理，进一步加强对城市道路交通秩序的管理，对车流量加以控制，从而能够减轻桥梁的使用压力，减少对桥梁下部结构中桥墩等结构的损害。另一方面，我们应当进行桥梁的定期养护和检查，并且逐步形成完整的养护管理制度，确定检查的频率以及检查的方向，对相关人员以及设备进行周期性的配置，按照这一完整的养护制度进行日常的定期管理。

第七章 桥梁上部结构施工技术

桥梁上部结构是在桥梁施工中最为重要的部分，它直接影响到施工时间和造价成本，也关系到桥梁作用效果的实现和桥梁结构的稳定性，与桥梁的安全性和美观性息息相关。桥梁上部结构的施工工序较多，因此，施工技术也就出现多样化的特点，主要有预制安装法、移动模架逐孔施工法、就地浇注法、顶推法施工法、转体施工法、悬臂施工法等。

第一节 混凝土简支梁施工技术

一、简支梁桥

（一）简支梁桥的概念

简支梁，即指梁的两端搁置在支座上，支座仅约束梁的垂直位移，梁端可自由转动。为使整个梁不产生水平移动，在一端加设水平约束，该处的支座称为铰支座，另一端不加水平约束的支座称为滚动支座。

简支梁桥（simple-supported beam bridge）是由一根两端分别支撑在一个活动支座和一个铰支座上的梁作为主要承重结构的梁桥。其属于静定结构。其是梁式桥中应用最早、使用最广泛的一种桥形。其构造简单，架设方便，结构内力不受地基变形，温度改变的影响。

（二）简支梁桥的分类

从梁的截面形式来区分，混凝土简支梁桥可以分为三种类型：板桥、肋板式桥和箱梁桥。其中肋板式桥的横截面形式又主要有 Ⅱ 形和 T 形两种基本形式。

1. 板桥

板桥的承重结构就是矩形截面的钢筋混凝土或预应力混凝土板，其主要特点是构造简单，施工方便，而且建筑高度较小。板桥通常有三种结构形式，即装配式板桥、整体式板桥、组合式板桥。这三种结构形式的板式梁因结构上的差异而导致使用中受力与变形方面的不同，从而导致承载能力的不同，因而适用的场合和跨径也不同。

（1）整体式板桥

整体式板桥是小跨径桥梁中常用的形式，因其具有结构整体性强、刚度大，成桥后桥面状况好的优势而得到广泛应用。

但整体式板桥的施工存在如下不便之处：需要现场浇筑，机械化程度低，施工速度慢，支架和模板使用量大，在架空太高或深水环境中难以施工等。

整体式板桥梁的截面形式主要有实心式、空心式、矮肋式。其通常在桥位处现场浇筑；当具有充分的吊装条件时，也可以先在桥下预制整体式板梁，然后吊装就位。整体式板桥在车辆等荷载的作用下，其变形和内力分布均表现为空间板结构的空间受力状态，受力时发现其不但绕受力方向产生双向弯矩，而且由于弯曲曲率逐点不同，还将导致围绕法线的扭矩产生。因此，整体式板桥的承载能力优于装配式板桥。

（2）装配式板桥

装配式板桥一般由数块一定宽度的实心或空心预制板组成。各板利用板间企口缝填充混凝土相连接。在荷载作用下，每块板相当于单向受力的梁式窄板，除在主跨径方向承受弯曲中心基还承受通过板间接缝（铰缝）传递剪力而引起的扭转。因此，每块预制板除承受本板内的荷载外，还承受相邻板块作用而引起的竖向剪力和其他内力作用。由于其他内力与竖向剪力相比对确定板的内力影响很小，所以设计中多采用铰接板（梁）法确定其板中内力。板中主要受力钢筋的数量由计算得到的内力确定，此外在板中布置适量的构造钢筋以承受计算时忽略的某些内力。装配式板桥的截面形式有实心板、空心板两种。

（3）组合式板梁

组合式板桥通常采用"装配＋整体现浇"的方式成型，因面也称为叠合桥。施工中，通常在桥下将组合式板梁的底层分片预制成构件，然后在墩顶进行装配，最后以装配构件为底模，整体浇筑梁体部，从而完成组合式板桥的施工。

组合式板桥在荷载作用下的变形和受力与整体式板桥类似，属于双向受力弹性薄板。其刚度介于整体式板桥和装配式板桥之间。从组合式板梁的施工过程和成桥后的受力特点中可以看出，组合式板梁在施工过程中可以充分利用装配式板梁成桥的优点，先将部分梁体在桥下预制成构件，然后将预制构件安装于墩顶，作为上部梁体浇筑时的底模，从而大大减少了施工时所需的支撑和模板数量。组合式板梁在成桥之后又具有整体式板梁的承载能力，因此，在小跨度简支梁桥的建设中得到了广泛应用。

2. 肋板式桥

肋板式梁桥在横截面内形成明显肋形结构的梁桥称为肋板式梁桥，或简称肋梁桥。在此种桥上，梁肋（或称腹板）与顶部的钢筋混凝土桥面板结合在一起作为承重结构。由于肋与肋之间处于受拉区域的混凝土得到很大程度的挖空，就显著减小了结构自重。特别对于仅承受正弯矩作用的简支梁来说，既充分利用了扩展的混凝土桥面板的抗压能力，又有效地发挥了集中布置在梁肋下部的受力钢筋的抗拉作用，从而使结构构造与受力性能达到理想的配合。与板桥相比，对于梁肋较高的肋梁桥来说，由于混凝土抗压和钢筋受拉所形成的力偶臂较大，因而肋梁桥也具有更大的抵抗荷载弯矩的能力。目前，中等跨径（20m～25m以上）的简支梁桥通常多采用肋板式梁桥。

肋板式梁桥的横截面又分为 Π 形和 T 形两种基本形式。

1.Π 形截面

Π 形截面的特点是：截面形状稳定，横向抗弯刚度大，梁的堆放、装卸和安装都方便，各 Π 形梁之间用穿过腹板的螺栓连接。但这种构件的制造较复杂；梁肋被分成两片薄的腹板，通常用钢筋网来配筋，难以做成刚度较大的钢筋骨架。设计经验证明，跨度较大时 Π 形梁桥的混凝土和钢筋用量都比下述的 T 形梁桥的大，而且构件也重。故 Π 形梁桥一般只用于 6m ~ 12m 的小跨径桥梁，应用有限。

2.T 形截面

由若干个 T 形截面梁组成的桥，统称为 T（形）梁桥。在设计整体式 T 梁桥时，鉴于梁肋尺寸不受起重安装机具的限制，故可以根据钢筋混凝土体积最小的经济原则来确定截面尺寸。对于桥面不宽的双车道的公路桥梁，只要建筑高度不受限制，往往以建造双主梁桥较为合理，主梁的间距可按桥梁全宽的 0.55 ~ 0.60 布置。有时为减小桥面板的跨径，还可在两主梁之间增设内小纵梁。

（三）箱形梁桥

箱形梁是桥指横截面形式为箱形的桥。由于箱形截面具有闭合性，当荷载作用于梁上任何位置时，箱形梁桥结构的所有组成部分（包括顶板、腹板、底板和翼板）将同时参与受力，使其具有较大的抗扭刚度和抗弯刚度，因而其可制作成薄壁结构，从而节省大量建造材料；同时，因为箱形梁桥顶、底板具有较大的面积，能有效地抵抗正、负弯矩的作用，所以满足较大跨度简支桥梁建设的需要。

此外，对于曲线半径较大的弯桥和变宽度的桥梁，采用小箱梁布置有较好的适应性。在设计中通常根据现场条件，经技术、经济等多种因素的方案比选来确定最适宜的梁型。般地说，整体现浇的梁桥具有整体性好、刚度大、易于做成复杂形状（如曲线桥、斜交桥、宽度变化的异形桥）等优点，但其施工速度慢，工业化程度较低，又要耗费大量支架模板材料。

二、混凝土简支梁桥施工

（一）支架与模板

1.支架

（1）支架的类型和结构

就地浇筑简支梁桥的上部结构时，应在桥孔位置搭设支架，以支承模板和钢筋混凝土以及其他施工荷载。支架的类型主要有：

满布式木支架：满布式木支架常用于陆地、不通航的河道、桥墩不高或桥位处水位不深的桥梁。其形式可采用排架式、人字撑式或八字撑式。排架式是最简单的满布式支架，主要由排架和纵梁等部件组成，纵梁为抗弯构件，跨径一般不大于 4m。人字撑式和八字撑式支架构造较复杂，纵梁需加设可变形的人字撑或八字撑。因此，在浇筑混凝土时应适当安排浇筑程序，均匀、对称地进行浇筑，以防发生较大变形此类支架的跨径可达 8m 左右。满布式木支架的排架，可设置在枕木或桩基上，基础需坚实可靠，以保证排架的沉陷值不超过规定要求。当排架较高时，为保证支架的横向稳定，除在排架上设置撑木外，还需在排架两端外侧设置斜撑木或斜立柱。满布式支架的卸落设备一般采用木楔、木马或砂筒等，可设置在纵梁支点处或桩顶帽木上面。

钢木混合支架：钢木混合支架为加大支架跨径、减少排架数量，支架的纵梁可采用工字钢，其跨径可达 10m。但在这种情况下，支架多采用木框架结构，以提高支架的承载力及稳定性，其各项参考数值可查看《五金手册》。

万能杆件拼装支架：用万能杆件可拼装成各种跨度和高度的支架，其跨度需与杆件本身长度成整数倍。用万能杆件拼装的架高度，可达 2m、4m、6m 或 6m 以上。当高度为 2m 时，腹杆拼为三角形；高度为 4m 时，腹杆拼为菱形；高度超过 6m 时，则拼成多斜杆的型式。用万能杆件拼装墩架时，柱与柱之间的距离应与杆架之间的距离相同，根高除柱头及柱脚外应为 2m 的倍数。用万能杆件拼装的支架，在荷载作用下的变形较大，面且难以预计其数值，因此，必要时应考虑预压重，预压质量相当于浇筑的混凝土及其模板和支架上机具、人员的质量。

装配式公路钢桥架节拼装支架：用装配式公路钢桥桁架节可拼装成桁架梁和支架，为加大桁架梁孔径和利用墩台做支承，也可拼成八字斜撑以支持桁架梁，桁架梁与桁架梁之间，应用抗风拉杆和木斜撑等进行横向联结，以保证析架梁的稳定用装配式公路钢桥桁架节拼装的支架，在荷载作用下的变形很大，因此应进行预压。

轻型钢支架：桥下地面较平坦，有一定承载力的梁桥，为节省木料，宜采用轻型钢支架。轻型钢支架的梁和柱，以工字钢、槽钢或钢管为主要材料斜撑、联结系等可采用角钢。构件应制成统一规格和标准；排架应预先拼装成片或组，并以混凝土钢筋混凝土枕木或木板作为支承基底。为了防止冲刷，支承基底须埋入地面以下适当的深度。为适应桥下高度，排架下应垫以一定厚度的枕木或木楔等。为便于支架和模板的拆卸，纵梁支点处应设置木楔。

墩台自承式支架：在墩台上留下承台式预埋件，上面安装横梁及架设适宜长度的工字钢或槽钢，即构成模板的支架。这种支架适用于跨径不大的梁桥，但支立时仍须考虑梁的预拱度，支架梁的伸缩以及支架和模板的卸落等所需条件。

模板车式支架：这种支架适用于跨径不大、桥墩为立桩式的多跨梁桥的施工。在墩柱施工完毕后即可立即铺设轨道，拖进孔间，进行模板的安装，这种方法可简化安装工序和节省安装时间。当上部构造混凝土浇筑完毕，且强度达到要求后，模板车即可整体向前移动，但移动时须将斜撑取下，将插入式钢梁节段推入中间钢梁节段内，并将千斤顶放松。

（2）支架的制作要求

①支架宜采用标准化、系列化、通用化的钢构件制作拼装；②制作木支架时，两相邻立柱的连接接头宜分设在不同的水平面上，并应减少长杆件接头。主要压力杆的接长连接，宜使用对接法，并宜采用木夹板或铁夹板夹紧；③次要构件的连接可采用搭接法。

（3）支架的安装要求

①支架应按施工图设计的要求进行安装。立柱应垂直，节点连接应可靠；②支架在纵桥向和横桥向均应加强水平、斜向连接，增强整体稳定性。高支架应设置足够的斜向连接、扣件或缆风绳，横向稳定应有保证措施；③应通过预压的方式，消除支架地基的不均匀沉降和支架的非弹性变形，并获取弹性变形参数，或检验支架的安全性。预压荷载宜为支架需承受全部荷载的 1.05 ~ 1.10 倍，预压荷载的分布应模拟需承受的结构荷载及施工荷载；④支架在安装完成后，应对其平面位置、顶部高程、节点连接及纵横向稳定性进行全面检查，检查符合要求，方可进行下一工序。

（4）设置支架的预拱度和卸落装置

①设置的预拱度值，应包括结构本身需要的预拱度和施工需要的预拱度两部分；②施工预拱度应考虑下列因素：模板、支架承受施工荷载引起的弹性变形；受载后由于杆件接头的挤压和卸落装置压缩而产生的非弹性变形；支架地基在受载后的沉降变形；③专用支架应按其产品的要求进行模板的卸落；自行设计的普通支架应在适当部位设置相应的木楔、木马、砂筒或千斤顶等卸落装置，并应根据结构形式、承受的荷载大小确定卸落量。支架制作、安装质量应分别符合模板、支架的制作、安装质量标准。

2. 模板

（1）模板的类型与结构

就地浇筑的桥梁模板主要有木模和钢模。模板型式的选择主要取决于同类桥跨结构的数量和模板材料的供应。当建造单跨或跨度不等的多跨桥梁结构时，一般采用木模；而对于多跨相同跨径的桥梁，可采用大型模板块件组装或采用钢模。模板制造宜选用机械化的方法，以保证模板形状的正确和尺寸的精度。模板制作尺寸偏差、表面平整度和安装偏差均应符合有关规定，尤其要保证模板具有足够的强度、刚度和稳定性。

木模包括用胶合板制成的大型整体定型的块件模板，以及局部构造较复杂部位采用的模板。大型整体定型的块件模板可按结构要求预先制作，然后在支架上用连接件迅速拼装。钢模大多数做成块件，由钢板和加劲骨架焊接而成，钢板厚度通常为 4mm ~ 8mm。骨架由水平肋和竖向肋组成，肋由钢板或角钢做成。大型钢模块件用螺栓或销钉连接。对于多次周转使用的钢模，在使用前应用化学方法或机械方法清扫，在浇筑混凝土前，应在模板内壁涂脱模剂，以利脱模。

（2）模板的制作与使用要求

模板虽然是施工中的临时性结构，但对于梁体的制作十分重要。模板不仅控制着梁体尺寸的精度，直接影响施工进度和混凝土的灌筑质量，而且关系到施工安全。因此模板应符合下列要求：

①具有足够的强度、刚度和稳定性，能安全可靠地承担施工中可能出现的各种荷载；②保证结构的设计形状、尺寸及各部分相互之间位置的准确性；③模板的接缝必须密合，确保混凝土浇筑过程中不漏浆；④构造简单，拆装方便，便于周转使用，应尽量做成装配式组件或块件。

3. 预拱度的设置与计算

（1）预拱度的设置

在简支梁就地浇筑施工过程中，模板和支架因承受巨大的混凝土荷载作用而产生弹性和非弹性变形。如果不加以控制，势必导致现浇梁成型后跨中起拱。为避免这种情况的发生，保证桥梁竣工后线形准确，在进行模板与支架安装时须设置一定的预拱度。设置预拱度时应考虑下列因素：

卸架后上部构造自重及 1/2 活荷载产生的竖向挠度 δ_1；支架在荷载作用下的弹性压缩量 δ_2；支架在荷载作用下的非弹性变形量 δ_3；支架基础在荷载作用下的非弹性沉陷量 δ_4；由混凝土收缩及温度变化引起的挠度 δ_5。

根据梁的挠度和支架变形所计算出来的变形值之和，为支架体系预拱度的最大值。预拱度设置的位置在梁的跨径中点，其余各点的预拱度以中间点为最高值，以梁的两端为 0，呈直线或二次抛物线形式分布。

（2）预拱度的计算

如上所述，上部构造和支架的各项变形值之和即为应设置的预拱度。各项变形值可按下列方法计算：

①针对恒荷载和活荷载设置预拱度，其值等于恒荷载加 1/2 静活荷载所产生的竖向挠度，当恒荷载和静活荷载产生的挠度不超过跨径的 1/1600 时，可不设置相应的预拱度。

②满布式支架的弹性变形量。当支架杆件的长度为 L，压力分布为 p 时，其弹性变形量 $\delta_2 = P / L$。当支架为桁架等形式时，应按具体情况计算其弹性变形量。

③支架在每个接缝处的非弹性变形量。在一般情况下，横纹木料与顺纹木料的非弹性变形量均为 3mm，木料与金属或木料与圬工接缝处的非弹性变形量为 1mm ~ 2mm，顺纹与横纹料接处的非弹性变形量为 2.5mm。

④卸落设备的压缩量。砂筒内砂粒压缩量和金属筒变形的弹性压缩量应根据压力大小，砂子细度模量及筒径、筒高确定。一般情况下，20t 压力砂筒的压缩量为 4mm，10t 压力砂筒的压缩量为 6mm；砂子未预先压紧时的压缩量为 10mm。

⑤支架基底的沉陷量。支架基底的沉陷量可通过试验确定或参考表 7-1 估算。

表7-1 支架基底沉陷量估算表

土的类型	枕梁/mm	桩/mm	
		当桩上有极限载荷时	桩的支撑能力不允许利用时
砂土	0.5 ~ 10	0.5	0.5
黏土	1.5 ~ 2.0	1.0	0.3

（二）钢筋的制作与安装

1. 准备工作

（1）钢筋的检查与保管

①钢筋的外观检查和力学性能检查

进场钢筋应具有出厂质量证明书和试验报告单，进场时除应检查外观和标志外，尚应按不同的钢种、等级、牌号、规格及生产厂家分批抽取试样进行力学性能检验，检验试验方法应符合现行国家标准的规定。钢筋经进场检验合格后方可使用。

②钢筋的保管

钢筋进场后，应妥善保管，具体应做到：钢筋堆放选择在地势较高处，上用料棚遮盖，下设垫块，不能直接置于地面；钢筋应按不同钢种、等级、牌号、规格及生产厂家等分类挂牌堆放，并标明数量；钢筋在运输过程中应避免锈蚀、污染或被压弯。

（2）钢筋的调直

直径10mm以下的细钢筋多卷成盘形，粗钢筋常弯成"发卡"形，以便运输和储存。因此，运到工地的钢筋应先调直。采用冷拉方法调直钢筋时，HPB235级钢筋的冷拉率不宜大于2%；HRB335级、HRB400级钢筋的冷拉率不宜大于1%。钢筋的形状、尺寸应按照设计的规定进行加工，加工后的钢筋，其表面不应有削弱钢筋截面的痕迹。

（3）钢筋的除锈

钢筋表面应洁净、无损伤，使用前应将表面的油渍、漆皮、鳞锈等清除干净，使钢筋与混凝土间的黏结力得以充分发挥。可用钢丝刷或喷砂枪喷砂进行除锈去污，也可将钢筋在砂堆中来回抽拉以除锈去污。带有颗粒状或片状老锈的钢筋不得使用；当除锈后钢筋表面有严重的麻坑、斑点，已伤蚀截面时，应降级使用或剔除不用。

2. 钢筋的连接

（1）焊接

钢筋的焊接接头宜采用闪光对焊，或采用电弧焊、电渣压力焊或气压焊，但电渣压力焊仅可用于竖向钢筋的连接，不得用作水平钢筋和斜筋的连接钢筋焊接的接头型式。焊接的方法和材料应符合现行行业标准《钢筋焊接及验收规程》（JGJ18-2012）的规定。

每批钢筋焊接前，应先选定焊接工艺和焊接参数，按实际条件进行试焊，并检验接头外观质量及规定的力学性能，试焊质量经检验合格后方可正式施焊。焊接时，对施焊场地应有适当的防风、防雨、防雪、防严寒的设施。

电弧焊宜采用双面焊缝，仅在双面焊无法施焊时，方可采用单面焊缝。采用搭接电弧焊时，两钢筋搭接端部应预先折向一侧，两接合钢筋的轴线应保持一致；采用帮条电弧焊时，绑条应采用与主筋相同的钢筋，其总截面面积不应小于被焊接钢筋的截面面积。电弧焊接头的焊缝长度，对双面焊缝不应小于 5d，单面焊缝不应小于 10d（d 为钢筋直径），电弧焊接与钢筋弯曲处的距离不应小于 10d，且不宜位于构件的最大弯矩处。

（2）机械连接

锥螺纹连接：钢筋锥螺纹连接是利用锥形螺纹套筒将两根钢筋端头对接在起，利用螺纹的机械咬合力传递拉力或压力。锥螺纹连接套是在工厂专用机床上加工制成的，钢筋套丝的加工是在钢筋套丝机上进行的。

直螺纹连接：直螺纹连接是将钢筋待连接的端头滚扎成规整的直螺纹，再用相配套的直螺纹套筒将两钢筋相对拧紧，实现连接。该技术的优点在于无虚拟螺纹，力学性能好，连接安全可靠，接头强度能达到与钢筋母材等强。

套筒挤压连接：钢筋套筒挤压连接是一项新型钢筋连接工艺，它改变了电弧焊、电渣焊、闪光焊、气压焊等传统焊接工艺的热操作方法，是在常温下采用特别钢筋连接机，将钢套筒和两根待接钢筋压接成一体，使套筒塑性变形后与钢筋上的横肋纹紧密地咬合在一起，从而达到连接效果的一种机械接头方式。冷压接头具有性能可靠、操作简便、施工速度快、施工不受气候影响、省电等优点。两根钢筋插入钢套筒后，用带有梅花齿形内模的钢筋连接机对套筒外壁加压，螺纹钢筋的横肋间隙中，这时继续加压使钢套筒的金属冷塑性变形程度加剧，进一步加强硬化程度，其强度提高 110MPa ~ 140MPa。

（3）绑扎

当没有焊接条件时，接头可用铁丝绑扎搭接，但钢筋直径不能超过 25mm，其搭接长度见表 7-2。但对轴心受拉和小偏心受拉构件中主钢筋均应焊接，不得采用绑扎接头。

表 7-2　受拉钢筋绑扎接头的搭接长度

钢筋类型		混凝土强度等级		
		C20	C25	C30
Ⅰ级钢筋		35d	30d	25d
月牙纹	HRB335 钢筋	45d	40d	35d
	HRB400 钢筋	55d	50d	45d

注：①当钢筋直径 d 不大于 25mm 时，其受拉钢筋的搭接长度应按表中值减少 5d 采用；当带肋钢筋直径 d 大于 25mm 时，其受拉钢筋的搭接长度应按表中值增加 5d 采用；②当混凝土在凝固过程中受力钢筋易受扰动时，其搭接长度宜适当增加；③在任何情况下，纵向受拉钢筋的搭接长度不应小于 300mm；受压钢筋的搭接长度不宜小于 200mm；④当混凝土强度等级低于 C20 时，Ⅰ级、HRB335 钢筋的搭接长度应按表中 C20 的数值相应增加 10d；HRB500 钢筋不宜采用绑扎接长；⑤对有抗震要求的受力钢筋的搭接长度，当抗

震烈度为 7 度（及以上）时，应增加 5d；⑥两根不同直径的钢筋搭接长度，以较细的钢筋直径计算。

接头的绑扎要求如下：

①受拉区的 I 级钢筋绑扎接头的末端应做弯钩，HRB335、HRB4000 钢筋的绑扎接头末端可不做弯钩；②直径等于和小于 12mm 的受压 I 级钢筋的末端，可不做弯钩，但搭接长度不应小于钢筋直径的 30 倍；③钢筋搭接处，应在中心和两端用铁丝扎牢。

3. 钢筋的安装

安装钢筋时应符合下列规定：钢筋的级别、直径和根数等应符合设计的规定；对于多层多排钢筋，宜根据安装需要在其间隔外设立一定数量的架立钢筋或短钢筋，但架立钢筋或短钢筋端头不得伸入混凝土的保护层内；当钢筋过密影响到混凝土质量时，应及时与设计人员协商解决。

钢筋与模板之间应设置垫块，垫块应与钢筋绑扎牢固，且其绑丝的丝头不应进入混凝土保护层内。混凝土浇筑前，应对垫块的位置、数量和紧固程度进行检查，不符合要求时应及时处理，保证钢筋混凝土保护层的厚度应满足设计要求和规范的规定。

钢筋骨架的焊接拼装应在坚固的工作台上进行。拼装前应按设计图纸放样，放样时应考虑焊接变形的预留。拱度拼装时，在需要焊接的位置宜采用楔形卡卡紧，防止焊接时局部变形。骨架焊接时，不同直径钢筋的中心线应在同平面上，较小直径的钢筋在焊接时，下面宜垫以厚度适当的钢板，施焊顺序宜由中到边对称地向两端进行，先焊骨架下部，后焊管架上部、相邻的焊缝应采用分区对称跳焊，不得顺方向一次焊成。

绑扎或焊接的钢筋网和钢筋骨架不得有变形、松脱和开焊。

（三）混凝土工程

1. 混凝土的配合

试验室配合比计算是以干燥材料为基准的，而施工现场存放的砂石材料都含有一定水分，所以要将试验室配合比换算为施工配合比，下面介绍混凝土施工配合比的确定。

施工时，每立方米混凝土水、砂和石的实际称量为：

水的称量＝用水量－砂、石材料中含水的质量

砂的称量＝砂的用量＋砂中含水的质量

石的称量＝石的用量＋石料中含水的质量

水泥称量不变。

2. 混凝土拌制

混凝土应采用机械拌制，人工拌制仅用于小量的辅助或修补工程。混凝土的配料宜采用自动计量装置，各种衡器的精度应符合要求，计量应准确。计量器具应定期标定，迁移后应重新进行标定。拌制混凝土所用的各项材料应按质量投料，材料数量的允许质量偏差应符合表 7-3 的规定。

表 7-3 材料数量允许质量偏差

材料类别	允许偏差 /%	
	现场拌制	预制场或集中搅拌站的拌制
水泥、干燥状态的掺合料	±2	±1
粗、细集料	±3	±2
水、外加剂	±2	±1

混凝土拌制时，自全部材料加入搅拌筒开始搅拌至开始出料的最短拌制时间，应按搅拌机产品说明书的要求并经试验确定。混凝土拌和物应搅拌均匀，颜色一致，不得有离析和泌水现象。混凝土搅拌完毕后，应检测混凝土拌和物的坍落度及损失。必要时，尚宜对工作性能泌水率及含气量等混凝土拌和物的其他指标进行检测。

3.混凝土的运输

运输能力应与混凝土的凝结速度和浇筑速度相适应，应使浇筑工作不间断且混凝土运到浇筑地点时仍能保持其均匀性和规定的坍落度。混凝土的运输宜采用搅拌运输车，或在条件允许时采用泵送方式输送；采用吊斗或其他方式运输时，运距不宜超过 100m 且不得使混凝土产生离析。

采用搅拌运输车运输混凝土时，途中应以 2r/min ~ 4r/min 的慢速进行搅动，卸料前应以常速再次搅拌。混凝土运至浇筑地点后发生离析、泌水或坍落度不符合要求时，应进行第二次搅拌，二次搅拌时不宜任意加水，确有必要时，可同时加水、相应的胶凝材料和外加剂，并保持其原水胶比不变；二次搅拌仍不符合要求时，则不得使用。

混凝土采用泵送方式时，混凝土的供应宜使输送混凝土的泵能连续工作，泵送的间歇时间不宜超过 15min。在泵送过程中，受料斗内应具有足够的混凝土，应防止吸入空气产生阻塞；输送管应顺直，转弯处应圆缓，接头应严密不漏气；向低处泵送混凝土时，应采取必要的措施，防止混凝土离析或堵塞输送管。

4.混凝土的浇筑

（1）混凝土的浇筑速度

为了保证浇筑混凝土的整体性，防止混凝土在浇筑过程中出现破坏性扰动，浇筑混凝土时于必须具有定的速度，上层混凝土应当在下层已浇筑混凝土开始初凝之前完成浇筑。因此，混凝土浇筑层的最小增长速度为 $h \geq s/t$。其中，h 为混凝土浇筑面的上升速度，s 为振捣棒的振捣深度，t 为混凝土的初凝时间。

（2）混凝土的浇筑顺序

水平分层浇筑：对于跨径不大的简支梁，可以采用该方法。具体操作时，可以从梁体两端向跨中水平分层浇筑并在跨中合龙，然后掉头再向梁端浇筑。分层厚度视振捣器的能力而定，一般采用 1530cm；当采用人工捣实时，分层厚度可采用 15cm ~ 20cm。为避免振捣导致支架产生不均匀的沉降，浇筑时应保持合理的速度，以便在混凝土失去塑性之前完成浇筑工作。

斜层浇筑：采用此法时，简支梁的混凝土应从主梁两端斜向跨中浇筑并在跨中合龙。因为箱形梁底板顶面没有模板，所以 T 梁和箱形梁所采用的斜层浇筑法在细节上是有些差异的，当梁的跨度较大而采用梁式支架且在内部设置支点时，应在支架下沉量最大的部位先浇筑混凝土，使应该发生的支架变形及早完成，以保护先期浇筑的混凝土初凝后不再发生更大的变形，避免混凝土内部微裂隙的产生。

单元浇筑：当桥面较宽且混凝土数量较大时，可分成若干纵向单元分别浇筑每个单元可沿其长度分层浇筑，在纵梁间的横梁上设置连接缝，并在纵横梁浇筑完成后填缝连接，之后桥面板可沿桥全宽一次浇筑完成，桥面与纵横梁间设置水平工作缝。

5. 混凝土的养护

对新浇筑混凝土的养护，应满足其对温度、湿度和时间的要求。应根据施工对象、环境条件、水泥品种、外加剂或掺合料以及混凝土性能等因素，制订具体的养护方案，并严格实施混凝土浇筑完成后，应在其收浆后尽快予以覆盖并洒水保湿养护。对于硬性混凝土、高强度和高性能混凝土、炎热天气浇筑的混凝土以及桥面等大面积裸露的混凝土，应加强初始保湿养护，具备条件的可在浇筑完成后立即加设棚罩，待收浆后再予以覆盖量和洒水养护，覆盖时不得损伤或污染混凝土的表面。混凝土面有模板覆盖时，应在养护期间使模板保持湿润。

混凝土的养护不得采用海水或含有害物质的水。混凝土的洒水保湿养护时间应不少于7d。对重要工程或有特殊要求的混凝土，应根据环境的湿度、温度，水泥品种以及掺用的外加剂和掺合料等情况，酌情延长养护时间，并应使混凝土表面始终保持湿润状态。当气温低于 5℃时，应采取保温养护的措施，不得向混凝土的表面洒水。当采用喷洒养护剂对混凝土进行养护时，所使用的养护剂应不会对混凝土产生不利影响，且应通过试验验证其养护效果。

新浇筑的混凝土与流动的地表水或地下水接触时，应采取临时防护措施，保证混凝土在 7d 以内且强度达到设计强度的 50% 以前，不受水的冲刷侵袭；当环境水具有侵蚀作用时，应保证混凝土在 10d 以内且强度达到设计强度的 70% 以前，不受水的侵袭。混凝土处于冻融循环作用的环境时，宜在结冰期到来 4 周前完成浇筑施工，且在混凝土强度未达到设计强度等级的 80% 前不得受冻，否则应采取技术措施，防止发生冻害。

（四）构建的安装

1. 陆地架梁法

（1）自行式吊车架梁

在桥不高，场内又可设置行车便道的情况下，用自行式吊车（汽车吊车或履带吊车）架设中、小跨径的桥梁十分方便。大型的自行式吊机逐渐普及，且自行式吊机本身有动力，架设迅速、可缩短工期，不需要架设桥梁用的临时动力设备，不必进行任何架设设备的准备工作，不需要如其他方法架梁时所具备的技术工种，因此，一般中小跨径的预制梁（板）的架设安装越来越多地采用自行式吊机。此法视吊装重量不同，可以采用一台吊机架设、二台吊机架设、吊机和绞车配合架设等方法。

当预制梁重量不大，而吊机又有相当的起重能力，河床坚实无水或少水，允许吊机行驶、停搁时，可用一台吊机架设安装。

用二台吊机架梁，是用二台自行式吊机各吊住梁（板）的一端，将梁（板）吊起并架设安装。此法应注意两吊机的互相配合。

吊机和绞车配合架梁时，预制梁一端用拖履、滚筒支垫，另一端用吊机吊起，前方用绞车或绞盘牵引预制梁前进。梁前进时，吊机起重臂随之转动。梁前端就位后，吊机行驶到后端，提起后端取出拖履、滚筒，再将梁放下就位。

（2）移动式支架架梁法

陆地架梁法是在架设孔的地面上，顺桥轴线方向铺设轨道，其上设置可移动支架预制梁的前端搭在支架上，通过移动支架将梁移运到要求的位置后，再用龙门架或人字扒杆吊装；或者在桥墩上设枕木垛，用千斤顶卸下，再将梁横移就位．

（3）摆动式支架架梁法

摆动式支架架梁法通常是将预制梁（板）沿路基牵引到桥台上并稍悬出一段（悬出距离根据梁的截面尺寸和配筋确定），然后从桥孔中心河床上悬出的梁（板）端底下设置入字扒杆或木支架示。

（4）跨墩或墩侧龙门架架梁法

对于桥不太高，架桥孔数又多，沿桥墩两侧铺设轨道不困难的情况下，可以采用跨墩或墩侧龙门吊车来架梁，通过运梁轨道或者用拖车将梁运到后，就用门式吊车起吊、横移，并安装在预定位置。当一孔架完后，吊车前移，再架设下一孔。用本方法的优点是架设安装速度较快，河滩无水时也较经济，而且架设时不需要特别复杂的技术工艺，作业人员较少。但龙门吊机的设备费用一般较高，尤其在高桥墩的情况。

2. 浮吊架设法

（1）浮吊船架梁

在海上和深水大河上修建桥梁时，用可回转的伸臂式浮吊架梁比较方便。这种架梁方法高空作业少，施工比较安全，吊装能力也大，工效也高，但需要大型浮吊。鉴于浮吊船来回运梁航行时间长，要增加费用，故一般采取用装梁船储梁后成批一起架设的方法。浮吊架梁时需在岸边设置临时码头移运预制梁。架梁时，浮吊要认真锚固。如流速不大则可用预先抛入河中的混凝土锚作为锚固点。

（2）固定式悬臂浮吊架梁

在缺乏大型伸臂式浮吊时，也可用钢制万能杆件或贝雷钢架拼装固定式的悬臂浮吊进行架梁。

3. 高空架梁法

（1）联合架桥机架梁

此法适用于架设安装 30m 以下的多孔桥梁，其优点是完全不设桥下支架，不受水深流急影响，架设过程中不影响桥下通航、通车。预制梁的纵移、起吊、横移、就位都较方便。其缺点是架设设备用钢量较多但可周转使用。

联合架桥机由两套门式吊机、一个托架、一根两跨长的钢导梁三部分组成。钢导梁由贝雷装配、梁顶面铺设的运梁平车、托架行走的轨道、门式吊机和工字梁组成，并在上下翼缘处及接头的地方用钢板加固，门式吊机顶横梁上设有吊梁用的行走小车。为了不影响架梁的净空位置，其立柱做成拐脚式（俗称拐脚龙门架）。门式吊机的横梁高程，由两根预制梁叠起的高度加平车及起吊设备高确定。蝴蝶架是专门用来托运门式吊机转移的，它由角钢组成，整个蝴蝶架放在平车上，可沿导梁顶面轨道行走。

联合架桥机架梁顺序如下：①在桥头拼装钢导梁，梁顶铺设钢轨并用绞车纵向拖拉导梁就位；②拼装蝴蝶架和门式吊机，用蝴蝶架将两个门式吊机移运至架梁孔的桥墩（台）上；③由平车轨道运送预制梁至架梁孔位，将导梁两侧可以安装的预制梁用两个门式吊机吊起，横移并落梁就位；④将导梁所占位置的预制梁临时安放在已架设好的梁上；⑤用绞车纵向拖拉导梁至下一孔后，将临时安放的梁由门式吊机架设就位，完梁的架设工作，并用电焊将各梁联结起来；⑥在已架设的梁上铺接钢轨，再用蝴蝶架顺序将两个门式吊机托起并运至前一孔的桥墩上。如此反复，直至将各孔梁全部架设好为止。

（2）双导梁架桥机架梁法

本法是在架设孔间设置两组导梁，导梁上安设配有悬吊预制梁设备的轨道平车和起重行车或移动式龙门吊机，将预制梁在双导梁内吊着运到规定位置后，再落梁、横移就位。横移时一种方法是将两组导梁吊着预制梁整体横移；另一种是导梁设在桥面宽度以外，预制梁在龙门吊机上横移，导梁不横移，这比第一种横移方法安全。双导梁架桥机架梁法的优点与联合架桥机架梁法相同，适用于墩高、水深的情况下架设多孔中小跨径的装配式梁桥，但不需蝴蝶架，而配备双组导梁，故架设跨径可较大，吊装的预制梁可较重。

（3）自行式吊车桥上架梁法

在预制梁跨径不大、重量较轻且梁能运抵桥头引道上时，可直接用自行式伸臂吊车（汽车吊或履带吊）来架梁。但是，对于架桥孔的主梁，当横向尚未连成整体时，必须核算吊车通行和架梁工作时的承载能力。此种架梁方法简单方便，几乎不需要任何辅助设备。

第二节 预应力混凝土桥梁施工技术

一、预应力混凝土概述

（一）预应力混凝土的概念

预应力混凝土是为了弥补混凝土过早出现裂缝的现象，在构件使用（加载）以前，预先给混凝土一个预压力，即在混凝土的受拉区内，用人工加力的方法，将钢筋进行张拉，利用钢筋的回缩力，使混凝土受拉区预先受压力。

（二）预应力混凝土的优缺点

1. 优点

（1）抗裂性好，刚度大

由于对构件施加预应力，大大推迟了裂缝的出现，在使用荷载作用下，构件可不出现裂缝，或使裂缝推迟出现，所以提高了构件的刚度，增加了结构的耐久性。

（2）节省材料，减小自重

其结构由于必须采用高强度材料，因此可减少钢筋用量和构件截面尺寸，节省钢材和混凝土，降低结构自重，对大跨度和重荷载结构有着明显的优越性。

（3）可以减小混凝土梁的竖向剪力和主拉应力

预应力梁混凝土梁的曲线钢筋（束）可以使梁中支座附近的竖向剪力减小；又由于混凝土截面上预应力的存在，使荷载作用下的主拉应力也就减小。这利于减小梁的腹板厚度，使预应力混凝土梁的自重可以进一步减小。

（4）提高受压构件的稳定性

当受压构件长细比较大时，在受到一定的压力后便容易被压弯，以致丧失稳定而破坏。如果对钢筋混凝土柱施加预应力，使纵向受力钢筋张拉得很紧，不但预应力钢筋本身不容易压弯，而且可以帮助周围的混凝土提高抵抗压弯的能力。

（5）提高构件的耐疲劳性能

因为具有强大预应力的钢筋，在使用阶段因加荷或卸荷所引起的应力变化幅度相对较小，故此可提高抗疲劳强度，这对承受动荷载的结构来说是很有利的。另外，预应力可以作为结构构件连接的手段，促进大跨结构新体系与施工方法的发展

2. 缺点

一是工艺较复杂，对质量要求高，因而需要配备一支技术较熟练的专业队伍；二是需要有一定的专门设备，如张拉机具、灌浆设备等，先张法需要有张拉台座，后张法还要耗

用数量较多、质量可靠的锚具等；三是预应力混凝土结构的开工费用较大，对构件数量少的工程成本较高；四是预应力反拱度不易控制，它随混凝土徐变的增加而增大，造成桥面不平顺。

二、预应力混凝土桥梁施工

（一）预应力混凝土桥梁的特点

预应力混凝土能充分发挥材料的效能，在相同条件下，它比普通钢筋混凝土构件截面小，重量轻、刚度大，抗裂性和耐久性好，能有效地控制结构的挠度，特别在大跨度结构中更为经济。在张拉预应力连续梁桥结构中，结构构件在承受外荷载前，预先对外荷载产生拉应力部位的混凝土预加压应力，造成人为的压应力状态，预加压应力可以抵消外荷载所引起的大部分或全部拉应力，这样在外荷载作用下混凝土拉应力不大或处于受压状态，使混凝土结构不开裂，提高结构的刚度和结构的耐久性。张拉法预应力混凝土施工是在浇筑混凝土前张拉预应力钢筋，将其固定在台座或钢模上，然后浇筑混凝土，等混凝土达到规定强度。保证预应力钢筋与混凝土有足够黏结力时放松预应力钢筋，借助预应力筋的弹性回缩及与混凝土的黏结，使混凝土产生预压应力。同时其具有较强的变形恢复能力，抗震性能明显高于普通钢筋混凝土结构，而且便于震后加固。

（二）预应力混凝土桥梁的施工技术

1. 悬臂施工

悬臂施工工艺普遍应用于大跨度连续箱梁和钢构桥梁施工中。所谓悬臂施工是指在已建成的桥墩上，沿桥梁跨径方向对称逐段施工的方法；不影响桥下通航，行车，充分利用了预应力混凝土承受负弯矩能力强的特点，将跨中正弯矩转移为支点负矩，提高了桥梁的跨越能力。悬臂施工工艺具有独特的优越性，主要表现在以下方面：

一是悬臂施工工艺能够减少桥梁施工中吊装等程序，同时桥梁施工程序也相对得到简化；二是由于地形影响对悬臂施工工艺影响小，比较适合应于大跨径桥梁；三是由于机械化程度高、循环重复作业快速，连接及中跨合拢容易，同时劳动力也得到节约；四是适用范围广，对于刚架桥、梁式桥、斜拉桥、拱桥等多种桥梁类型，都适用；五是不必搭建满堂支架，桥下净空高，不影响通航。

根据梁体制造方式，悬臂施工工艺可分为悬臂拼装法和悬臂浇筑法两种。悬臂拼装法是指采用移动式或固定式悬拼吊机逐步将预制梁段起吊就位，用环氧树脂胶作为接缝材料，通过对预应力钢束施加应力，使各梁段连接成整体。

（1）悬臂浇筑施工

①悬臂浇筑施工概述

悬臂浇筑法是以移动式挂蓝为主要施工设备，以桥墩为中心，利用挂篮向两端对称逐段浇筑混凝土梁段，当混凝土达到混凝土强度要求后，进行预应力束张拉，然后移动挂蓝，进入下一梁段的施工工作。

②预应力混凝土桥梁悬臂浇筑施工技术

第一，0号梁段施工。在支座安装前，首先在支座垫石上确定支座中心线，根据中心线和需要安装的支座型号、规格、外形尺寸在支座垫石上放大样。活动支座安装完毕后对0号梁段设置临时锁定。临时锁定通常用高标号硫黄砂浆或沙桶做临时支墩，在梁体和墩身间用精扎螺纹钢或钢绞线连接并施加临时锁定的拉力装置。

第二，挂蓝施工。主要包括以下几个方面：

悬臂挂蓝的荷载设计。设计挂蓝时，其长度主要是由悬臂灌注的最大分段长度决定，桥梁的宽度和箱梁的截面形式决定了挂蓝的横断面布置形式。当桥梁的横断面只有一个箱时，用一个挂蓝便可完成施工；若桥梁箱梁的截面为多箱时，为保证挂蓝施工的灵活性也可以用多个挂蓝同时进行施工。进行挂蓝荷载设计时，先按照 0.8 ~ 1.0kPa 的均重计算模板重量，模板重量包括侧模、内模、底模和端模等，确定了模板的尺寸之后，还需进行详细的计算。模板各部件的重量、千斤顶、油泵、最大节混凝土重力、挂蓝自重也应在确定模板尺寸后，对挂蓝的荷载进行详细的计算；挂蓝底模架设计时，应当采用振动器自重的 4 倍作为挂蓝底模架的振动力，而施工过程中的人工荷载应以 2kPa 进行计算。

挂蓝的制作与吊装。制作、加工和拼装挂蓝可以在施工现场进行，主承重架和模板在挂蓝的悬浇施工过程中是最关键、最重要的受力结构，施工中必须特别重视，同时其制作加工过程均应按图纸及施工规范进行操作。为了安全可靠地进行挂蓝施工，需要对锚固精轧螺纹钢吊杆进行试验。墩顶拼装挂蓝之前应先施工完墩顶叶梁段。墩顶拼装挂蓝应按照设计要求的程序对称地进行，或者利用有利地形在岸上先试拼装再进行正式拼装，拼装前的准备工作要做到充分有序。

挂蓝的预压试验。施工单位若采用新挂蓝进行桥梁悬臂挂蓝施工，那么在施工之前就应对主桁架等构件进行相应的预压试验。预压试验的目的主要是避免非弹性变形而引发的安全事故，保证施工人员的安全，从而保证桥梁的施工质量以及安全。除主桁架等构件的预压试验以外，在悬臂挂蓝安装完毕后，施工单位还应进行相应的荷载试验。荷载试验主要是为了测量出桥梁悬臂挂蓝的承载力，通常情况下，施加于桥梁悬臂挂蓝的荷载应该是最大节段重量的 1.0 ~ 1.5 倍。试验操作人员在进行桥梁悬臂挂蓝的荷载试验时，应对挂蓝的加载及变形情况做好详尽的记录，以确定合理的立模标高，保证箱梁线性。

③悬臂浇筑施工

混凝土配合比的选定。桥梁挂蓝悬臂施工的混凝土属于高性能混凝土，除要满足设计要求的强度、弹性模量、耐久性外，还要具有可泵性、缓凝早强、易于振捣密实等性能，所以混凝土浇筑前先应选定出合理的配合比，针对混凝土的水灰比、含砂率、和易性、保水性、坍落度、缓凝时间、早期强度、收缩徐变等性能通过反复试验，确定出既能保证混凝土强度、弹性模量又方便施工的配合比。

混凝土的拌合。混凝土拌合前对拌合楼及相关计量器进行校核，严格控制上料误差，提前将每盘混凝土需要泵送剂定量分袋，每盘投放；原材料含水量因天气等因素发生改变时，及时抽样测试，及时调整配合比。混凝土拌合时分次投料顺序为：砂→水泥→碎石→泵送剂→水。每盘混凝土拌合时间不少于3min，不定时从出料口、浇筑点取样测量坍落度。

混凝土的运输。混凝土由混凝土输送车从拌和楼运至各输送泵处，为了保证箱梁混凝土浇筑顺利，要严格控制混凝土泵送质量。混凝土泵送前先用1：1的水泥砂浆润滑管道，开始泵送时混凝土泵应由慢速、匀速逐渐进入正常状态。泵送混凝土要连续进行，尽量不停顿，混凝土供应不及时可适当降低泵送速度。混凝土停泵时，料斗内应保留足够的混凝土，作为间隔推动管道内混凝土之用。

混凝土的浇筑振捣。箱梁混凝土浇筑按顺序施工，即首先浇注底板，再浇筑腹板和顶板。混凝土应水平分层施工，每层厚度控制在30cm左右。混凝土入模后开始振捣，振捣标准为混凝土不下沉，表面开始乏浆。用插入棒振动器振捣，振动棒移动间距为40cm左右，振捣时间宜为15～30s，不得过振或漏振，避免混凝土产生离析。振动棒要快插慢拔，重直插入混凝土内，并要插入前一层混凝土中5～10cm，以保证新浇注和先浇注的混凝土良好结合，避免出现分层或蜂窝。混凝土振捣时，应特别注意锚下、预应力管道密集处等关键部位的振捣，以免预应力筋张拉时锚下混凝土开裂，导致锚固失败。

梁体混凝土养护。梁体浇注完成后，待混凝土初凝后设专人负责进行养护工作，未拆模板时，用土工布覆盖构件表面，并及时洒水保持土工布湿润，不得出现干湿循环；拆模后，用喷淋养护，始终保证梁体表面湿润，直到混凝土强度达到设计强度。

④拢段施工

合拢段施工可分为边跨合拢施工和中跨合拢施工。边跨合拢施工，为确保混凝土结构的稳定性设置相应配置于在悬臂部位，并控制现浇段影响因素，最大限度避免在高温下施工，当混凝强度为设计强度的80%时，开始预应力张拉工作，完成张拉后拆除支架和固定装置。一般现浇段用定型钢模和木模分别做外模和内模，然而该大桥箱梁局部的高度不足，无法进行内模底板浇筑工作，若想进行浇筑需把内模箱梁内模的前方顶板设置开口，完成浇筑后再封闭该口。

中跨合拢施工。完成边跨混凝土浇筑后，该大桥的悬臂体系以基本形成，故在两个悬臂依稀间浇筑混凝土是中跨合拢施工的主要工作。严格控制浇筑时混凝土的收缩变形避免产生收缩裂缝。当合拢段浇筑结束且混凝土实际强度达到设计强度的80%以上时，进行钢筋束张拉工作。

（2）悬臂拼接施工

①梁段预制

悬拼施工是将梁沿纵轴向根据起吊能力分成适当长度的节段，在工厂或桥位附近的预制场进行预制，然后运到桥位处用吊机进行拼装。节段预制的质量直接关系着梁段悬拼施工的重量和速度，因此，预制时应严格控制梁段断面和形体的精确度，并充分注意预制场地的选择与布置、台座和模板支架的制作，工艺流程的拟订以及养护和储运的每一环节。梁段预制的方法通常有长线预制或短线预制法长线预制。

长线预制是在预制厂或施工现场按梁底曲线制作固定台座，在台座上安装模板进行节段混凝土浇筑工作。组成箱梁的各梁段均在固定台座上的活动模板内且相邻段应相互贴合浇筑，缝面浇前涂抹隔离剂，以利脱模。长线预制需要较大的场地，其底座的最小长度应为桥孔跨径的一半。梁体节段的预制一般在底板上进行。模板常采用钢模，每段块，以便于装拆使用。为加快施工进度，保证节段之间密贴，常采用先浇筑奇数节段，然后浇筑偶数节段。当节段混凝土强度达到设计强度 75% 以上后，可吊出预制场地。

短线预制是在固定台位且能纵移的模板内浇筑，由可调整内、外部模板的台车与端梁来完成的。当第一节段混凝土浇筑完成后，在其相对位置上安装下一节段模板，并利用第一节段混凝土的端面作为第二节段的端模完成第二节段混凝土的浇筑工作。这种方法适合节段的工厂化生产预制，设备可周转使用，台座仅需 3 个梁段长，但节段的尺寸和相对位置的调整要复杂一些。短线台座除基础部分外，多采用钢料加工制作。

由于长线台座可靠，因而成桥后梁体线形较好，长线的台座使梁段存贮有较大余地；但占地较大，地基要求坚实，混凝土的浇筑和养护移动分散。短线预制场地相对较小，模板及设备基本不需移动，可调的底、侧模便于平、竖曲线梁段的预制；但精度要求高，施工严，周转不便，工期相对较长。

箱梁节段预制要求相邻节段之间接触紧密，故必须以前面浇筑完成的节段的端面作为后来浇筑节段的端模，同时必须采用隔离剂使节段出坑时相互容易从接缝处脱离。常用隔离剂可分：薄膜类，如塑料硬薄膜；油脂类，如好机油；皂类，如烷基苯磺酸钠，虽成本较高，但使用效果较好。

②节段运输

梁段运输有水、陆、栈桥及缆吊等各种形式。梁体节段自预制底座上出坑后，一般先存放于存梁场，节段拼装时由存梁场运至桥位处，预制块件的运输方式一般可分为场内运输、装船和浮运三个阶段。

其一，场内运输节段。出坑和运输一般由预制场的龙门起重机担任。节段上船也可使用预制场的龙门起重机。当预制场与栈桥距离较远时，节段的运输应首先考虑采用平车运输。当采用无转向架的运梁平车运输时，运输轨道不得设平曲线，纵坡一般应为平坡。当地形条件受到限制时，最大纵坡不得大于 1%。

其二，装船节段。装船应在专用码头上进行，码头的主要设施是施工栈桥和节段装船的起重机。栈桥的长度应保证在最低施工水位时驳船能够进港起运，栈桥的高度要保证在最高施工水位时栈桥主梁不被水淹，栈桥宽度要保证运梁驳船两侧与栈桥之间有不少于 0.5m 的安全距离。栈桥起重机的起重能力和主要尺寸（净高和跨度）应与预制场上的起重机相同。

其三，浮运。浮运船只应根据节段的重量和高度来选择，可采用铁驳船、坚固的木筏船水泥驳船或用浮箱装配。为了保证浮运安全，应设法降低浮运重心。开口舱面的船应尽量将块件置于船舱底板；必须置放在甲板面上时，必须在舱内压重块件的支垫应按底面坡度用碎石子堆成，满铺支垫或加设三角形垫木，以保证块件安放平稳。另外还需以缆索将块件系紧固定。

③悬拼方法

其一，浮吊拼装法。重型的起重机械装配在船舶上，全套设备在水上作业，在40m的吊高范围内起重力大，所用辅助设备少，优点是相应的施工速度较快，一天可完成2～4段的吊拼，但台班费用较高。

其二，悬臂吊机拼装法。悬臂吊机由纵向主桁架、横向起重桁架、锚固装置、平衡重、起重系统、行走系统和工作吊篮等部分组成。纵向主桁为吊机的主要承重结构，可由贝雷桁片、万能杆件、大型型钢等拼制。一般由若干桁片构成两组，用横向连接系连成整体，前后用两根横梁支承。横向起重桁架是供安装起重卷扬机直接起吊箱梁节段之用的构件，多采用贝雷架、万能杆件及型钢等拼配制作。纵向主桁架的外荷载就是通过横向起重桁架传递给它的。横向起重桁架支承在轨道平车上，轨道平车搁置于铺设在纵向主桁架上弦的轨道上，起重卷扬机安置在横向起重桁架的上弦。设置锚固装置和平衡重的目的是防止主桁架在起吊节段时倾覆翻转，保持其稳定状态。对于拼装墩柱附近节段的双悬臂吊机，可用锚固横梁及吊杆将吊机锚固于0号块上。对称起吊箱梁节段，不需要设置平衡重。单悬臂吊机起吊节段时，也可不设平衡重，而将吊机锚固在节段吊环上或竖向预应力筋的螺丝端杆上。起重系统般是由电动卷扬机、吊梁扁担及滑车组等组成。作用是将由驳船浮运到桥位处的节段提升到拼装高度以备拼装。滑车组要根据起吊节段的重量来选用。

吊机的整体纵移可采用钢管滚筒在木板上滚移，由电动卷扬机牵引。牵引绳通过转向滑车系于纵向主桁架前支点的牵引钩上。横向起重桁架的行走采用轨道平车，用倒链滑车牵引。

工作吊篮悬挂于纵向主桁架前端的吊篮横梁上，吊篮横梁由轨道平车支承以便工作吊篮的纵向移动。工作吊篮供预应力钢丝穿束、千斤顶张拉、压注灰浆等操作之用。可设上、下两层，上层供操作顶板钢束用，下层供操作肋板钢束用。也可只设一层，工作吊篮可用倒链滑车调整高度。

其三，连续桁架拼装法。连续桁架拼装法可分移动式和固定式两类。移动式连续桁架的长度大于桥的最大跨径，桁架支承在已拼装完成的梁段和待拼装墩顶上，由吊车在桁架上移运节段进行悬臂拼装。固定式连续桁架的支点均设在桥墩上，而不增加梁段的施工荷载。

其四，接缝处理及拼装程序。梁段拼装的接缝有湿接缝、干接缝和胶接缝等几种。不同的施工阶段和不同的部位，将采用不同的接缝形式。

第一，湿接缝。1号块和调整块用湿接缝拼装。悬拼施工时，防止梁体上翘和下挠的关键是1号块的准确定位，1号块是基准块件。一般1号块与墩顶0号块以湿接缝相接。1号块定位后，可由起重机悬吊支承，也可用下面的临时托架支承。为便于接缝处管道接头操作接头钢筋的焊接和混凝土振捣作业，湿接缝宽度一般为 0.1m ~ 0.2m。0 ~ 1 号块间湿接缝处理程序：块件定位，中线及高程测量；接头钢筋焊接，制孔器安放；湿接缝模板安放；湿接缝混凝土浇筑；湿接缝混凝土养护拆模；穿预应力钢束，张拉锚固。

跨度大的 T 形刚构桥，由于悬臂很长，往往在悬臂中部设置一道现浇箱梁横隔板，同时设置一道湿接缝。这道湿接缝除了能增加箱梁的结构刚度外，还可以调整拼装位置。在拼装过程中，如拼装上翘的误差很大，用其他方法难以补救时，也可以通过增设一道湿接缝来调整。但应注意增设的湿接缝宽度必须用凿打块件端面的办法来提供。

第二，干接缝或胶结缝拼装。除上述块件之间采用湿接缝外，一般块件之间采用干接缝或胶接缝。其他预制梁段拼装顺序包括以下几个步骤：预制梁段提升，内移就位，试拼；预制梁段移开，与已拼装梁段保持约 0.4m 间距；穿束；涂胶（双面涂胶，干接缝无此工序）；梁段就位，检查位置、高程及吻合情况；预应力钢束张拉，观察预制梁段是否滑移，锚固。环氧树脂胶接缝可使块件连接密贴，可提高结构抗剪能力、整体刚度和不透水性。环氧树脂胶由环氧树脂、固化剂、增塑剂、稀释剂、填料等组成，其配方应根据施工环境、温度、固化时间和强度要求选定。一般对接缝混凝土面先涂环氧树脂底层胶，然后再涂加入填料的环氧树脂胶，环氧树脂胶随用随配并调制。

④穿束与张拉

穿束：

T 形刚构桥纵向预应力钢筋的布置有两个特点：一是，较多集中于顶板部位；二是，钢束布置对称于桥墩。因此，拼装每一对对称于桥墩块件的预应力钢丝束须按锚固这一对块件所需长度下料。

明槽钢丝束通常按等间距排列，锚固在顶板加厚的部分（这种板俗称"锯齿板"），加厚部分预制时留有管道，穿束时先将钢丝束在明槽内摆放平顺，然后再分别将钢丝束穿入两端管道之内钢丝束在管道两头伸出长度要相等。

暗管穿束比明槽难度大。经验表明，60m 以下的钢丝束穿束一般均可采用人工推送。较长钢丝束穿入端，可点焊成箭头状缠裹黑胶布。60m 以上的钢丝束穿束时可先从孔道中插入一根钢丝与钢丝束引丝连接然后一端以卷扬机牵引一端以人工送入。

张拉：

钢丝束张拉前首先要确定合理的张拉次序，以保证箱梁在张拉过程中每批张拉合力都接近于该断面钢丝束总拉力重心处。

钢丝束张拉次序的确定与箱梁横断面形式、同时工作的千斤顶数量、是否设置临时张拉系统等因素有关。一般情况下，纵向钢丝束的张拉次序按下述原则确定：第一，对称于箱梁中轴线，钢丝束两端同时成对张拉；第二，先张拉肋束，后张拉板束；第三，肋束的张拉次序是先张拉边肋，后张拉中肋（若横断面为三根肋，仅有两对千斤顶时）；第四，同一肋上的钢丝束先张拉下边的，后张拉上边的；第五，板束的次序是先张拉顶板中部的，后张拉边部的。

悬臂拼装法施工的主要优点是：梁体块件的预制和下部结构的施工可同时进行，拼装成桥的速度较现浇快，可显著缩短工期；块件在预制场内集中预制，质量较易保证；梁体塑性变形小，可减小预应力损失，施工不受气候影响等。其缺点是：需要占用较大的预制场地，移运和安装需要大型的机械设备；如果不用湿接缝，则块件安装的位置不易调整。

⑤压浆

管道压浆的目的是为了保证预应力筋不受腐蚀。目前的工艺是先用高压水检查管道的畅通、匹配面的密贴情况以及封端情况后再进行正式压浆，直到出浆口出浓浆。封闭出浆口持压 3min ~ 5min，以保证水泥浆尽量充满管道。压浆是在局部封锚后进行的，除了保证封端质量外，须在水泥浆中加入适量微膨胀剂，选取合适的配合比，则既能使压浆工作顺利进行，又能使凝固后的水泥浆尽量充满管道，尽可能地排出管道内的水和空气，避免力筋受蚀。

⑥合龙段施工

用悬臂施工法建造的连续刚构桥、连续梁桥需在跨中将悬臂端刚性连接、整体合龙。合龙段施工有现浇和拼装两种方法，现浇方法与悬浇中跨合龙段施工方法相同，拼装方法与简支梁板的安装相同。

2. 移动模架施工

（1）移动模架施工技术的主要特点

移动模架系统（Movable Support System）简称 MSS，是具有国际先进水平的桥梁施工技术，一般适用于跨径在 50m 左右的等截面 PC 连续梁的现浇施工上，自 20 世纪 70 年代以来，经过不断改善，如今在世界范围内的桥梁施工中已得到了广泛的应用。

移动模架技术的优点：①工序简单，施工周期短，上、下部构造可平行施工，有利于加快全桥的整体施工进度，机械化程度高，采用全液压设备进行操作，极大程度地降低了劳动强度，缩短施工周期；②工序重复，易于掌握和管理。同时移动模架反复周转使用，有效地降低了综合施工成本；③移动模架工厂化施工，标服化作业，梁体整体性好，利于工程质量和安全控制；④防护措施完善，利用模架两侧的护栏，设置防雨、防寒、防晒顶棚，保证施工期间不受天气影响；⑤移动模架逐孔施工，具有明显的经济效益；⑥施工时的受力与运营时的受力，不需要增加施工受力钢筋，减少建材消耗；⑦施工占地少，对环境的影响和污染少，有利于文明施工。

移动模架施工技术缺点：①施工跨径具有一定的限制，主要适合于修建 60m 以内跨径的桥梁，因为若跨径超过 60m，承重钢箱梁将过于笨重；②因移动模架的成本较高，一次性投资较大，而且属于专用设备，整套设备的运输、拼装和拆除较困难，用时较长，因此桥长不宜少于 500m，若能多次周转使用，方可获得较好的经济效益。

（2）移动模架施工的关键技术

①移动模架的拼装

采用移动模架进行桥梁逐孔现浇施工，就移动模架本身的使用而言，有三个至关重要的环节：移动模架的拼装、运行和拆除。拼装是施工准备阶段的重点，运行是施工过程中的关键，拆除是施工收尾阶段的难点。可见移动模架的拼装质量直接影响到混凝土浇注的质量和施工过程的安全。

移动模架的拼装主要在于两侧钢主梁的拼装，作为承重梁的主梁之间必须设定牢固的横向联结系，以增加模架的刚度，并确保模架的稳定。整套移动模架的拼装分为支撑托架（牛腿）拼装、钢主梁（导梁）拼装、横梁拼装、模板系统及其他附属部件拼装四大部分，各部分的拼装必须严格按照拼装的要求来进行。

移动模架系统的拼装顺序如下：支撑托架（牛腿）及平台→主梁、导梁→横梁及联结→模板系统（铺设底模、安装模板支架→安装外腹板模及翼缘板模、底板模→安装内模）及其他附属部件拼装。

②移动模架的调试及机械性能检验

MSS 移动模架系统拼装完成后，按照施工中所要求步骤（横向、纵向、竖向移动）进行反复操作，检查各部位构件性能是否正常，能否满足施工要求；通过反复操作，也使工人对系统的操作熟练，可达到岗前培训的目的。另外还需模拟施工荷载进行荷载试验，通过实测数据检验设计计算，并通过试验消除部分非弹性变形，最后根据实测数据调整施工预拱度。

③移动模架的预压

预压主要是为了实测主梁的抗弯能力，取得实际的弹性变形下挠值，验证设计资料理论数值，为箱梁施工找到合理的挠度值。根据各断面混凝土自身荷载，采用编织袋装土或砂在移动模架外模上作模拟加载试验，并模拟浇筑混凝土顺序进行加载。在加载过程中观测移动模架挠度变化情况，得出移动模架的基本变形参数。预压主要是为了检验移动模架在一定荷载状态下是否安全，同时检测到预定荷载作用下的主梁挠度。

④移动模架预拱度的设置

由于移动模架造桥为一弹性体，在施工荷载作用下将产生变形，同时连续箱梁为多次超静定结构体系，梁体施工过程中体系为悬臂受力状态或连续梁受力状态，并且二者频繁转换，必然会导致梁体高程的变化。箱梁施工时，箱梁自重以及施工机械等重量是由移动模架来承受的，混凝土浇筑的过程实际上就是对移动模架加载的过程，也是移动模架受力变形的过程。预拱度设置的好坏直接影响桥梁的线形，因此预拱度的设置也是移动模架施工的关键技术之一。为了使箱梁线形满足设计要求，同时尽量控制裂缝的产生，移动模架使用前需确定合理的模板预拱度值。

⑤其他几个关键问题

施工控制。移动模架及移动模架施工的混凝土桥梁，在施工过程中应进行监测和控制，施工控制的目的就是保证施工结构的可靠性和安全性确保成桥后桥面线形和受力状态符合设计要求。施工控制主要分线性控制及应力控制，同时对模架还应进行稳定性监测和控制。

移动模架施工的风力限制条件。在施工过程中，为了保证移动模架的使用安全，在不同状态下有相应的风力限制条件：模架处于开模状态，尤其在纵移推进时，风力一般限制在 12m/s，即 6 级风以内；模架处于合模状态或在浇注混凝土时，风力一般限制在 22m/s，即 10 级风以内；模架在浇注混凝土后、落梁前，其抗风能力最强。

支撑托架的整体稳定性。一般支撑托架是左、右分体靠两组精轧螺纹钢筋对拉后，将其与墩身牢固连为一体的，在模架纵向、横向移动时，托架受力较大并将受到不平衡的弯、扭作用，因此，每根精轧螺纹钢筋的施工质量都极为重要，它是保证支撑托架能否形成整体，从而确保其稳定性的关键。

3. 顶锥施工

（1）顶锥技术原理与方法

①顶推施工技术原理

桥梁顶推施工技术原理，是在被顶推梁体的后部设置预平台，在平台上分阶段预制梁体，经水平千斤顶施顶，使梁体在各墩顶滑道上逐段向前滑动，直至主梁形式。顶推施工技术的关键在于，在一定动力作用之下，梁体可在滑道装置上，以很小的摩擦系数向前移动，根据工程实际经验，聚四氟乙烯与不锈钢板之间的摩擦系数在 0.04 ~ 0.06 之间，但是其静摩擦系数却要大一些。

②顶推施工方法

顶推施工按照动力装置，可分为单点和多点顶推两种。单点顶推的动力装置，在靠近梁场桥墩或桥台上，其支撑为千斤顶。多点顶推是在每个台墩上设置一对小吨位千斤顶，将顶推力分散到各墩上。在顶推中，水平千斤顶作用于梁体，产生摩擦力，可提高柔性高墩的安全性。顶推施工按照支承系统可分为临时滑道支承装置和永久性支承兼用滑道顶推施工。其中，临时滑道支承装置顶推施工为在临时墩顶和墩台上设置滑道，在梁体就位之后，拆除滑道，更换落梁和支座。这种顶推施工环节多，需要合理规划设计。永久性支承兼用滑道顶推施工，对于适用桥梁，可做临时性处理，使其成为换到。结束顶推之后，拆除滑道，使梁体落在永久性支座上。按照顶推方向，顶推施工可分为单向、相对顶推两种，按照动力装置类别可分为步距式和连续顶推两种。还有其他一些分类方法，比如按照箱梁节段成型方式划分等。

（2）顶推施工技术的特点

顶推法多应用于预应力钢筋混凝土等截面连续梁桥和斜拉桥梁的施工。是指梁体在桥头逐段浇筑或拼装，用千斤顶纵向顶推，使梁体通过各墩顶的临时滑动支座面就位的施工方法。桥梁工程顶推技术的工作原理是利用具有分节段预制的梁体形成预制平台，使得被顶推梁体在千斤顶的作用下，通过各桥墩顶部的滑道向前滑动形成主梁的过程。由顶推施工技术的原理可以看出顶推法的一些基本特征。顶推技术不仅操作性强，可大大缩短工期，而且在减少了大量人力物力投入的同时，克服了顶推时梁体对墩体的撞击从而保证了桥梁的质量。下面将具体介绍顶推技术的特点。

①简单灵活，可操作性强

在建设连续性桥梁时，顶推技术可以采用单的设备进行施工，不仅节约了设备的成本，且减小了因施工而产生的噪声污染，由上述顶技术施工原理可以看出，在连续性桥梁建造中用顶推技术具有很大的灵活性，操作简单，安性高，大大节约了建设成本。在一些比较复杂地段，例如在深水、山谷等地建设桥梁时，顶法大大发挥了其可操作性，因其减少了人力资的投入，操作简单，因此在这类复杂地段同样以采用。除此之外，顶推技术还可以用在弯桥坡道上。

②连续性和结构性好

在顶推技术的工作原理中介绍了梁体采用的是分节段预制，这样使得梁体受力均匀，在连续作业过程中显示了良好的功能，施工采用的是大型千斤顶，因为不需要大型的起重设备，因此梁体的节段长度可维持在 10 ~ 20m 之间。

③便于施工管理

由于顶推技术要求桥梁分节段预制的施工是在同一个施工场地，比较便于施工现场的管理，并且，施工所用的设备等可以重复使用，不但使施工现场变得简单、便于管理，而且大大减少了桥梁建设中设备的投资。

（3）顶推技术中的关键技术分析

①制梁台座中顶推技术及节段分析

预制箱梁节段和顶推施工现场共同构成制梁台座的过场。同时配备专业的用于升降活动的模架，保证活动的稳定性。并在此基础上还可以配有相对应的预应力钢束穿束平台。

制梁台座位置的分析：在进行位置的选择过程中应当注意以下几个方面的问题：一是确保桥墩台的后端能够在顶推的同时保持整体平衡和稳定，避免倾覆情况发生，并在此基础上使得梁段能够在预制场中将顶推达到标准跨度；二是应当使制梁台座尽可能的向前，这样是为了有效利用永久墩以及临时墩，尽可能地减少占引桥和引道的位置；三是使顶推梁体的末端转角保持在零，形成梁体线性的一致。

制梁台座结构的分析：预制梁体施工过程是制梁台座施工的重要方面，发挥着主要功能性作用。为了保障梁体线形以及顶推梁体的一致性，制梁台座往往能够起到重要作用。制梁台座结构性施工能够单独进行顶推工作，不用通过起梁。所以，制梁台座要配置专业的滑道，采用高质量的滑块，应用完整的升降活动底模板。除此之外，制梁台座上还应当具有侧模板以及端模板。预制台座的基础是地质以及水文特征。因此，在可能的情况下平台的基础应当设置临时桩。从结构上看，预制台座的结构基本上可以分为两个方面：其一，箱梁预制台座。即形成钢筋混凝土立柱的一种台座。其二，预制台座中的滑道的支撑墩基础上的钢筋混凝土墩身。

②顶推施工的预制工作

顶推技术的要点就是采用分节段预制，因此预制工作在顶推施工过程中占据决定性作用，为了使施工过程更加安全可靠，在进行桥梁施工前期，需要对施工过程中使用的设备、原材料进行严格的检查，并且最好能对桥梁的预制结构做一个整体模型，便于后续工作的进行和临时调整。实践证明，在使用顶推技术的桥梁建设中，只有做好桥梁预制工作，才能有效地加快施工的进度，并且可以提高桥梁最终的建成质量。

③顶推施工预制场的布置

由上可知，桥梁预制工作在整个顶推施工过程中具有非常重要的地位，而预制场是桥梁预制与顶推过程过渡的场所，因此，布置好预制场对整个施工过程同样重要，桥梁的浇制场所、钢筋材料的加工场所以及砂石的堆放场所都包含在预制场内。预制场的布置要结合合理的分段长度，首先，预制场的长度要控制在节段的3倍以上，且应设置在桥台后方；其次，在两端顶推到两个桥梁的主跨点之间时要及时设置预制过渡区，过渡区的长度也应经过合理的计算而得出。

（4）顶推法施工的质量保证措施

采用顶推法施工，工序较多，而且有一定连贯性。施工工艺相对复杂，质量要求较高，如果施工过程中某一个部位出现质量问题，某一道工序出现质量故障，都会使整个箱梁施工的正常进行受到影响。参加顶推施工的全体人员，必须做到对于工作认真负责，精心进行施工和组织，树立牢固的质量意识，使施工质量和箱梁预推施工得以顺利进行。因此，每道主要工序施工前，召开技术交底会，使参加施工人员明确操作要点及控制要点；制定重要工序技术操作规程，用文字向施工、技术人员交底；对于箱梁施工质量定期进行总结，找出差距，制定措施，明确职责，奖罚分明，使施工质量得以保证；认真做好有关各项施工的原始记录，及时整理入档；在施工过程中要注意的关键部位和重要工序的施工。

第三节　桥面及附属工程施工技术

一、桥面工程施工

（一）桥面铺装层施工

1. 桥面铺装层的基本特性

桥面铺装层通常由水泥或沥青混凝土面层、混凝土找平层和防水层三部分组成。其中，桥面水泥或沥青混凝土面层与道路运行车辆直接接触，具有较好的耐磨性、抗滑性、变形性、防渗性、抗裂性和热稳定性等，其常采用1～2层密级配的沥青混凝土，厚度约5～8cm；混凝土找平层通过使基面保持平整便于防水层的施工，它通常采用水泥混凝土；桥面防水层对桥梁路面的抗渗性起着关键作用，它通常采用改性沥青防水材料，厚度约0.3～0.8cm，防水层材料具有较高的抗拉强度、低温抗裂性、耐高温性和不透水性等，可以适应桥梁的受力状况和外界环境温度变化的影响。

桥面铺装层可以减轻车辆的轮胎或者履带等对行车道桥面板的直接磨耗，通过承受和传递桥面车轮的荷载，对车辆轮重的集中荷载起分布作用；由于其直接承受外界雨水、阳光等自然环境因素的影响，可以使桥梁结构内部的混凝土和钢筋免受损坏和锈蚀；桥梁桥面铺装层参与主梁的受力，可以减少桥梁的挠度值，对主梁受力有一定帮助作用。若桥梁桥面铺装层设计和施工质量可靠，那么在设计使用年限内可以充分发挥其服务功能，在提供舒适安全的行车环境的同时，还可以降低公路桥梁的日常维护费用。

此外，桥面铺装要求具有抗车辙、行车舒适、抗滑、不透水、刚度好，桥面铺装重量应尽量降低（二期恒载），铺装质量应使铺装层与桥面板结合紧密；桥面铺装常采用水泥混凝土、沥青混凝土、沥青表面处治、泥结碎石等材料；桥面铺装一般不进行受力计算。

2．桥面铺装层的施工工艺流程

桥面铺装层的施工质量是保证桥梁安全运用的前提条件。为了避免铺装层施工中的桥面铺装层与行车道板黏结不牢固，沥青混凝土面层、桥面混凝土平层、桥面铺装结构层间结合以及防水层卷材接茬处等施工不规范，造成桥面铺装层产生早期破坏现象，影响桥梁的耐久性和实用性，因此，桥面铺装层的施工应严格按照施工工艺流程进行。桥面铺装层的施工工艺流程为：

（1）施工准备

桥面铺装层准备进行施工时，应该做好以下施工准备工作：建立桥梁桥面铺装层施工质量管理体系，成立由监督管理人员、质量检测和施工技术负责人等组成的监督管理小组，明确相应的技术规范和标准，制定相应的施工质量目标，合理制订施工计划；并对施工人员进行技术交底，切实落实施工责任制；在施工准备阶段还应对桥面进行检查，清除桥面杂物（如油污、残浆、碎石等），将其凿毛至满足设计及规范要求后清洗桥面，同时还要对梁顶标高进行复测，确保施工数据的准确可靠。

（2）加工和安装钢筋

对于施工所需的钢筋等原材料加强进场质量管理，所选用的钢筋应具有产品合格证书，同时外观质量也应满足要求；对于进场的钢筋还应进行抽样检验，只有经现场取样实验合格的钢筋才能使用。钢筋的加工和安装应该严格按相应的照设计图纸和施工技术规范进行。在进行桥面钢筋绑扎作业时，应避免施工人员或者机械对钢筋网的踩踏，同时还应在钢筋下方铺设一定厚度的石子混凝土垫块，垫块的标号应与铺装层相同，这样可以避免施工过程中钢筋骨架局部或整体的下绕，确保钢筋网安装位置的精确。绑扎钢筋网时，首先应做好点线的控制，钢筋网的网眼尺寸等参数应该满足有关的设计和规范，同时在施工加强对网眼尺寸的监测和控制，避免钢筋网直接粘贴在梁面上以及钢筋网的严重变形等；钢筋网进行焊接时，焊点也应满足相应的设计要求，对于不同类型的钢筋应根据运输和安装条件等采取适宜的焊接工艺，逐一将钢筋短头焊接以形成钢筋网的有效支撑，钢筋网的支撑强度应满足规范和设计要求。

（3）制作和安装模板

模板的制作和安装应结合桥面铺装层施工工艺的特点和模板的工艺要求等进行。根据公路桥梁的实际长度以及板块的划分，在确定槽钢位置的基础上布设标高控制点，模板的高度应该和面层板的厚度相同，然后布设型钢，型钢顶高程应与设计标高一致，最后在型钢上安置振动梁，以此完成模板的安装工作。模板安装过程中要求模板间的缝隙需要严密堵塞，最大程度上减少漏浆量。对于悬吊模板的安装，在施工过程中还应考虑应经安装好的模板能否完全拆除。模板安装完成后做好相邻模板拼接处的高差，以及模板间错位和不平整等方面的检查工作，确保模板间高差和模板内侧平整度等符合有关要求。

（4）拌制和铺设混凝土

混凝土的拌制、运输和铺设等也应严格按照有关规定进行。为了便于施工，桥面铺装层混凝土通常在拌合站进行集中拌制。拌制混凝土的原材料应符合质量要求；可按照砂、水泥、碎石的装料顺序拌制混凝土；混凝土的搅拌时间可以根据拌合料的和易性以及搅拌机械的工作性能等合理确定，一般而言搅拌的最长时间不应超过最短时间的3倍左右。混凝土的运输通常选用专门的运输车辆，在运输过程中应采用帷布等进行覆盖，以避免混凝土运输过程中水分和温度等变化对混凝土性能产生不利影响；应合理安排混凝土的运输时间，尽量缩短运输时间；此外还应及时对混凝土运输车辆进行清洗，以减少混凝土运输中的不利影响。在铺设混凝土之前应该对桥梁梁板的顶面进行洒水，使其充分湿润；混凝土的铺设通常按跨为单位进行整体的浇筑：首先将混凝土从桥梁的一端向另外一端进行人工摊铺，摊铺要均匀且铺设厚度应略高于桥面的铺装；然后利用平板振动器或振动梁进行振捣，振捣要充分；再利用混凝土整平机或铁滚筒等机械或人工进行提浆和找平；最后利用铝合金龙骨或慢刀等搓刮成型，人工反复抹压后用特制刷扫毛，完工后及时进行覆盖养生。

（5）切缝和养生

切缝和养生是桥面铺装施工工艺中关键的步骤。其中切缝应该注意切缝位置和切缝时间的把握。通常在墩顶每隔 10 ~ 15m 设置一条深约 2cm 左右的桥面铺装横向缩缝，横向缩缝应与防撞栏的缩缝对齐。切缝时间应准确可靠，可根据混凝土的初凝时间进行控制，避免过早或过晚切缝造成的混凝土大面积损坏或裂缝产生，切缝的施工应严格按照工艺要求进行，切缝完成后应采用专门的填缝料进行灌缝。桥面铺装完成后应结合施工场地的实际情况进行养生，可采用洒水和养护剂等进行养护，养护的时间应该根据水泥的特性等合理确定，通过养生可以确保桥面铺装层混凝土在一定时期内满足相应的质量和强度要求。

（二）桥面铺装层的施工技术

1. 水泥混凝土桥面施工技术分析

在水泥混凝土施工时常出现铺装层面的龟裂、破碎、漏筋等情况，导致其发生的原因有多方面：如物料质量不合格、水泥层面与底层未接为整体、水泥层面厚度不达标准要求、铺装层面的早期破坏等等，都是影响桥梁面层质量的因素。避免上述情况的发生必须做到提前预防，从技术控制角度分析，着重做到以下几点：

（1）铺装物料控制

桥面铺装物料是施工中的重要组成部分，其质量的优劣直接影响到施工水平，如果物料质量不合格，像石料压碎值不达标、细集料中杂质含量高、粗骨料粒径不合格等都能影响到混凝土的强度，使其荷载能力减弱，导致龟裂破碎现象。所以在水泥混凝土桥面施工中，应该特别注意物料供应的检测和计量，尤其对骨料的含水量要进行细致而严格的检测，各类粗细骨料应该分批检验，认真进行筛分试验，若遇到所测量的骨料含水量与标准指标相差很大，应该及时做出调整。

对水泥的选择也同样需要进行细致的检测和评定，待各项指标合格后才可使用，水泥的质量是水泥混凝土铺装的最关键因素，其强度值应按照桥梁设计规定的标准强度值来进行筛选。另外对于其他物料的选择也应做到按规范要求购进，在无特殊情况下不能随便更改设计规定物料指标和型号。

（2）搅拌及运输

对水泥混凝土的有效搅拌，可以使其在模板中分布更加均匀，密实度增强。因而在搅拌前，应对各种称量设备进行调试和检修，以保证水泥、各类粗细骨料、水以及其他物料的配比规范。搅拌混凝土使用的砂子应过筛，预防有掺杂杂质而导致混凝土质量。搅拌使用设备应在有效期限内，能够保持连续运转，以保证水泥混凝土的出料符合标准。对于水泥混凝土的运输，尽量采用水泥专用罐车运输，使用泵送混凝土，以便减少运输途中水分流失，避免水泥混凝土发生离析现象，通常情况下水泥混凝土的运输时间最好不要超出40分钟。

（3）浇筑铺装施工

在浇筑施工前，应对桥面进行清理，最好采用高压水枪冲洗，使桥面杂物清除彻底，这样可以使得混凝土与底层黏结紧密，采用高压水枪还能使底层得到充分湿润。混凝土摊铺时要均匀，布料应采用平板振捣器振捣，振捣要充分，以保证密实，同时还要进行人工找平，同时要用滚筒滚压。浇筑工序完成后还要进行真空吸水，最后用刮尺刮平。在桥面铺装时应注意施工缝的设置，若桥面较宽可采取分幅浇筑，桥面不宽则可进行全幅浇筑。

为了使桥面铺装与行车道板紧密结合，在进行梁板预制时，其顶面必须按规范拉毛，以保证桥面摩擦系数。在桥面铺装施工之前，应用钢丝刷除去梁顶结合面上的浮浆，并用空压机吹净，再按设计要求重新绑扎钢筋网面，形成钢筋网上下保护层面，从而减少水泥混凝土产生裂缝现象。对于桥面铺装厚度，应在进行预制梁施工时严格控制标高，以保证桥面铺装层的厚度达到设计标准。

（4）后期养护

水泥混凝土的后期养护工作十分重要，有效的养护可以避免桥面裂缝的产生。通常在水泥混凝土抹平2小时以后，当混凝土表面达到一定强度时，进行养护工作。表面覆盖物可采用湿麻袋或草垫，并每天进行洒水，以保持混凝土表面的湿润，养护期为14天。在养护管理期间要禁止车辆通行，若混凝土还没达到一定强度，就开放交通的，往往会造成铺装层面的早期破坏，严重缩短了其使用寿命，导致不必要的经济损失。

2.沥青混凝土桥面施工技术分析

在公路桥梁的桥面铺装施工时，沥青混凝土铺装层应满足与水泥混凝土底层的有效黏结，以防止沥青层开裂脱落、面层渗水、滑坡、变形等现象，施工现场的技术控制主要包括以下几点：

（1）沥青混凝土的拌合

沥青质量的正确选择是沥青混凝土桥面质量的保障，因而混凝土原物料的选用应符合设计标准和要求，所在购进物料要经过检验和核查，在确保合格后方可使用。混合物料的搅拌，通常采取自动拌合机，对所有物料的投放和搅拌时间都是由拌合设备自动计算和控制。对于沥青混凝土的混合配比需按照试验标准进行，搅拌设备的操作要由专业人员负责，在搅拌过程中工作人员应该及时对混合物料取样化验，以确保沥青混合物的拌合均匀、质量稳定。

（2）运输过程

沥青混合料的运输是沥青面铺装的关键环节，如果运输过程疏忽大意，就会在铺筑时出现混合料离析现象。为避免此状况发生，首先在拌合机贮料罐向运料车卸料时，应分三层放料，即每放一斗料，运料车需要挪动位置，以减少混合物中粗集料的集中。其次在施工现场，应保持运料车比摊铺机速度有所富余，避免混合料卸向摊铺机时造成的粗集料第二次集中。沥青碎石离析现象危害极大，一旦粗集料形成，碾压时就容易被压碎，使骨料表面积增大，混合物配合比被改变，破坏了原路面设计结构，影响了桥面的强度和使用寿命。再者运料车要保持连续均匀的运行，其数量和发车时间要根据摊铺机的工作能力和速度来计算，车辆运输途中需用工布覆盖混合料，可起到保温和防污染的作用。

（3）摊铺技术

通常在施工前，要对待铺装水泥面进行彻底的清洁，尖锐突出物以及凹坑应给予打磨或修补，使其平整、干燥，粘层油可采用乳化沥青或改性沥青，并洒布要均匀，确保在充分渗入面层后使其粘连。

摊铺作业时应注意以下问题：其一，作业前对摊铺机进行全面检测，同时预热熨平板，以保证摊铺机能够正常匀速运行；其二，对沥青混凝土检测，确保温度达到要求，禁止使用发生离析现象的沥青混凝土；其三，施工人员要对摊铺的高度、厚度、温度进行跟踪管理，沥青混凝土铺装层厚度一般为 4 ~ 10cm，高等级公路上厚度应 ≥9cm，一般等级公路桥面厚度要与相接公路的面层保持平整；其四，若由于设计不足而使路面与桥面连接不吻合时，应提前根据现场路面设计标高，依据质量标准重新调整沥青混凝土的配比，确保桥面不渗水，荷载能力强；其五，泄水孔施工时，其顶面标高应低于桥面铺装标高，确保泄水畅通，以防渗水浸泡沥青混凝土，导致面层脱裂。

（4）碾压技术

碾压沥青混凝土宜采用胶轮压路机复压和轻型钢筒式压路机终压的方式，不能采用大型振动压路机或重型钢筒式压路机，以免对桥梁架构造成损害。施工应在适宜的温度下进行，及时检测碾压实度，确保符合标准要求。碾压施工要经过初压—复压—终压三个工艺流程，具体如下：

①初压

初压是在沥青混凝土温度不低于 130 摄氏度时进行，碾压机面向摊铺机并由低向高推进，前进时采用静压，退回时也以采用弱振压，碾压过程要保持连续，不能随意调头，以避免开裂、推移现象。

②复压

复压可使得沥青混凝土更加稳定密实，碾压机采用震动碟压。沥青混凝土密实度是由复压条件决定的，因此复压应紧跟于初压之后，同时还要控制洒水量，以免水量过多影响沥青温度。

③终压

终压是为了消除轮，提高桥面平整度而进行的，此时沥青混凝土温度要求在120℃以上。另外在施工时对横向接缝的碾压应采用横向碾压，待碾压合格后再进行纵向碾压，以免由于垂直碾压而引起沥青面开裂。

二、其他附属工程施工

（一）桥梁其他附属工程概述

1. 支座垫石及支座

在桥梁结构中，支座是桥梁上、下部结构的连接点，其作用是将上部结构的荷载顺适、安全地传递到桥墩台上去，同时保证上部结构在荷载、温度变化、混凝土收缩等因素作用下的自由变形，以便使结构的实际受力情况符合计算图式，并保护梁端、墩台帽不受损伤。这就要求它具有足够的竖向刚度和弹性，能将桥梁上部结构的全部荷载可靠地传递到墩台上，并同时承受由荷载作用引起的桥跨结构端部的水平位移、转角和变形，减轻和缓解桥墩承受的震动，适应因温度、湿度变化引起的桥跨结构胀缩。

就支座和支座垫石来说，其包括以下几项规范要求：一是支座垫石平面尺寸大小按局部承压计算确定，垫石长度、宽度应比支座相应的尺寸增加 50mm 左右，其高度应为 100mm 以上，且应考虑便于支座的更换；二是支座垫石应布置钢筋网，钢筋直径为 8mm 时，间距宜为 50mmX50mm，桥梁墩台应有竖向钢筋延伸至支座垫石内，支座垫石混凝土强度不应低于 C30；三是选用板式橡胶支座，支座最大承载力应与桥梁支点反力吻合，允许偏差范围为 ±10%；四是当桥梁纵坡坡度不大于 1% 时，板式橡胶支座可直接设置于墩台上，但应考虑坡度影响所需要的厚度，当纵坡坡度大于 1% 时，应采用预埋钢板、混凝土垫块或其他调平措施将梁底调平；五是弯、坡、斜、宽桥梁宜选用圆形板式橡胶支座。公路桥涵不宜采用带球冠的板式橡胶支座或坡型的板式橡胶支座。

另外，在支座选取中一般为，最大反力不超过支座容许承载力的10%，因此支座选配时，如果计算荷载为4300KN、则选取4000KN的支座即可，一般不必过多担心支座的安全储备，支座实际的安全系数一般在5以上。斜桥中应尽可能采用厚度较大的支座以减小支座刚度，使支座有足够的变形。

2. 伸缩缝

就桥梁伸缩缝而言，相关规范规定，如下：桥面伸缩装置应保证能自由伸缩，并使车辆平稳通过；伸缩装置应具有良好的密水性和排水性，并应便于检查和清除沟槽的污物。

既有桥梁伸缩缝处的混凝土容易破碎，主要是因为伸缩缝处混凝土施工质量不高及伸缩缝后的钢筋偏少或没有钢筋，因此在伸缩缝后浇混凝土应设足够的钢筋，并且与桥面铺装的钢筋连接。在有条件的情况下可采用钢纤维混凝土，以保证质量。

在桥梁伸缩缝处，人行道和防撞栏杆应该断开。对于桥梁接缝处的人行道和栏杆的处理，对人行道通常是在人行道上覆盖钢板，钢板一段和下面步道固定，另一端跨过伸缩缝，随梁体涨缩，在伸缩缝另一端的步道上来回滑动。原则上任何时候钢板应有效覆盖位于其下方的接缝间隙，至少搭盖另一端50mm。钢板表面应有一定的粗糙度，以防止行人滑倒。

对于高速公路上的钢筋混凝土墙式防撞护栏和组合式护栏，当接缝处的伸缩量不大于80mm时，可任其空缺，或填充腻子；当活动量超过80mm，宜用钢板做一个和护栏外形相符的罩子，将伸缩缝缺口罩住，罩子的一段必须同另一端栏杆固定，另一端则是活动的。同时应符合《公路交通安全设施设计规范》。

3. 桥面排水

关于桥面排水，具有以下几项规范要求：一是圬工桥台台背及拱桥拱圈与填料间应设置防水层，并设盲沟排水；二是桥面应设排水设施。跨越公路、铁路、通航河流的桥梁，桥面排水宜通过设在桥梁墩台处的竖向排水管排入地面排水设施中；三是大桥和特大桥不宜做成纵向平坡桥，对于高速公路，一般采用直径为150mm的排水管，间距在4～5m之间；四是对于跨越公路、铁路、通航河流的桥梁以及城市高架桥，落在桥面上的降水应通过桥面横坡和纵坡排流入排水管后，汇集到纵向排水管或排水槽，并通过设在墩台处的竖向排水管（落水管）流入地面排水设施中；五是桥面排水、桥台和支挡物的排水还可参考《公路排水设计规范》，桥面排水管的设置应满足环境和安全的要求。

当桥面纵坡大于2%而桥长小于50m时，桥上可以不设泄水孔，而在桥头引道两侧设置流水槽，以免雨水冲刷引道路基；当桥面纵坡大于2%而桥长大于50m时，则需在行车道的两侧沿桥长方面每间隔10～15m设置一个泄水管；当桥面纵坡小于2%时，宜每隔6～8m设置一个泄水管。泄水管过水面积通常按每平方米桥面上不小于2～3平方厘米，泄水管可左右对称排列，也可交错排列，泄水管里路缘石距离为10～50cm。

在桥梁墩顶负弯矩区因为多有裂缝。防水层很重要，可以采用三涂-FYT防水材料或

APP 等。

对于桥长小于 50m，纵坡大于 2% 时，桥上可不设专门的泄水管道，使雨水自然流到桥头，此时应在桥头引导两侧设置流水槽以防止流水冲刷路基；当桥梁长度大于 50m，且纵坡大于 2% 时，应在桥上每隔 10 ～ 15m 设置一个泄水管；纵坡小于 2% 时，每隔 5 ～ 8m 左右设置一个泄水管。

伸缩缝的上游方向应增设泄水孔。在凹型竖曲线的最低点及前后 3 ～ 5m 处也应各设一个泄水口。排水计算中，采用当地的暴雨公式按照 15 年一遇计算纵坡条件下的积水，再去考虑横向排水管的间距问题。通常在每平方米桥面上按不少于 1 ～ 3cm² 的泄水管过水面积计算。降水较大地区取上限值。

肋板式梁桥、箱型梁桥、肋拱桥常采用竖向泄水管，直径一般为 100 ～ 150mm，下端伸出板底 150 ～ 200mm。板式梁或实腹式拱桥由于梁板较厚，泄水管不方便竖穿，常采用横向排水管道。直径一般为 100 ～ 150mm，横向伸出桥侧 100 ～ 150mm。对于立交桥或城市桥梁，常通过纵向排水管道和竖向排水管道将水引走，纵向排水管的纵坡不得小于 0.5%。纵向排水管道常设置在桥墩或桥台处。桥面泄水孔宜靠近设置在伸缩装置的上游面。梁体应设置滴水槽。

4. 护栏

关于护栏的相关规范规定，如下：需设置栏杆的桥梁，其栏杆的设计，除满足受力要求外，尚应注意美观，栏杆的高度不应小于 1.1m；高速公路和一级公路防撞护栏混凝土等级不应低于 C30、其他公路等级不应低于 C20；桥梁护栏的任何部分不得侵入公路建筑界限以内；分离式桥梁的中央分隔带宽度大于标准段时，护栏应按路侧桥梁护栏的防撞等级设计。

护栏的设置原则为：高速公路桥梁的外侧和中央分隔带必须设置桥梁护栏；干线公路一级、二级桥梁必须设置路侧护栏，干线公路一级必须设置中央分隔带护栏；集散型公路一级、二级桥梁应设置路侧护栏，集散公路一级宜设置中央分隔带护栏；跨域沟谷、深谷、河流的三四级公路桥梁应设置路侧护栏，位于其他路段经综合论证可不设置护栏的桥梁应设置视线诱导设施或人形栏杆。

另外，设计不锈钢栏杆时最好采用预埋钢板连接而不用法兰加螺栓，以方便施工。所有钢护栏零构件均应按规范要求热浸镀锌，要求进行表面处理。拼接套管长度应大于或等于 2 倍的套管直径，并不小于 30cm，且套管的地抗拒不应低于 0.75 倍的横梁截面地抗拒。

栏杆在伸缩缝处要断开，断开的间距不小于伸缩缝处梁体间距，也不大于伸缩缝处梁体间距加 2.5 厘米。并且根据跨径每隔 30m 左右断开，且每隔 5m 设置一道假缝，假缝钢筋要求完全断开 5mm。

防撞护栏在桥梁伸缩缝处的处理可使用钢遮板或做成假缝，缝内填塞泡沫材料。

5. 桥台、搭板及锥坡

建议轻型桥台同样应当考虑台背回填处理。处理的方式与地质条件有关系，回填材料宜用透水性材料。

一般机动车道和非机动车道必须设置搭板，人行道由于荷载标准较小，可以不设置。搭板宽度等于机动车道或非机动车道的净宽度．搭板在分幅的时候应该按车道划分，分幅的宽度可能会不同，各幅间用拉杆连接。可为Ⅱ级钢筋 14 ~ 18 @ 50 布置。

搭板长度（跨度）和厚度：和台后填土高度 h 有关，h<6m，设置 5m 长，厚度可为 35cm，h>6m，可设 8m 长搭板，厚度 40 ~ 45cm．小桥一般设置 5m 的搭板，中桥宜在 6m 以上。

坡度：搭板坡度一般可取与道路路面坡度一致，如若为复合性路面，上面根据道路设置要求铺设沥青，否则，搭板顶面即可作为路面行车．

配筋：按简支板进行配筋计算，由于上部还要承受车辆荷载作用，一般顶面钢筋直径不宜小于 14，顶面和底层钢筋间距不宜大于 20cm．

与路面的连接：规范规定搭板和水泥混凝土路面之间应设置 1 ~ 3 块过渡板，我一般均做成直接与路面连接，搭板和路面之间应设置胀缝，按道路胀缝要求做钢筋和填缝料。如果路面为沥青，则搭板和路面结构的水稳之间应设置油浸木板分缝。

防震锚栓主要是防止纵向落梁，现在最新的抗震规范对简支端盖梁宽度有新要求，也是考虑纵向落梁，另外在斜交桥中，为防止梁体起翘也要求设置锚固螺栓。

（二）其他附属工程施工技术

1. 支座的施工及更换技术

（1）支座的施工技术

①板式橡胶支座施工

板式橡胶支座由多层天然橡胶与薄钢板镶嵌、黏合、硫化而成一种桥梁支座产品。该种类型的橡胶支座有足够的竖向刚度以承受垂直荷载，且能将上部构造的压力可靠地传递给墩台；有良好的弹性以适应梁端的转动；有较大的剪切变形以满足上部构造的水平位移。板式橡胶支座施工工艺如下：

第一，支承垫石的设置。为了保证橡胶支座的施工质量，以及安装、调整、观察及更换支座的方便；不管是采用现浇梁还是预制梁法施工，不管是安装何种类型的板式橡胶支座，在墩台顶设置支承垫石都是必要的。

在施工支承垫石应注意几点事项：一是支承垫石的平面尺寸大小应能承受上部构造荷载为宜，一般长度与宽度应比橡胶支座大 10cm 左右。垫石高度应大于 6cm，以保证梁底到墩台顶面有足够的空间高度，用来安放千斤顶，供支座调换使用；二是支承垫石内应布设钢筋网片，竖向钢筋应与墩台内钢筋相连接，浇注垫石的混凝土标号应不低于 C30 号或不低于设计标号，垫石混凝土顶面应预先用水平尺校准，力求平整而不光滑；三是支承垫石顶面标高力求准确一致。尤其是一片梁的两个或四个支座的支承垫石顶面应处于同一平面内，以免发生偏压，初始剪切与不均匀受力现象。

第二，支座安装。安装前按设计要求及国家现行标准有关规定对产品进行确认。安装前对桥台和墩柱盖梁轴线、高程及支座面平整度等进行再次复核。支座安装在找平层砂浆硬化后进行；黏结时，宜先黏结桥台和墩柱盖梁两端的支座，经复核平整度和高程无误后，挂基准小线进行其他支座的安装。当桥台和墩柱盖梁较长时，应加密基准支座防止高程误差超标。

黏结时先将砂浆摊平拍实，然后将支座按标高就位，支座上的纵横轴线与垫石纵横轴线要对应。严格控制支座平整度，每块支座都必须用铁水平尺测其对角线，误差超标应及时予以调整。支座与支承面接触应不空鼓，如支承面上放置钢垫板时，钢垫板应在桥台和墩柱盖梁施工时预埋，并在钢板上设排气孔，保证钢垫板底混凝土浇筑密实。

第三，普通板式橡胶支座的安装注意事项。矩形支座短边应与顺桥方向平行安置，以利梁端转动。若需要长边平行于顺桥向，必须通过转角验算。圆形支座各向同性，安装时无需考虑方向性，只需将支座圆心同设计位置中心点重合即可。为防止离心力下使梁体横向移动，可设置横向挡块。斜角支座在斜交桥上安装时，短边应平行于顺桥向，长边应平行于墩台中心线，顺桥向与墩台中心线的斜交夹角应与支座的锐角相符。使用普通板式橡胶支座一般设有固定端与活动端之分；使用等高度过支座时，上部构造的水平位移由同一片梁两端支座的剪切变形共同完成，各承担一半，也可用厚度较小的橡胶支座作固定支座。

橡胶支座安装以春秋季节（年平均温度时）进行最佳。如在最高或最低气温安装。为避免支座发生过大的剪切变形，过去提出两种方法：一是到年平均气温顶起主梁，将支座调整到中心位置；二是在安装时根据当时气温计算使支座产生预变位。前者在铁路桥梁上使用尚可，在公路桥梁上很难进行；后者现场施工技术难度高，难于掌握。现有一种简易的方法供选择。若预计不可能在年平均气温时安装，则在选用橡胶支座时可适当增加高度。使其在极端高低温安装时，上部构造的最大位移量靠橡胶支座的单向剪切变形来完成。

②球形支座施工

球形支座各向转动性能一致，适用于弯桥、坡桥、斜桥、宽桥及大跨径桥，球形支座无承重橡胶块，特别适用于低温地区。球形支座安装要点：一是支座安装前方可开箱，并检查装箱清单，包括配件清单、检验报告复印件、支座产品合格证书及支座安装养护细则，施工单位开箱后，不得任意转动连接螺栓，并不得任意拆卸支座；二是支座安装高度应符合设计要求，要保证支座平面的水平及平整，支座支承面四角高差不得大于 2mm；三是安装支座板及地脚螺栓，在下支座板四周用钢楔块调整支座水平，并使下支座板底面高符合设计要求，找出支座纵、横向中线位置，使之符合设计要求。用环氧砂浆灌注地脚螺栓孔及支座底面垫层，环氧砂浆硬化后，拆除支座四角临时钢楔块，并用环氧砂浆填满抽出楔块的位置；四是在梁体安装完毕后，或现浇混凝土梁体形成整体并达到设计强度后，在张拉梁体预应力之前，拆除上、下支座连接板，以防止约束梁体正常转动；五是拆除上、下支座连接板后，检查支座外观，并及时安装支座外防尘罩；六是当支座与梁体及墩台采用焊接连接时，应先将交座准确定位后，用对称间断焊接，将下支座板与墩台上预埋钢板焊接，焊接时应防止烧伤支座及混凝土；七是支座在试运营期一年后应进行检查，清除支座附近的杂物及灰尘，并用棉丝仔细擦除不锈钢表面的灰尘。

③盆式支座施工

盆式支座是钢构件与橡胶组合而成的新型桥梁支座，与同类的其他型号盆式支座和铸钢辊轴支座相比，具有承载能力大、水平位移量大、转动灵活等特点，且重量轻，结构紧凑，构造简单，建筑高度低，加工制造方便，节省钢材，降低造价等优点，是适宜于大跨桥梁使用的较理想的支座。盆式橡胶支座安装方法主要有2种：一种是座浆法，一种是重力灌浆法。一般根据梁体是预制还是现浇选择。座浆法是传统的现浇梁体常用的方法：将垫石预留支座锚栓孔，垫石表面凿毛，用砂浆填充满锚栓孔和垫石顶面支座安装区域（垫石顶面砂浆应做成中间高四周低，不流动），支座连接成整体后按正确方向安装于砂浆上，调整至设计标高（可采用钢楔形块调整和支撑支座），待砂浆固化达到设计强度后即可打模板绑扎梁体钢筋，然后浇筑梁体。重力灌浆法可用于预制梁和现浇梁：预制梁是先将支座安装于梁底，将梁体吊装到位后临时支撑，调整到设计标高后，支座底面距离垫石顶面约2～3cm，然后在垫石顶面支座四周支"回"型模板（垫石表面凿毛，预留孔清理干净），将配合好的环氧砂浆采用重力方式由支座底中心灌注到预留孔和支座底面，砂浆应高出支座底面约1cm左右，待砂浆达到设计强度即可拆除临时支撑和模板。现浇梁则是先将支座安装于垫石顶面用刚楔形块调整好标高，然后按重量灌浆法安装支座。

（2）支座施工更换技术

①支座施工更换方法

正是由于支座会存在上述的几个可能发生的问题，就桥梁的质量没有办法来保证，因此人们在这种桥梁上驾驶车辆就会存在一定的安全隐患，威胁人们的生命健康和财产安全，所以为了避免或者是减少这样的事情发生，需要对支座施工采取比较恰当的更换技术，主要有以下几点：

第一，顶升方法。这种方法是目前来讲使用的范围最广的一种方法，它的目的就是为了缩小主梁与盖梁之间的空间，在材料的选择上主要是凭借超薄的液压千斤顶所产生的压力，这样才能够在一定程度上保证桥梁的各个部分受力都是平等的。

第二，支架方法。这种方法由于所呈现出来的形状比较像马鞍，所以也形象地称之为支架，它主要是依靠桥墩本身的重量作为支撑，这样后期才能够在盖梁上进行其他的工程项目，比如说搭设支架等等。

第三，枕木支架方法。这种方法主要是以枕木为最基础的材料，在地面上铺设一定量的枕木，具体的数量要根据当地的地质环境或者是所要建造桥梁的具体承载力来决定，不一样的情况可以酌情的选择是满布式支架还是部分式支架，需要注意的是支架的放置位置是桥梁的梁体处。

②桥梁支座施工更换技术注意事项

一般情况下，建造桥梁这样的工程现场是比较复杂的，由于它跟建造房屋是有一定区别的，无论是从图纸的设计还是从相关的配套设备使用上，都会有一定的差别，所以在具体的注意事项上需要格外的关注，否则的话不仅会在一定程度上影响施工的进度，情况严重的甚至还会威胁到施工人员的生命安全。

第一，封闭交通。这一点是非常重要的，现场施工的环境是非常复杂的，即便是有非常专业的现场施工监管人员，他也不可能面面俱到每一个环节当中，如果这个时候没有进行交通封闭，行人误闯进现场施工的环境当中，由于他们没有相关的专业知识，很容易引发安全事故，所以为了避免这样的情况发生，就需要施工企业在动工之前，需要先封闭交通，这主要是出于安全来考虑的。

第二，支座的处理。很多时候由于某一些个别的施工人员专业知识并不是很丰富，或者是由于他们对所负责的项目并不是很认真负责，所以在选材方面就会有这样或者是那样的失误，但是像支座这样比较重要的材料容不得半点马虎。如果是比较陈旧的支座进行复位的时候需要先将其清理干净，并且要在支座上涂满硅脂之后才能够按照相应的流程来进行复位，这样才能够在一定程度上保证支座的质量，并且能够最大限度地延长支座的使用寿命。

除了施工人员需要格外的注意支座的处理之外，专业的施工人员也是非常必要的。很多农民为了能够在城市当中生活，没有能力也没有学历的他们首选的工作就是现场施工的工作，因为这些地方只需要出力气就能够赚钱，实际上正是由于这些施工企业为了节省相应的建筑成本就选择这些民工来进行，但是有些现场施工的工作是需要具备专业知识和技能的人才能够胜任的，所以除了在进现场之前需要做好相关的培训工作，让施工人员能够按照相关的规定来规范自己的行为之外，就是要不断地吸引那些专业技能的人，不仅仅是因为他们的专业技能能够在现场施工的环境当中创造一定的价值，而且在遇到突发的事件时还能够快速地想到解决办法，这样就能够将损失降到最低。

第三，支座更换。桥梁顶升呈悬浮状态后，将原破损支座及墩柱顶部清除干净，经测量定位，画出支座设计位置，确保支座位置处理好后，将新支座放入原支座位置，并清理支座表面的杂物。

支座安装前，对楔形垫块下黏结的不锈钢板进行仔细清理，并在不锈钢板与四氟板之间加入硅油，增加润滑性能。具体操作过程为：其一，支座垫板安装，根据新加支座与梁底密贴程度，在空隙、不平部位塞入支座垫板，支座垫板楔入时先把一个钢板用环氧树脂粘在墩顶，使另外一个钢板与支座粘在一起，然后在两个钢板接触面上涂环氧树脂，楔入第二个钢板与支座，使支座顶面与主梁底面密贴，并安装支座限位钢板。其二，落梁，检查安放支座无误后方可落梁，为了保证落梁时梁体平衡，施工时确保千斤顶一次回落量，直至落实为止，同时再次检查支座与梁底是否完全接触，否则，需重新起顶，直到符合要求，并控制各主梁间位移差。

第四，设备保养。现场施工光是靠人力是远远不够的，所依靠的就是先进设备，不仅能够解放大部分的劳动力，而且还能够在一定程度上提高工作效率，但是很多施工企业为了能够降低成本，提高效益，就选择那些陈旧的设备对付了事，实际上这是一种非常不负责任的做法，无论是对施工人员来讲还是对施工企业来讲。

对施工人员来讲陈旧的设备不方便操作，而且时间长了容易存在各种零件老化的问题，越是陈旧的设备在操作上就越是烦琐，这样如果是对设备不是很熟悉的新手就容易出现问题，情况严重的甚至会造成身体上的伤害。

对施工企业而言，老旧的设备尽管节省一定的资金，但是相对的也就降低工作效率，延长工作时间，相应的所要支付的施工人员的工资就会增多。所以桥梁支座施工的时候需要比较先进的设备，这样才能够真正地提高生产力，节省时间，能够在规定的时间内保质保量地完成规定的任务。除了需要按照正常的操作流程来进行，还需要在使用之后进行保养，这样才能够在一定程度上延长设备的使用时间，从而真正的达到降低建筑成本的目的。

2. 桥梁伸缩缝的施工技术

（1）简述桥梁伸缩缝的分类及作用

①桥梁伸缩缝的五种类型

在实际的施工过程中，由于桥梁的伸缩量和结构各不相同，使得伸缩缝的规格和类型也不一样。目前，桥梁伸缩缝分类的主要标准为构造划分的不同。按照这个标准，桥梁伸缩缝可以分成五种不同的类型，它们分别是填充式伸缩、橡胶伸缩、模数式伸缩、梳形钢板伸缩、无纺布伸缩。不同的伸缩方式，所适用的范围也不尽相同，耐用性也有较大区别。所以在选择伸缩方式时，一定要根据桥梁建设的实际需要进行考虑，选择最合适的伸缩类型。

②桥梁伸缩缝的作用

桥梁伸缩缝是桥梁的基本组成部分，如果这一部分遭到损坏，就会出现桥面夹缝下沉，影响桥面的平整性，给车辆的正常行驶带来不便。若破坏程度较轻，则车辆在行驶过程中极有可能在冲击作用的影响下发生跳车，影响行车的稳定性，并让车上的司机和乘客产生不适感。如果损坏的程度较重，则有可能导致严重的行车安全事故。基于此，桥梁伸缩缝的主要作用就是对桥梁的上部结构进行调节，是保障桥梁行车安全的基础，还能促进我国路桥事业的健康发展。

（2）桥梁伸缩缝的主要施工技术

①施工前的相关准备工作

在进行桥梁伸缩缝的具体施工之前，一定要做好相关的准备工作。准备阶段包含的内容较多，主要有以下几点需要注意：第一，制定一套科学的施工方案，做好图纸的设计工作，并对施工方案和设计图纸的合理性进行研究，同时，完成对施工人员的技术培训工作；第二，对伸缩缝的质量进行严格检查，去除已经发生变形和扭曲的伸缩缝，同时，对伸缩缝的运输和安装都要遵照生产厂商和设计图纸的要求进行；第三，为伸缩缝的施工提供齐全的机械装备，并保证这些装备正处在最佳的运行状态，对于有特殊要求的机械设备而言，还需要提前检查，并提供备用发电机以备不时之需；第四，桥面施工完成之后，要做好对桥面的保护工作，避免桥面受到污染；第五，根据桥梁施工的具体情况确定混凝土搅拌机的位置，使混凝土到各个施工点之间的运输距离在合理范围之内，避免混凝土因为运输距离太远而出现离析现象；第六，保证混凝土的搅拌质量达到伸缩缝浇筑的使用要求；第七，科学确定安装定位值，因为它受温度的影响较大，所以在最高温度下，该值要符合伸缩缝最小的缝度要求，在最低温度下，要满足最大缝度的行车要求；第八，在伸缩缝施工期间，需要进行路面管制，直至伸缩缝的强度能满足行车负载；第九，做好伸缩缝混凝土的养护工作。

②切缝技术

首先，对桥面的平整度和膨胀接头的情况进行仔细检查。其次，根据路面的平整程度来确定切割面的宽度。如若需要扩大，那么宽度增加的范围必须控制在 3 米之内。如若将路面的切割面拓宽之后，依然不能达到伸缩缝的施工要求，则需对路面进行返工处理，不然就会降低伸缩缝的施工质量。如若达到要求，则需按照设计图纸中的开槽标准来确定施工宽度。再次，进行放样操作，使用切割机进行切缝处理。另外，如果沥青路面超过了锯缝线，则要超过部分贴上胶带纸或者塑料布，对路面进行保护，防止其受到石粉污染。

③开槽技术

在开槽施工中，首先要做的就是根据设计图纸的具体要求来确定开槽的宽度，并且最低不能小于 12cm。确定宽度之后即可进行放样。为了保护路面，避免混凝土的粉末对其造成污染，在进行开槽施工时，一定要注意以下几点：第一点，利用风镐进行开槽，做好彩条设置，并将槽内的杂物清理干净，彻底清除槽内钢筋上的灰尘和污垢，同时，槽内外露的混凝土部分需进行凿毛处理，务必保证槽内的干净整洁；第二点，桥面上的每一个切缝都需要进行仔细检查，确认其上方的防水层是否完整，如果发现问题，必须马上解决；第三点，在进行槽内预埋钢筋的施工时，一定要严格遵守施工操作规范，预防钢筋和锚固筋出现弯曲，如果预埋钢筋的数量不足，则可使用膨胀螺栓进行填充，避免钢筋出现质量问题；第四点，开槽施工完成之后，要严禁对槽部边缘进行踩踏，否则就会给后期施工的质量造成巨大影响。

④伸缩装置的安装技术

伸缩装置的安装最常使用的方法就是半幅施工法，并且一定要对施工现场进行封闭处理。首先，对安装现场的实际温度进行测量，只有当温度达到生产厂商设置的出厂温度时，才能进行施工；其次，利用撬杠拆除密封条，直至混凝土浇筑完成之后，进行二次嵌入处理；再次，根据设计图纸的对预留槽中心线的要求来确定伸缩装置安装的中心线；最后，利用平直槽钢制作龙门横吊梁。该吊梁制作完成之后，在放置的时候需要沿着桥宽的横向位置，均匀放置。同时，还需要对伸缩缝的平整度和置顶标高进行调整，使龙门横吊梁的标高和地面标高保持一致。

3. 桥梁排水施工技术

（1）桥面表面排水

①竖向泄水管的布置

泄水管通常采用铸铁管，最小内径为150mm，泄水管顶部采用铸铁格栅盖，栅盖点焊于漏斗上。泄水口周围的桥面板应配置补强钢筋网。为便于桥面铺装层排水，铸铁管伸入桥面铺装部分做成圆孔状，圆孔直径1cm，孔间距25cm，沿圆周均匀分布。泄水管应错开桥梁的伸缩缝或桥面连续缝布设，沿桥长方向在桥侧距梁端（或板端）部72.5cm（以避开墩台帽为宜）处必须设置一个，再每隔5m左右设置一个。在桥梁伸缩缝的上游方向应增设泄水口，以减少流向伸缩缝的水量。如桥梁位于凹行竖曲线内，此时应减小泄水管的设置间距，增加泄水管的设置数量，在凹行竖曲线最低点及其前后3口处也应各设置一个泄水口，以便迅速排除雨水。泄水管及其附近应略低于桥面0.5～1cm，以便排水流畅。

②边缘侧三角形沟汇流平直式泄水管排放

泄水管内径为150mm，泄水管、栅形井盖、格栅材质均为铸铁，安装前必须涂刷两次沥青。在浇筑防撞墙前应将泄水管固定在防撞墙钢筋骨架上，泄水管与栅形井盖同时浇筑于混凝土防撞墙中。为便于桥面铺装层排水，应严格控制铸铁管管口的高度。铸铁管管口底略低于沥青混凝土下层。泄水管的设置位置和数量同竖向泄水管。泄水管管口附近应略低于桥面1～2cm，以便排水流畅。泄水管采用平直式矩形铸铁管，埋置在护栏座底下。泄水管上半部露出桥面，进水口外套一排水蓖子，下半部与桥面内部纵向集水盲沟（外包透水土工布）相接，既可方便摊铺碾压、又可将表面水和渗入水排除。

③护栏底开口漫流排水，边缘内部设纵向盲沟

为加快排放速度，在护栏座底下开漫流泄水孔，必要时，泄水孔外侧设排水边沟，并排入墩台处竖向排水管。碎石盲沟布置在路面较低一侧的防撞墙边，先铺沥青改下层，待碾压形成后，在离防撞墙10CM处锯缝，然后清除沥青混合料，换填粒径为2cm的单级配碎石，再铺设沥青混凝土下层，施工完毕后，应保证栅型井框盖能抽换。在制作碎石盲沟及铺设沥青混凝土面层时务必注意防止碎石及沥青混凝土堵塞泄水孔入口，影响排水效果。

（2）桥面铺装层内部排水

桥面内部排水设计采用防、排结合的原则，一方面在桥面铺装层下设置防水层，以减少下渗水对主梁的破坏。防水层可根据实际情况采用，如采用APP防水卷材、水性沥青及防水涂料等。另一方面可通过设置内部排水设施，以迅速排除被围封的自由水。

桥面内部排水设施应与桥面表面排水设施形成一套完整的排水系统，出水口设施设置应相衔接。避免重复。桥面内部排水设施的设置不能影响桥面铺装的使用性能，且施工方便，便于实施。

沿桥护栏桥面边缘设纵向碎石盲沟，渗入桥面铺装层内的水沿桥面结构层的层间孔隙靠横坡横向流入由透水材料组成的盲沟，再由间隔一定距离布设的横向或垂直水管引出桥面。沥青混凝土铺装层边缘纵向碎石盲沟类似路面边缘排水系统，碎石盲沟横断面可采用

10cm×10cm，边缘盲沟泄水口应尽量与表面排水泄水口一致。

（3）桥面防水施工技术

①桥面找平层及垫层

在桥面板上应修筑找平层及垫层的作用．一方面在于为防水黏结层的铺设提供一个较为平整的基面，较为平整的基面可以提高粘接体系的强度；另一方面，垫层形成一定角度的桥面横坡，横坡过于平缓则容易积水。面层渗入水难以排出，成为渗漏的原因之一，桥面横坡一般不应小于2%，可视具体地理位置和降水情况而有所改变。

②桥面强度

桥面强度指桥面混凝土具有一定的强度，一般桥面水泥强度在 C40 以上，找平层一般用细粒式防水混凝土，强度不低于 C30。为保证强度，找平层内宜配置钢筋网。浇注水泥混凝土结构时，振捣常易导致离析，粗骨料下沉，表面形成一层水泥含量较多，收缩性较大的浮浆层。浮浆层的存在不仅影响桥面板的强度，而且易产生裂缝，不利于防水黏结层和桥面基层的结合，必须予以清除。通常可用钢刷、铣刨机或喷砂法清除。粘接体系的黏结强度与桥面强度有极大关系。桥面强度其实就是指水泥混凝土的强度，当铺设了防水黏结层。形成粘接体系以后，如果桥面强度过低，则发生水泥混凝土的内聚破坏。黏结材料的强度没有发挥。当荷载作用导致粘接体系产生破坏时。希望这种破坏是界面破坏而不是材料的内聚破坏。这时水泥混凝土材料和防水黏结材料的材料潜力得到充分应用，也即水泥混凝土强度和钻结材料的实际枯附强度都较高。

③桥面处理状况

桥面平整度是粘接体系强度的重要影响因素。桥面不平整将导致两种不利状况，首先没有处理好的表面凸起、凹陷、浮浆、油污等，极易在荷载作用下产生应力集中，防水黏结层产生局部破坏，丧失结构的耐久性；其次当表面凸凹不平时，洒布防水黏结材料，材料固化前，会流动，产生堆积，导致防水黏结层厚度不均，产生薄弱点，妨碍其功能的发挥。

④桥面干燥情况

桥面的干燥状况也是粘接体系强度的一个影响因素。室内试验已经论证，假如水泥混凝土含水，粘接体系的强度会相应的下降，下降比率视黏结材料不同而有所区别。防水黏结材料与桥面的结合十分重要，如果桥面不充分干燥，施工后的水气在压力下就会使防水黏结层与基层剥离、起鼓、产生气泡。含水量的测定可用高频水分测定仪测定。在工地上如无测试含水率的手段可在桥面放一块防水卷材，3～5小时后如卷材下面无水珠（潮湿），即认为基本干燥。

⑤伸缩缝及泄水口的处理

由于没有按规范对伸缩缝进行处理，施工完成后不久，铺装即发生破坏，因此伸缩缝的处理也是整个铺装中的重要一环。合理设计和施工泄水口是构建完整的桥面排水系统重要的一环。通过桥面横坡和纵坡聚集的水都需要通过泄水口排出桥面，因此，要保证泄水口的合理设计和畅通。

4. 桥梁防撞护栏施工技术

（1）混凝土防撞护栏的施工技术

为了从分布上解决混凝土防撞护栏施工过程中存在的质量控制难点，提高混凝土防撞护栏的外观质量，需要从模板制作安装、测量放样、混凝土浇筑、混凝土养生等各个施工环节进行严格的质量控制。具体的各环节施工技术要求如下：

①模板制作

模板是保证防撞护栏各部尺寸和外观质量的基础。从模板制作开始就要高标准、严要求。现在的防撞护栏施工中几乎都是采用了定制的专用钢模板。首先，钢模板具有刚度大、平整度好、不易变形等有点，在使用过程中不易产生变形，保证了混凝土表面平整光洁、线条顺直。其次，钢模板周转次数多，长期效益好。模板正面多采用 3mm 厚的普通新钢板，每一段防撞护栏钢模板外侧的加劲肋间距多设置为 50cm 左右，主要是保证模板在使用过程和吊装过程中不易变形。

钢模板制作完成后，在正式使用前要进行试拼装，主要是看模板安装后的整体效果，模板接缝处是否平顺，有无缝隙和错台现象，检查无误后方可正常使用。

②测量放样

为了更好地保证混凝土防撞护栏的外表线条顺直，需要加强测量施工的精度和准确性。首先用全站仪对防撞护栏的内边线进行准确放样，在直线段上可在纵向上每 10m 放一点，在曲线段上可在纵向上加密至每 6m 一个点，最后用墨线将每个放样点弹线连接起来作为内膜的安装边线，以便更好地控制好防撞护栏的线形。内边线放好样后，再每隔一定间距（视模板长短）对防撞护栏边线上的点精测标高，对超高和欠高的部分进行凿除或找平，以此为基础控制防撞护栏模板的位置和标高。

③模板安装

钢模板在正式安装使用前应将表面浮锈清除干净，并用好机油将模板表面涂抹均匀，涂油不宜过多（涂油过多，模板支好后往下流油，污染混凝土连接面），以此保证混凝土表面光洁和混凝土不沾模板。

为了更好地防止模板与底部接触处漏浆，影响外观质量，可以在内侧模板安装前先在其内侧砌一条高 5cm、宽 5cm 左右的砂浆梗，可起到下部顶紧模板、减少漏浆的作用。模板安装好后再从外部用适量砂浆封住下接触面与模板的接缝，防漏浆效果更好。拼接缝处的防撞护栏模板在安装过程中应严禁错缝，且拼缝之间可加贴双面胶，以更好地防止发生错台和漏浆现象。

安装模板的人员要熟悉本工作项目的质量要求，做到心中有数。模板固定一般下部使用拉杆螺栓固定，上部用花杆螺栓配合支杆固定，还可用其他方法固定，无论使用何种方法，要能达到简单易行，既能固定模板，又不至于漏浆跑模。

模板安装完成后，施工班组应先进行自检，自检合格后，再报请有关部门检查。自检和质检人员检查，主要是检查安装尺寸是否合适，各个固定点（拉杆、支杆等）是否牢固可靠，特别应对防撞护栏上边线的顺直情况进行仔细检查，直线段时可以在两点之间通过拉直线与防撞护栏模板最上部的倒角内侧边缘对照来进行校正，曲线段时也在通过与拉直线对比的情况下对模板的曲线进行调整，从中间向两端进行缓和微调，保证曲线段的曲线顺直。

④混凝土浇筑

为了保证防撞护栏混凝土表面光洁美观，采用的水泥和配合比十分重要，经过多次试验段的尝试，确定配合比。水泥坍落度控制在5cm，如果坍落度过大，混凝土易出现泌水现象，表面无光洁面，水痕明显；如果坍落度过小，不易振捣密实，蜂窝，气泡较多。混凝土用的原材料要求较严，砂子、小石子一定要过筛，用量要准确严格按配合比配料。

混凝土采用强制式搅拌机进行拌和，拌和时严格控制用水量和拌和时间，拌和时间不小于3min，需保证混凝土拌和均匀及坍落度符合要求，并使拌和出的混凝土有较好的和易性。

防撞栏混凝土由混凝土搅拌车配合人工铲送入仓，用插入式振捣器进行振捣。混凝土施工时对每一段分三层进行浇筑，以避免或减少防撞护栏倒角处产生气泡、水线等，浇筑时由两头向中间同时施工。最底下第一层混凝土施工到前墙模板下部的第一个转角处高，第二层施工到前墙模板的第二个转角处高，第三层直接施工到顶面。每一层混凝土振捣时都要注意振捣密实，振捣时间不小于1min，不大于1.5min，要注意防止漏振、过振现象，上一层混凝土振捣时振捣器需插入下层5～10cm左右。混凝土振捣至表面泛浆，无气泡冒出且表面不再下沉为止。振捣过程中发现有漏浆的部位，应及时堵塞和补振，避免拆模后该处有蜂窝出现。在混凝土浇筑施工过程中，施工班组要随时检查，如发现模板支撑杆松脱、变形，要随时调整，并将混凝土重新振捣。

防撞护栏混凝土浇筑完成后应进行修面、压光处理，保证表面光滑。修面采用三次收浆，第一次用木抹子抹平，第二次用铁抹子抹平初压光，第三次待混凝土初凝时用轧子用力轧光。且注意把表面混凝土修平至模板顶面小倒角处的下边缘，保证棱角分明，线形平滑。

⑤混凝土拆模及养生

防撞护栏的拆模时间根据气温和混凝土强度而定，一般情况下12h左右即可拆模，拆模后如发现存在小气泡马上用掺白水泥的水泥浆进行修补、压光然后阴干半天（主要是保证颜色一致）。最后用覆盖不污染混凝土的草帘（或其他覆盖物）洒水养生，不宜喷洒薄膜养护剂。

（2）桥梁防撞护栏的施工新工艺

①应用滑动式护栏的施工工艺

随着设计水平的不断提高，越来越重视护栏设计的细节问题，以往护栏的设计大部分采用的都是组合式设计，也就是下面为混凝土墙，上面设有钢板，之后在钢板上安装扶手，这样的设计不仅具有一定的美观性，还具有很好的通透性。但是在实际使用过程中还是存在着很多的不足的，比如，钢扶手的价格比较高，并且焊接与安装的施工都比较复杂；钢扶手在与空气接触的过程中，非常容易氧化而形成锈斑，对其美观性有着一定的影响；防锈漆在使用的过程中经常会发生脱落的情况，加大了后期养护的造价等。针对这样的情况，迫使我们提出更新的施工工艺，完善护栏施工。当车辆与护栏发生撞击的时候，车辆就会因为护栏的作用改变行驶方向，进而可能发生更为严重的交通事故，而采用滑动式护栏就可以实现旋转，减小护栏的作用力，同时还可以发挥导向的作用。一般情况下，在山区高速公路中存在的安全隐患比较多，主要原因就是弯路太多，在弯路改直路的行驶过程中，大部分司机都会加快速度，这时就可以利用滑动式护栏的颜色进行提醒，以此来降低发生交通事故的概率。滑动式护栏选用的结构与算盘的结构比较相似，主体结构是钢制的碳素结构，具有坚固、耐老化的性质，内层是由缓冲材料构成，能够减小撞击的冲击力，这个结构不仅可以发挥出防撞的作用，还具有非常强的导向作用。所以，滑动式防撞护栏能够改变车辆行驶的方向，对其正确行使有着一定的导向作用，进而排除相关的安全隐患，确保车辆通行的安全性。

②应用高性能混凝土的施工工艺

在防护栏的设计过程中，必然会用到混凝土，但是普通混凝土可以达到的防护程度是有限的，随着信息技术的不断发展，一些先进技术逐渐被引用到了防护栏施工中，改进相关的施工工艺已经成为时代发展的趋势。在设计防撞护栏的时候，一定要使用一些高性能的混凝土，以此来弥补施工工艺上存在的不足。高性能混凝土就是一种根据混凝土耐久性而设计的新产品，它的使用年限能够达到100年。与传统混凝土相比，其具有更高的耐久性、强度以及稳定性等优势。随着高性能混凝土的不断发展，其在世界范围内的相关工程中得到了普遍的应用，尤其是在公路桥梁、形象建筑以及高层建筑等项目中的应用更为突出，在实际应用过程中，充分体现了其独特的优势，已经逐渐成了混凝土日后的发展方向。在应用高性能混凝土的过程中，对其质量产生影响的因素主要包括配料、水泥以及砂石等的性能。因此，在应用高性能混凝土的时候，一定要加强对原材料的控制，高度重视其整体的性能与组合效果。

③三角高强混凝土定位墙及水平支撑混凝土垫块立模定位的施工工艺

采取施做护栏底部三角高强混凝土定位墙及水平支撑混凝土垫块立模定位的施工工艺，同时采用对拉及内撑双向立体锁定的模板安装方法，使模板的安装更加牢固。这种施工新工艺改变了多年来护栏模型底部立模定位采用钢筋支架或木块支撑定位的传统施工方法。该套施工工艺成功地解决了传统施工方法所出现的立模难、跑模漏浆、成型护栏顶部起伏不平及纵向线形扭折等质量通病及一直困扰路桥人的技术难题；同时为今后防撞护栏及隧道电缆沟中隔墙的施工开辟了一条新的途径，为同类工程的施工提供借鉴。

5 灯柱安装施工

灯柱通常只在城镇设有人行道的桥梁上设置，灯柱的设置位置有两种：一种是设在人行道上；另一种是设在在栏杆立柱上。

第一种布设较为简单，在人行道下布埋管线，按设计位置预设灯柱基座，在基座上安装灯柱、灯饰，连接好线路即可。这种布设方法大方、美观、灯光效果好，适合于人行道较宽 (大于 1m) 的情况。但灯柱会减小人行道的宽度，影响行人通过，且要求灯柱布置稍高一些，不能影响行车净孔；第二种布设稍麻烦一些，电线在人行道下预埋后，还要在立柱内布设线管通至顶部，因立柱既要承受栏杆上传来的荷载，又要承受灯柱的重量，因此带灯柱的立柱要特殊设计和制作。在立柱顶部还要预设灯柱基座，保证其连接牢固。这种情况一般只适用于安置单火灯柱，灯柱顶部可向桥面内侧弯曲延伸一部分，以保证照明效果。该布置法的优点是灯柱不占人行道空间，桥面开阔，但施工、维修较为困难。规范要求桥上灯柱应按设计位置安装，必须牢固，线条顺直，整齐美观，灯柱电路必须安全可靠。

第四节　桥梁上部结构病害的维修与处治

一、桥面铺装层的维修整治

（一）桥面铺装层损伤类型、产生原因及其对使用性能的影响

1. 高低差

桥面铺装层的高低差主要表现在与结构物连接部位的高低差。这种现象大多是由于桥跨结构与桥台填土部位的不均匀沉陷、台后回填土夯实不够、结构物接头不平等引起的。对于沥青混凝土铺装层还可能由于沥青德定性不够及接头部位沥青混合料碾压不够等原因所致。高低差将影响行车的舒适性，发生噪音，促使接头部位铺装层、伸缩缝及结构物的破坏。

2. 变形

铺装层的变形一般表现为沿行车方向出现的凹凸不平、横桥向车辙等，对沥青混凝土铺装还可能出现表面鼓包、车辙引起的横向波及泛油引起的不平。这种变形常由桥面板不平、过大的交通量，重车行驶沥青混合料稳定性差等引起。纵向的凹凸不平则可能是由于经常性的制动与起动所导致的。

3. 磨损与破裂

铺装层的磨损一般表现为由于车辆行驶使铺装层表面细骨料慢慢地脱离，表面呈现锯齿式的粗糙状态，或铺装层表面被车轮磨细，形成平滑状态，即通常所说的磨光。这种磨损一般是由于过大的交通盆所致。对于沥青混凝土铺装，则还可能是由于沥青混合料碾压不够、沥青含量偏少、沥青混合料过热等原因所致。铺装层的磨损将使行车舒适性与车辆行驶的安全性下降。

（二）桥面铺装层的维修整治

桥面铺装层的修补视其损伤程度不同而采取不同的方法。水泥混凝土铺装除采用彻底翻修重做铺装外，通常也采用沥青料进行修补，下面主要介绍沥青混凝土铺装的修补方法。应急修补：对于小面积范围的裂缝、坑槽，一般采用沥青混合料填埋，沥青混合料均采用加热拌和。表面处治。此法系在原铺装层表面铺撒焦油形成薄封层，然后再根据铺装层的损伤情况作不同的处理。翻修法。对于损伤严重的铺装层，重新铺筑桥面铺装层。在旧路改建工程中，此法比较普遍。

二、桥面伸缩缝的维修整治

桥面伸缩缝的整治工作要视其损坏情况而采取不同措施，有时仅需更换跨缝材料（如橡胶伸缩缝的橡胶条、钢板滑动支座的钢板等），有时则需要更换整个伸缩缝装置，一般情况下在更换或修补伸缩缝装置时，位于伸缩缝两侧的后浇筑铺装层均应进行更换。在伸缩缝维修整治中要注意以下几个问题：对于桥面铺装层上容易产生车辙的凹凸不平处，要特别注意铺筑后铺筑材料时不应产生高低差；在凿除原有混凝土铺装时，不要损伤伸缩缝两侧桥面板混凝土及钢筋；当原伸缩缝装置的锚固钢筋等损坏、松动或无锚固钢筋孺增设时，应先凿出锚孔或槽口后再安设钢筋等锚固件。

三、裂缝的修补整治

混凝土桥梁的裂缝修补方法可根据裂缝的深度而定，一般细的浅裂缝常采用涂抹法或浇灌法进行修补，对于深裂缝则采用灌浆法修补裂缝用的填缝材料通常都采用高分子化学材林环氧树脂类、甲凝材料失这主要是因为这种材料硬化后强度较高，通过它们与裂缝周田受损或已疏松的混凝土形成整体，能起到修补与补强作用。

（一）涂抹法或浇灌法

采用涂抹法或浇灌法修补浅裂缝工艺比较简单，先采用凿毛、喷砂或钥丝刷刷毛等办法清除混凝土表面浮浆，再将裂缝沿其长度范围凿成"V"形梢使其露出新鲜面，并用高压气枪或水枪冲洗吹干，涂抹法先在裂缝上涂一层环载胶液，然后再反复多次涂抹环氧树脂胶液，至胶液浸透裂缝为止。当裂缝较密，且已形成一定范围松散面时，则可采用立模浇灌进行修补。

（二）灌浆法

灌浆法修补裂缝时，先将结构物的裂缝或孔隙与外界封闭，仅留出进浆口及排气孔，然后将环载浆液通过压浆泵以一定的压力将浆液压入缝隙内并使其扩散、胶凝固化以达到恢复原结构整体性与强度的目的。

四、梁的加固改造技术

（一）增大构件截面改造技术

增加主钢筋补强加固。当梁内所配置的主要受力钢筋截面不足，无法满足抗弯承载能力的要求，而桥下净空又受到限制不允许过多的增加主梁高度，有时连桥面标高也不允许提高，此时即可采用增加纵向主钢筋的方法进行补强加固，所增加的主钢筋采用焊接工艺与梁内原主钢筋相焊，施工要点有以下几点：

1. 增焊主筋

首先凿开梁肋下缘混凝土保护层，使梁内原底层主钢筋露出，将原箍筋切断并拉直，然后将增加的主钢筋焊在原主筋的下缘，为了减小焊接时温度应力的影响，施焊时应采用断续双面施焊，并从跨中向两支点方向一次施焊。

2. 接长箍筋、恢复混凝土保护层

增加的主筋焊好后即可接长箍筋并重做混凝土保护层。为了增强新老混凝土的黏结及加快混凝土的固化速度，新做保护层材料宜采用环氧树脂小石子混凝土（或砂浆）或膨胀水泥混凝土（或砂浆）。施工工艺常采用涂抹法、压力灌注法或喷涂法（即喷锚法），当采用喷涂法施工时，在增焊的主筋表面须放置一层金属网，分层喷涂水泥砂浆，然后再进行人工表面整修。

（二）粘贴加固改造技术

粘贴加固技术是一种用化学粘贴剂从结构外部粘贴补强材料的补强方法，这种方法目前应用较广，经过试验与实践证明是一种较为理想的补强技术。目前常用的粘贴剂是环氧树脂，用它来粘贴钢板、钢筋或玻璃纤维布（多层玻璃纤维布通过环氧树脂黏结形成玻璃钢），可以提高构件的抗弯、抗剪能力以及减小裂缝的扩展。这种方法的最大优点在于施工简便，基本上不减小桥梁的净空，并可在不影响或减少影响桥上交通的情况下进行加固施工。

辽宁高速锦阜线 K103+100 处的分离式立交桥局部加固工程中就利用了粘贴钢板法。粘贴钢板的目的在于弥补原桥盖梁的强度不足，提高盖梁的抗弯、抗剪能力，提高刚度，限制裂缝的开展，改善钢筋与混凝土的应力状态。下面简要介绍以下施工过程：

1. 表面处理

为了取得良好的粘贴效果，必须先对肢粘贴钢筋混凝土梁进行认真的表面处理。将梁底粘贴部位混凝土表面用砂轮磨平，并基本达到能见到混凝土粗骨料的程度。角钢采用俐丝刷除锈，角钢表面在粘贴面采用刨床加工成菱形，格状刻痕，以增刀口黏结性能。用冲击钻在角钢与混凝土面上钻孔、钻孔后在混凝土底面上安装好胀锚螺栓，胀猫螺栓采用M8X90 定型产品。用丙酮清除角钢表面油脂，用刷子清除混凝土表面灰尘等。在角钢和混凝土黏结面上用刮刀均匀涂刷配制好的环氧树脂打底层。

2. 粘贴钢板

一般钢板采用涂抹粘贴。在角钢及混凝土表面已打好底层后，再用刮刀在角钢上均匀涂刷配好的环氧树脂黏结剂。压贴角钢，并迅速拧紧胀锚螺栓，环氧树脂养生，不少于三天。角钢与混凝土表面之间缝隙用稠度较高的环氧树脂水泥砂浆来填塞、勾缝、胀锚螺栓帽用环氧树脂水泥砂浆封住。角钢表面用钢丝刷除锈，再涂两层防锈漆予以保护。

第八章　其他桥梁施工技术

常见的几种桥梁还包括拱桥、斜拉桥、悬索桥、刚构桥等，由于不同的桥梁具有不同的施工方式和使用特点，为了提高桥梁的施工质量，在施工过程中需要施工人员科学合理地选择适宜的施工方法，保障桥梁的安全，进而保障桥梁的安全运行。

第一节　拱桥施工技术

一、拱桥

（一）拱桥的概念及特点

拱桥（arch bridge）指的是在竖直平面内以拱作为结构主要承重构件的桥梁。拱桥是由拱圈（拱背、拱腹、拱顶、拱脚）、拱上结构组成。拱桥是向上凸起的曲面，其最大主应力沿拱桥曲面作用，沿拱桥垂直方向的最小主应力为零。在重力作用下进行的粉料流出过程中可能反复出现拱桥的形成和崩解过程，此种拱桥称为动拱桥。

拱桥具有以下几个优点：一是具有较大的跨越能力，充分发挥圬工及其他抗压材料的性能；二是构造较简单，受力明确简洁；三是形式多样，外形美观。拱桥的缺点为：一是有水平推力的拱桥，对地基基础的要求较高，多孔连续拱桥相互影响；二是跨径较大时，自重较大，对施工工艺等要求较高；建筑高度较高，对稳定不利。

（二）拱桥的分类

按结构分类，有上承式、中承式、下承式拱桥。上承式是指桥梁的上部结构承受主要荷载，中承式是指桥梁的中部结构承受主要荷载，下承式是指桥梁的下部结构承受主要荷载。

按材料分：有圬工拱桥、钢拱桥、钢筋混凝土拱桥、钢管混凝土拱桥、型钢混凝土拱桥。

按拱轴线型式：圆弧拱桥、抛物线拱桥、悬链线拱桥。

按拱上结构形式：实腹式拱桥、空腹式拱桥。

按截面：板拱桥、箱型拱桥、肋拱桥、双曲拱桥。

按结构受力图式：简单体系，无铰拱、二铰拱、三铰拱；组合体系（有无推力），刚架拱桥、桁架拱桥、桁式组合拱桥、梁拱组合桥。

二、混凝土拱桥施工技术

（一）拱桥有支架施工

有支架施工方法的施工工序是：材料的准备、拱圈放样（包括石拱桥拱石的放样）、拱架制作与安装、拱圈及拱上建筑的砌筑等。

有支架施工法中最主要的临时设施是拱架，它要支承全部或部分拱圈和拱上建筑的重量，因此具备足够的强度和刚度是必需的，又因为拱架是一种施工临时结构，故要求构造简单，装拆方便且可以重复使用。拱架按使用材料一般有木拱架、钢拱架、竹拱架及"屠牛拱胎"等形式。拱架按其构造形式可分为满布式拱架、拱式拱架及混合式拱架等几种，其中以满布式最常见。

多孔连续拱桥施工时，要考虑相邻孔间的影响，若桥墩设计容许承受单孔施工荷载，就可以单孔卸架。否则应多孔同时卸落拱架，以避免桥墩不能承受单向推力而产生过大的位移。

1. 拱桥缆索吊装施工

缆索吊装施工，是目前修建拱桥较多采用的方法，具有跨越能力较大，水平和垂直运输机动灵活，适应性广，施工方便等优点。特别是在修建大跨径或连续多孔的拱桥中，这种施工方法的优越性更加明显。缆索吊装设备，按其用途和作用可以分成：主索、工作索、塔架和锚固装置等4个基本组成部分：一是主索，横跨桥渡，支承在两侧塔架的索鞍上，两端锚固于地锚，吊运构件的行车支承在主索上；二是起重索，是用来控制吊物的升降的（也就是垂直运输）；三是牵引索，是用来牵引行车在主索上沿桥跨方向移动（即水平运输）；四是结索，其用于悬挂分索器；五是扣索，其用途是当拱肋分段吊装时，需用扣索悬挂端肋及调整端肋接头处标高，扣索的一端系在拱肋接头附近的扣环上，另一端通过扣索排架或塔架固定于地锚上；六是浪风索也叫缆风索，可以保证塔架、扣索排架等的纵、横向稳定及拱肋安装就位后的横向稳定；七是塔架，塔架是用来提高主索的临空高度及支承各种受力钢缆的重要结构。

缆索吊装施工的步骤如下：两根拱肋分别吊装合拢，随后进行横撑吊装、混凝土浇筑：（分为泵送顶升浇灌法和人工浇捣法），最后进行桥面施工。

2. 拱桥转体施工法—竖向转体

转体法施工是将拱圈或整个上部结构分成两个半跨，分别在河的两岸利用地形或简单支架灌筑或预制装配成半拱。然后利用动力装置将两半拱转动至桥轴线位置上或设计标高合拢成拱。转体施工法减少了大量的高空作业，保证施工安全，还可大幅度的减少对桥下交通的干扰。转体施工法可按转动方向分为3大类：竖向转体、平面转体和平竖结合转体3种。

（1）竖向转体施工法

拱肋制作时的平面位置相同，但拱肋在低位或靠山仰坡上制作，然后再从两边逐渐抬升或放倒预制拱肋搭接成桥。一般只在中、小跨径拱桥中使用。

（2）平面转体施工法

这是1979年我国四川省首创成功的一种新型的施工方法，其施工要点是：将拱圈分成两个半跨，分别利用两岸地形立简单支架，现浇或预制拼装拱肋，安装拱肋横向联系，把扣索的一端锚固在拱肋的端部（靠拱顶附近），慢速将拱肋转体180°（或小于180°）合拢，最后再进行主拱圈和拱上建筑的施工，关键设备在于转盘；

（3）平竖结合转体法

平竖结合转体是钢管混凝土拱桥施工中对转体施工方法发展所做出的突出贡献，同时转体重量也有了极大的提高，它使桥梁转体施工法进入了新的发展阶段。

3. 拱桥悬臂法施工—塔架斜拉索法

悬臂施工法是不设任何支架，在桥位处悬臂进行拱圈节段混凝土灌筑或拼装，最后在拱顶处合拢的一种修建拱桥的施工方法。悬臂法施工可分为塔架斜拉索法和悬臂桁架法。

（1）塔架斜拉索法

在拱脚墩台处安装临时塔架，用斜拉索一端拉住拱圈节段，另一端与塔架连接。这样逐节向跨中悬臂架设（或灌筑），直至拱顶合拢。

（2）悬臂桁架灌筑法

该法首先在斜拉筋扣吊的一段钢支架上，就地灌筑第一节段拱箱（拱脚段）。以后各段均用挂篮从左右两岸悬臂灌筑混凝土施工。施工至立柱部位，用临时斜杆和上拉杆，将立柱、拱圈组成桁架，并用拉杆或缆索将其锚固于台后，然后逐节向跨中施工。

（3）悬臂桁架法拼装

将拱圈的各个部分先悬拼组成拱圈，然后利用立柱与临时斜杆和上拉杆组成桁架体系，逐节拼装直至合拢。也可将拱圈的组成部分事先预制，然后将桥跨的拱肋、斜杆、立柱和上弦杆组成桁架拱片，并沿桥跨分成几段，再用横系梁和临时风构，将两个桁架片段组装成框构，整体运至桥孔，由两端向跨中逐段拼装直至合拢。贵州省江界河桥是目前世界上最大跨度330m的混凝土桁式拱桥，其采用这种悬臂桁架法拼装架设的。

（二）拱桥的无支架施工

1. 缆索吊施工

（1）缆索吊施工概述

缆索吊装施工是指采用缆索结构（单跨或双跨）吊运、安装桥梁的施工方法。缆索吊装具有跨越能力大，水平和垂直运输机动灵活，适应性广，施工稳妥、方便等优点，因而得到广泛采用，尤其在修建大跨径或连续多孔拱桥中更能显示这种施工方法的优越性。

缆索吊装施工主要用于预制安装的钢筋混凝土拱桥，同时在劲性骨架施工拱桥的骨架安装、拱上结构安装、桁架、刚架拱桥施工甚至一般跨径的悬索桥加劲梁安装中得到广泛运用。

（2）主要设备和机具

缆索吊机的主要设备和机具有：承重索、起重索、牵引索、压塔索、缆风索、扣索、塔架（包括索鞍）地锚、滑轮、电动卷扬机及跑车等。

（3）缆索吊施工工艺

缆索吊装施工主要包括拱肋预制、运输和吊装、主拱圈的安装、拱上建筑的砌筑、桥面构造的施工等主要工序。

拱桥的拱肋在河滩或桥头岸边分节预制后，送至缆索下面，由起重小车起吊送至桥位安装。为使端段基肋在合龙前保持在一定位置，在其上用扣索临时系住，然后才能松开吊索。吊装应自一孔桥的两端向中间对称进行，在最后一节拱肋吊装就位，并将各接头位置调整到规定高程后，才能放松吊索并将各接头合龙，最后才能将所有扣索撤去。

吊装施工的成败关键在于保证基肋（指拱肋、拱箱或桁拱片）有足够的强度和稳定性，不仅要按单根构件在运输和吊装时情况复核其强度和稳定性，更重要的是还要按基肋合龙时及合龙后所承担的荷载，检算其强度和稳定性。

基肋吊装合龙要拟定正确的施工程序和施工细则。拱桥跨度较大时，最好采用双基肋或多基肋合龙，此时基肋与基肋间的横系梁或横隔板必须紧随拱段的拼接及时焊接。必要时可以在基肋的上下两面内设置临时的交叉斜杆以缩短基肋的自由长度。端段拱肋就位后，除上端用扣索拉住使之不下坠外，还应在左右两侧各用一对风缆牵住以免左右摆动。中段拱肋就位时，缓慢地松吊索，使各接头顶紧，尽量避免简支搁置和冲击作用。当拱肋分五段吊装时，由于最后一段就位时或多或少的简支作用，第一接头可能上升，而第二个接头可能下降，为此应在第一个接头下侧也设拉索牵住，以防失稳。

施工时一般在每一接头处都设一对横撑或一对横向风缆来加强基肋的稳定性，注意两侧横向风缆的角度要对称。

2. 劲性骨架拱圈浇筑施工

劲性骨架法就是采用劲性材料（如角钢、槽钢等型钢）作为拱圈的受力钢材，在施工过程中，先把这些钢骨架拼装成拱，作为施工钢骨架，然后再浇筑混凝土，将钢骨架浇筑在混凝土内部形成型钢混凝土拱。该方法的优点是可以减少施工设备的用钢量，结构整体性好，拱轴线宜于控制，施工进度快。但结构本身用钢量大，且用型钢量大，造价较高，目较少采用。

劲性骨架法主要施工步骤为：劲性钢骨架制作、劲性钢骨架安装、拱圈混凝土浇筑、梁和吊杆安装。

（1）劲性钢骨架制作

劲性钢骨架采用 16Mn 型钢焊接制成，按照 1∶1 大样分段冷弯成形，在大样架上拼焊加焊成的钢骨架应进行探伤检测。

（2）劲性钢骨架安装

劲性钢骨架的安装关键应保证钢骨架在整个过程中的竖向和横向稳定性。安装时需根据计算要求，设置横向联系，每段骨架采用八字风缆固定。

（3）拱肋混凝土浇筑

拱肋混凝土浇筑的关键是保证钢骨架在浇筑混凝土过程中的稳定性，需根据计算布置足够的横向连接系和横向风缆。拱肋混凝土在浇筑过程中，钢骨架会随浇筑位置而发生轴线变形。调整时可采用水箱压为适应钢骨架变形，避免混凝土开裂，应适当设置变形缝，待混凝土浇筑完成后，采用高强度混凝土填缝。

①钢管拱肋制作

钢管卷制与焊接。钢板用火焰切割机切割，但应将热力影响部分去掉。拱肋及横撑结构外表面均应先喷丸除锈，按一级表面清理。钢板卷制前，应根据要求将板端开好坡口，将钢板送入卷板机卷制成直筒体，卷管方向应与钢板压延方向一致。压制的钢管的失圆度和对口错边偏差均应满足相应施工规范的要求，将卷成的钢管纵向缝焊成直管。对焊成的直钢管应进行检查和校正，以确保组装的精度。

拱肋放样和拱肋段的拼装。将半跨拱肋在混凝土地面上按 1：1 进行放样。沿放样的拱肋轴线设置胎架，在大样上放出吊杆位置、段间接头位置和混凝土灌注孔位置。拱肋钢管的纵向焊缝各管节应相互错开，而且将纵向焊缝全部置于两肋板中间，以免外表面焊缝影响美观。拱肋分段长度主要考虑从工厂到工地的运输能力，分段长度一般为 10m 左右。

在拱肋上部钢管内施焊吊杆垫板、支架、吊杆套管和弹簧钢筋，对管段焊缝质量进行超声检测和 X 光拍片检查。对管段涂装防锈。对拱肋安装的吊点位置进行布置，并在吊扣点位置增设加劲板，以防圆管受荷时变形。对各段端接头进行必要的加劲，以防止吊装时拱肋端头碰撞，局部变形而难以对接施焊。段间接头外部增设法兰盘螺栓连接，以便就位后作为临时连接。横向风撑等杆件与拱肋的焊接，应根据拱肋安装方法而定。当整孔安装或半孔安装时，风撑应在工地安装前焊接完毕；当采用缆索安装时，风撑可在拱肋吊装完成后焊接分段拱肋运至工地后，再在工地进行放样，将几段拱肋拼成安装的长。

②钢管拱肋混凝土浇筑

浇筑钢管拱肋内混凝土可采用泵送顶升浇灌法和吊斗浇捣法。泵送顶升浇灌法是在钢管拱肋、拱脚的位置安装一个带闸门的进料支管，直接与泵车的输送管相连，由泵车将混凝土连续不断地自下而上灌入钢管拱肋，无需振捣。采用吊斗浇筑时，在钢管拱肋顶部每隔 4m 开孔作为灌注孔和振捣孔。混凝土由吊斗运至拱肋灌注孔，通过漏斗灌入孔内，由插入式振捣棒对混凝土进行振捣。

灌注混凝土的配合比除满足强度指标外，还应注意混凝土坍落度的选择。为满足坍落度要求，可掺入适量减水剂；为减少收缩量，可掺入适量的混凝土微膨胀剂。钢管内混凝土是否灌满，混凝土收缩后与钢管壁形成空隙往往是较令人担心的问题。采用小铁锤敲击钢管听声音的方法是十分简单和有效的。当小锤敲击发出声音异常时，可采用钻孔检查，也可用超声波进行检测，对有空隙部位进行钻孔压浆补强。大跨径钢管混凝土拱桥混凝土灌注可以分环或分段进行，灌注时应从拱脚向拱顶对称进行。大跨径拱肋灌注混凝土时应对拱肋变形和应力进行观测，并在拱顶附近配置压重，以保证施工安全。

第二节　斜拉桥施工技术

一、斜拉桥

（一）斜拉桥的概念

斜拉桥又称斜张桥，是将主梁用许多拉索直接拉在桥塔上的一种桥梁，是由承压的塔、受拉的索和承弯的梁体组合起来的一种结构体系。其可看作是拉索代替支墩的多跨弹性支承连续梁。其可使梁体内弯矩减小，降低建筑高度，减轻了结构重量，节省了材料。

（二）斜拉桥的组成

斜拉桥主要由塔墩、主梁和斜拉索 3 部分组成。塔墩分塔墩基础和塔身两部分。其基础类型依水文地质情况而异。如沉井基础、钢管桩基础、钻孔桩基础、地下连续墙基础、锁口钢管桩基础等。

主梁依技术和经济的比较而选定。如 PC 斜拉桥有多梁式、单箱梁、双箱梁、多室单箱梁、板式边梁（闭口、开口或实体）加劲式等。钢斜拉桥有桁梁和箱梁

斜拉索索面的确定，是根据结构受力与建筑要求而定。竖琴形比较美观，锚固构造比较单一，垂直方向的支承效果较差，因此，必须有较高的塔弥补；放射形的优点恰和竖琴形相反，它在垂直方向的支承效果最佳，但锚固细节较复杂；扇形则在各方面都介于上述两者之间，受力亦好。

（三）塔、墩、梁连结方式

塔、墩、梁的连方式有以下 3 种：

1. 漂浮体系

塔墩固结，塔布置为 H 形，主梁从中穿过，由斜索将整个加劲梁挂在塔上，从而使主梁能抵抗温度变形、混凝土收缩和徐变的影响，并增加结构纵向自振周期，减小地震力对塔的影响，适于大跨度斜拉桥。

2. 半漂浮体系

塔墩固结，梁在墩上仅有竖向支撑，或墩为薄壁柔性墩，这种体系抵抗纵向变形的能力较小，地震力对塔根弯矩的影响较大，适于中等跨度的桥。

3. 刚构体系

一种为塔墩梁固结，增加结构的刚度，变形小，独塔单索面多属此类；一种为塔梁固

结，支撑于墩。此两种仅适用于小跨度斜拉桥。

二、斜拉桥的施工

（一）索塔的施工

通常情况下，索塔的施工方法主要分为以下几个步骤：

1. 缆索的施工

在施工现场应采用由封闭式钢索以及 PPWS 索编制而成的钢绞线索、预应力钢丝索、型钢、预应力混凝土杆件以及具有较高强度的钢筋等，这些构件都是能够将拉力或是张力很好地传递给斜拉桥的主塔或是主梁的。

2. 锚头的选用

在斜拉桥施工的最初阶段，钢丝绳缆索以及张拉的拉索都是选择使用热铸锚，而具有较高强度的钢筋或是钢丝通常都是使用墩头锚的。后来随着科学技术的不断发展和进步，逐渐出现了 HiAm 锚以及冷铸锚等具有更好的性能的锚头，这些锚头的出现也大大提高了缆索的抗疲劳的性能。

3. 制索的工艺

通常情况下，制索的工艺步骤如下：对钢丝先进行除锈的施工作业，之后应调直钢丝绳并进行应力下料的操作，下料完成后，就应进行对钢丝绳涂漆、穿锚、浇筑锚头、烘干锚头以及对锚头进行防腐处理的操作，最后就是超张拉以及对索进行标定的施工操作。

4. 安装拉索

采用施工中的起重工具设备将前期已经制作完成的拉索吊起并与主塔和主梁上锚锭结构有效的连接起来。另外有的情况下也可以采取在穿过主塔和主梁的预留的孔道后进行张拉的作用并对其进行锚固处理。

5. 缆索的张拉处理

在进行穿索处理之后，应在索端的锚头上加装张拉的连杆以及张拉的千斤顶，之后便可以实施张拉的操作了。

6. 索力的调整

所谓索力调整就是指在对拉索进行完毕初张拉的操作后再一次的对其张拉，索力的调整可能出现在施工中某个阶段，它也可能出现在斜拉桥工程竣工完成甚至是投入使用一段时间后再进行的，并且索力的调整工作的出现可能是一次也可能是几次的。

7. 施工中缆索的更换和处理

随着我国科学技术水平的快速发展，我国的防护技术以及防锈材料的使用也是取得了很大的进步的，但是在实际斜拉桥工程的施工中，柔性索的防护技术还没有到绝对的万无一失的阶段。因此施工中出现了柔性缆索因腐蚀、机械的损伤、外部的人为损坏以及其他原因而无法继续使用时，就应立即对其进行更换处理。所以在设计阶段设计人员就应考虑到缆索的可维护性以及可替换性。

8. 混凝土索塔的施工

最后就是进行混凝土索塔的施工作业了，其通常是由基础、承台、下横梁、上横梁、下塔柱、上塔柱拉索锚固区域、中塔柱以及塔顶建筑八个部分组成的。另外塔柱的钢筋也是要在施工现场预制和安装的，采用直螺纹连接或是冷挤压连接的方式将较大直径的钢筋连接起来。

（二）主梁的施工

主梁的施工方法一般采用支架法、顶推法、悬臂法以及平转法四种方法，其中悬臂法是最常用的施工方法，主梁的材料一般有混凝土主梁、钢与混凝土的混合量或是叠合梁三大类，主梁和主塔的结合方式主要有支承体系、钢构体系、漂浮体系以及塔梁固结体系四大类，截面的方式通常选用门形肋板式、板式以及箱形的方式。

1. 混凝土主梁的悬臂浇筑法

混凝土斜拉桥经常采用的施工方法就是悬臂浇筑法，由于混凝土具有徐变、收缩以及超重等特性，因此必须对挂蓝立模的标高进行严格的把关，牵索式挂蓝是最常用的挂蓝方式，由于斜拉桥结构的自身特点，施工时应高效的发挥结构性能，从而适当的减轻施工的荷载。与主梁的悬臂拼装法相比，悬臂浇筑法的施工工期更长。

首先主梁悬臂的浇筑分段，主要分为半个索距、一个索距和两个索距，并且距离应控制在 4 ~ 8m 的范围内；其次，无索区域的主梁施工，在托架或支架上进行预压的施工，为了避免主梁出现变形的情况，应施加预应力并进行挂蓝处理，然后在进行悬臂浇筑处理；最后，悬臂浇筑挂蓝，由于斜拉桥主梁具有抗弯能力差、高跨小以及梁体纤细的特点，采用传统的挂蓝方式就会增加工程的施工成本，因此建议选择牵索是挂蓝。

2. 钢主梁的悬臂拼装法

钢箱以及钢桁架在进入施工现场前就应是成品了，在施工现场进行吊装就位和拼装，拼装节段的长度最好选择一根或是两根。拼装式还应注意结合挂蓝，而常用的起重设备主要有大型浮吊机、悬臂起吊机以及缆索起吊机等。

3. 混凝土主梁的悬臂拼装法

在塔柱的区域内应先浇筑出一段能够放置起吊设备的梁段，之后再使用起吊设备从两侧开始进行安装预制节段，这样悬臂就会不断的伸长一直到合龙。与悬臂浇筑法相比，悬臂拼装法应用的并不广泛，其施工的工期更短、受混凝土的徐变和收缩的影响小、高空作业的次数更少，上下部要平行的施工，其施工质量也更容易保证。

4. 主梁的临时固结的支承体系和漂浮体系

由于塔梁墩固结体系是不需要混凝土临时支座的，采用粗螺纹钢筋进行锚固，设立临时支承就可以与临时支座共同承受施工的作用力了。而临时支承可以采用钢护筒或是钢管，在下塔柱的预埋件上加装下端锚固。而对于不对称的主梁，当拆除临时的支承时，漂浮体系就会向一侧移动,索力就会出现变动,很容易引起施工事故,这点应在施工中特别的注意。

（三）斜拉索的施工

成形斜拉索由钢丝或钢绞线组成的钢索和两端的锚具两部分组成。不同种类和构造的斜拉索两端需配装合适的锚具后才能成为可以承受拉力的斜拉索。斜拉索的锚具目前常用的有以下四种：热铸锚、墩头锚、冷铸墩头锚和夹片群锚。

配装热铸锚、冷铸锚、镦头锚这三种锚具（统称为拉锚式锚具）的斜拉索,可以事先将锚具装固到钢索两端预制成斜拉索,这些斜拉索可以在专门的工厂制作,然后盘运到桥梁工地,或在桥梁工地现场制作,拖拉到桥位直接进行挂索和张拉,这些斜拉索有单股钢绞式钢缆、半平行钢绞线索、半平行钢丝索、平行钢丝索及平行钢丝股索等。这类斜拉索可称作预制索或成品索。我国已建有专门化、机械化生产热挤塑聚乙烯护套扭绞形钢丝索的工厂,可生产的最大规格为 $421\phi 7mm$ 、长度 350m 的钢丝索,可满足 600m 以上大跨径斜拉桥对斜拉索的需要,斜拉索的制作水平已达到国际先进水平。

配装夹片群锚的斜拉索,张拉时直接张拉钢丝,待张拉结束后锚具才发挥作用,因此,配装夹片群锚的平行钢筋索及平行钢绞线索必须在桥梁现场架设过程中制作,故可称为现制。

1. 斜拉索的制作

制索工艺流程一般为：钢丝除锈→调直→应力下料→防护漆→穿锚→镦头→浇锚→烘锚拉索防护→超张拉→标定。

2. 斜拉索的防护

（1）临时防护

钢丝或钢绞线从出厂到开始做永久防护的一段时间内,所需要的防护称为临时防护。国内目前采用的临时防护法一般是钢丝镀锌,即将钢丝纳入聚乙烯套管内,安装锚头密封后喷防护油,并充氮气,以及涂漆、涂油、涂沥青膏处理等。具体实施可根据防锈蚀效能、技术经济比较、设备条件及材料种类决定通常在钢丝或钢绞线穿入套管前,每根钢丝或钢绞线应在水溶性防腐油中浸泡或喷一层防腐油剂在临时防护中,镀锌钢丝的锌层应均匀连续,附着牢固,不允许有裂纹、裂痕和漏块。此外,不镀锌处理的钢丝,在储存和加工期间应进行其他涂漆、涂油等临时防护措施。

（2）永久防护

从斜拉索钢材下料到桥梁建成的长期使用期间,应做永久防护。永久防护应满足防锈蚀、耐日光曝晒、耐老化、耐高温、涂层坚韧、材料易得、价格低廉、生产艺成熟、制作运输安装简便、更换容易等要求。永久防护包括内防护与外防护,内防护是直接防止斜拉索锈蚀,外防护是保护内防护材料不致流出、老化等。

内防护所用的材料一般有沥青砂、防锈脂、凡士林、聚乙烯塑料泡沫和水泥浆等,这些材料各有优缺点。

外防护所用的材料亦各有优缺点,聚氯乙烯管质脆,抗冻和抗老化性能差,易破裂失效;

铝管则需注水泥浆，而水泥浆的碱性作用易使铝管腐蚀；钢管作外套时本身尚需防腐蚀且笨重；多层玻璃丝布缠包套，目前效果尚可，但价格高，施工烦琐。我国目前一般采用炭黑聚乙烯在塑料挤出机中旋转挤包于斜拉索上而成的熟挤索套防护斜拉索方法，即 PE 套管法，所用高密度聚乙烯（PE）与其他方法所用材料相比具备以下优点：

在设计寿命期限内能抵抗循环应力引起的疲劳，在聚乙烯树脂中加炭黑有效抵抗紫外线的侵蚀，与灌浆材料和钢材无化学反应，在运输、装卸、制造、安装和灌注时能抗损坏，能防止水、空气和其他腐蚀物质的入侵，徐变特性低；对周围环境有一定的适应性。

同时，黑色 PE 管的热膨胀系数大约是水泥浆和钢材的 6 倍。因此，为了控制温度变化并减小可能导致 PE 管损坏的不均匀应力，通常在 PE 管上缠绕或嵌套一层浅色胶带或 PE 面层。采用热挤索套不像 PE 管压浆工艺那样，存在斜拉索钢丝早期锈蚀，它可在很短的时间内完成防腐、索套制作、拉索密封等工艺。

3. 斜拉索的安装

（1）放索及索的移动

①放索

为方便运输及运输过程中对索的保护，斜拉索起运前通常采用类似电缆盘的钢结构盘将拉索卷盘，然后运输。对于短索，也有采取自身成盘，捆扎后运输的情况。根据斜拉索不同的卷盘方式，现场放索时，常用的有立式转盘放索和水平转盘放索两种方式：

立式转盘放索：钢结构索盘放索时设置一个立式支架，在索盘轴空内穿上圆轴，徐徐转动索盘将索放出。

水平转盘放索：对于自身成盘的索，设置一个水平转盘，将索盘放在转盘动边将索放出。

在放索过程中，由于索盘自身的弹性和牵引产生的偏心力，会使转盘转动时加速，导致散盘，危及施工人员的安全，所以，一般情况下要对转盘设制动装置，或者以钢丝绳作尾索，用卷扬机控制放索。

②索在桥面上的移动

在放索和挂索过程中，要对斜拉索进行拖移，由于索自身弯曲，或者与桥面直接接触，在移动中就有可能损坏斜拉索的防护层或索股，为避免这些情况的发生，一般采取下述方法对索在移动时进行保护。

如果索盘是水上由驳船运来，对于短索一般直接将索盘吊到桥面上，利用放索支架放索，对于长索一般直接在船上设置放索支架放索。采用前者时要在梁上放置吊装装备，采用后者则需要梁端设置转向装置以利于索的移动。对于现浇梁，转向装置设在施工挂篮上，若是拼装结构则设在主梁上，要求转向装置的半径不小于索盘半径，与梁体保持一定的距离。

辊筒法：在桥面上设置一条辊筒带，当索放出以后，沿辊筒运动。制作辊筒时，要根据斜拉索的布置及刚柔程度，选择适宜的辊轴半径，以免辊轴弯折，摩阻增加。平辊之间要保持合理的间距，防止斜拉索与桥面接触。辊筒可与桥面固结，也可与斜拉索套筒固结，具体方法依施工现场情况而定。

移动平车法：当斜拉索上桥后，每隔一段距离垫一个平车，由平车载索移动。梁体顶面凹凸不平时会导致平车运动不便，所以平车的轮子不宜太小。与辊筒法一样，平车也要保持合理的间距，避免斜拉索与桥面接触。

导索法：在索塔上部安装一根斜向工作悬索，当斜拉索上桥后，前端连接牵引索，每隔一段距离放置一个吊点，使斜拉索沿着导索运动，这种方法能省去大型牵索设备，可安装成卷的斜拉索。

垫层法：对于一些索径小、自重轻的斜拉索，可在梁面放索线上敷设麻袋、草包、地毯等柔软的垫层，就地拖移。

（2）斜拉索的塔部安装

①吊点法

单吊点法：斜拉索上桥面后，从索塔孔道中放下牵引绳，连接斜拉索的前端，离锚具下方一定距离设一个吊点，索塔吊架用型钢组成支架，配置转向滑轮。当锚头提升到锁孔位置时，采用牵引绳与吊绳相互协调，使锚头尺寸准确，牵引至索塔孔道内就位后，穿入锚头固定。单吊点法施工简便、安装迅速，缺点是起重索所需的拉力大，斜拉索在吊点处弯折角度较大，故一般适应较柔软的短斜拉索。

多吊点法：同前述导索法，只要将导索法中的牵引索从预穿索孔中引出即可，多吊点法吊点分散、弯折小小，在统一操作指挥下，可使斜拉索均匀起吊，因吊点较多，易保持索呈直线状态，两端无需用大吨位千斤顶牵引。

起重机安装法：采用索塔施工时的提升起重机，用特制的扁担梁捆扎拉索起吊。拉索前段由索塔孔道内伸出的牵引索引入索塔斜拉索锚空内，下端用移动式起重机提升。起重机法操作简单快速，不易损坏拉索，但要求起重机有较大的起重能力，故一般适用于重量不大的短索安装。

分步牵引法：根据斜拉索在安装过程中索力递增的特点，分别采用不同的工具，将斜拉索安装到位。首先用大吨位的卷扬机将索张拉端从桥面提升到预留孔外，然后用穿心式千斤顶将其牵引至张拉锚固面。在这个阶段前半部，采用柔性张拉杆—钢绞线束，利用两套钢绞线夹具系统交替完成前半部分牵引工作；牵引阶段的后半部，根据索力逐渐增大的情况，采用刚性张拉杆分步牵引到位。分步牵引法的特点是牵引功率大，辅助施工少，桥面无附加荷载，便于施工。

（3）斜拉索的梁部安装步骤

同塔部安装，基本方法有如下两种。

吊点法：在梁上放置转向滑轮，牵引绳从套筒中伸出，用起重机将索吊起后，随锚头逐渐地牵入套筒，缓缓放下吊钩，向套筒口平移，直至将锚头牵入套筒内。

拉杆接长法：对于梁部为张拉端的斜拉索安装，采用拉杆接长法比较方便。先加工长度均为 1.0m 左右的短拉杆与主拉杆连接（张拉杆连接），使其总长度超过斜拉索套筒加张拉千斤顶的长度，利用千斤顶多次运动，逐渐将张拉端拉出锚固面，并逐渐拆掉多余的短拉杆，安装锚固螺母。运用拉杆接长法，要加工一个组合螺母（张拉杆连接螺母），采用这个螺母逐步锚固拉杆，直到将锚头拉出锚板后拆除。

4.斜拉索调索张拉

根据目前的技术水平，国内外斜拉索锚具、千斤顶、斜拉索的设计吨位已达到"千吨"级水平，大吨位斜拉索整体张拉工艺已经十分成熟。无论是一端张拉还是两端张拉，一般情况下都需在斜拉索端头接上张拉连接杆，之后使用大吨位穿心式千斤顶实施斜拉索的张拉调索。为方便施工，张拉杆采用分节接长，而非整根通长。拉锚式斜拉索张拉索主要步骤：

①对张拉千斤顶和配置液压泵进行标定，同时对预计的调整值划分级别，根据标定得出的张拉值和液压表读数之间的直线关系，计算并列出每级张拉值的相应的油表读数；②对索力检测仪器进行标定；③计算各级调整值并列出相应的延伸量；④做好索力检测和其他各种观测的准备工作；⑤将张拉工具、设备一一就位。先将千斤顶撑架用手拉葫芦等固定在斜拉索锚固面上，然后将千斤顶用螺栓连接支承在撑架上；将张拉杆穿过千斤顶和撑架，旋转在斜拉索锚头端，再将长拉杆上的后螺母从张拉杆尾端旋转穿进；将千斤顶与液压泵用油管接好，开动液压泵，使千斤顶活塞空升少许，如调索要求降低索力，可根据情况多升一定量；接着将后螺母旋至与活塞接触紧密处。如调索是在斜拉索锚头还未被牵出锚固面的情况下进行的，则上述过程已在牵索过程完成。如索力检测采用测量张拉杆拉力的方式，则应在张拉杆后螺母间安装穿心式压力传感器测量张拉力，需要先将传感器从张拉杆后端插入，再将张拉杆后螺母旋入。

按预定级别的相应张拉力，通过电动液压泵进油逐级调整索力。如果是降低索力，则先进油拉动斜拉索，使锚环能够松动，在旋开锚环后可回油使斜拉索索力降低。在调索过程中，如千斤顶达到行程允许伸长量，即可将斜拉索锚头的锚环旋紧，使其临时支承于锚固支承面上，这时千斤顶可回油并进行下一行程的张拉。如果调索是在斜拉索锚头还未牵出其锚固面的情况下进行的，则临时锚固由叠撑在锚环上的张拉杆前螺母即两半边螺母承担临时锚固张拉调索过程中，应以检测、校核数据配合液压表读数，共同控制张拉力，并对结果随时观测，以防不正常情况发生。

第三节　悬索桥施工技术

一、悬索桥

（一）悬索桥的概念及构成

悬索桥（suspension bridge）是指以承受拉力的缆索作为主要承重构件的桥梁，由主缆索、索塔、锚碇、吊索（吊杆）、桥面结构等部分组成。主缆索通过索鞍悬挂于索塔并锚固于两岸（或桥两端）作为主要承重构件，一般由多股钢丝挤压成，每股钢丝由多根钢丝组成；主缆索几何形状由力的平衡条件决定，一般接近于抛物线。索塔主要承受主缆索的压力，一般采用混凝土浇筑而成，也有部分桥梁采用钢结构的索塔；在索塔的顶部设置有索鞍，用于支撑主缆索。锚碇是主缆索锚固装置的总称，由混凝土锚块（含钢筋）及支架、锚杆、鞍座（散索鞍）等组成。主缆索经过转向、展开、锚固等构件进入锚碇。吊索是从主缆索垂下的缆索，用于将桥面吊住。吊索通过索夹与主缆索相连，将桥面结构的重力传递到主缆索上；在桥面和吊索之间通常设置有加劲梁，并同缆索形成组合体系，以减小活载所引起的挠度变形。

（二）悬索桥的分类

1. 地锚式与自锚式悬索桥

（1）地锚式

地锚式悬索桥是把锚固梁（或锚固支架）放于悬索桥结构外山体或庞大的桥台中。绝大部分的悬索桥，特别是大跨度的悬索桥都是地锚式悬索桥。其特点为：主缆的拉力由桥梁端部的重力式锚固体（锚碇）或岩洞式锚固体系（岩锚）传递给地基，因此在锚固体处一般要求地基具有较大的承载力，最好是有良好的岩层作持力层地基。

（2）自锚式

自锚式悬索桥的主缆拉力是直接传递给它的加劲梁来承受。垂直分力（一般较小）通过连杆支座传给桥台，加劲梁负担大，因此自锚式悬索桥的跨度不宜过大。自锚式悬索桥的优点是适宜用于两岸地基承载力较差，特别是软土的桥位；其缺点是施工比较困难，一般需要先架设加劲梁，后架设主缆。

2. 柔性吊桥和刚性吊桥

（1）柔性吊桥

柔性吊桥一般指行车道仅设桥道梁和桥面。其特点包括：一是当活载在桥上移动时，活载由桥面经吊杆传给悬索，悬索便随移动的活载而改变形状，桥道梁及桥面只起分布集中荷载和调整悬索的变形作用，桥面随着悬索的变形而产生较大的挠度；二是刚度小，应用较少。

（2）刚性吊桥

刚性吊桥又分为单链和双链两种结构形式。单链吊桥是指一个吊杆平面内仅设有一根悬索，这种形式在半跨有活载作用下要产生 S 形变形。双链吊桥是指在吊桥平面内设有两根悬索。下链形式是根据桥面半跨有活载时，用适合该荷载的力多边形来定出，下链不再产生变形，于是吊桥此时将不发生 S 形变形，因此双链吊桥体系显示出比单链吊桥有大得多的刚度，因而从根本上解决了刚度不足的问题。

双链吊桥中的加劲梁较单链吊桥小，加劲梁多需钢材减少，虽然悬索和吊杆比单链吊桥多用一些刚才，但总的用钢量不会增加。另外，双链构造复杂，外形较差。目前修建的仍然多采用单链，尤其是大跨径吊桥自重所占比例大，活载引起的 S 形变形是很小的，为了简化构造，均采用单链吊桥。

二、悬索桥的施工

（一）锚碇施工

锚碇主要由锚块、锚杆、鞍座等组成。锚块的主要功能是容纳锚碇的锚固系统、传递大缆拉力到岩体，形式可分为重力式和隧道式；若锚碇处有坚实岩层靠近地表，修建隧道锚有可能比较经济；但隧道锚有传力机理不明确的缺点。适合建造隧道锚的锚址地质条件应具有以下特点：一是锚址区的地质条件应是区域稳定的，锚址区不应有滑坡、崩塌、倾倒体及层间滑动等区域性地质灾害存在，不应有深大断裂带通过；二是锚址区的岩体应具有较强的整体性，锚址区的岩体不应存在较多的裂隙、层理等地质构造，这些构造降低了岩体的整体性，对控制隧道锚的变位极为不利；三是锚址区的岩体应具有较高的强度，由于隧道锚的承载能力与岩体的强度密切相关，故要求锚址区的岩体应具有较高的强度以达到隧道锚的承载要求。

如果锚块采用重力式锚，情况一若锚址区有坚实基岩层靠近地表，应让锚块嵌入基岩，使位于锚块前的基岩凭借承压来抵抗主缆索的拉力，例如广东汕头海湾大桥，就是利用两岸山体岩层来抵抗主缆拉力；若锚址区坚实基岩位于桥面之下深度不过 30～50m，可修建直接坐落在基岩上的锚块；若坚实基岩层埋识更深，而设计意图是使荷载完全传至该持力层，则必须设置沉井、沉箱、大直径桩（含斜桩）等探基础，这样的锚碇造价是比较昂贵的。锚杆的主要作用是作为开挖的初期支护、加强锚体、岩体间的连接、提高锚洞周围开挖扰动带的强度，同时利用锚杆孔完成对锚体围岩的灌浆。其设置应根据锚洞围岩整体结构连续性状况及锚洞围岩普遍存在的松弛圈厚度范围，并结合力学分析的结果综合确定。鞍座直接承受由主缆索作用于散鞍的压力，并传递到基岩层上。

（二）索塔施工

索塔塔身一般采用翻模法分段浇筑，在主塔连结板的部位要注意预留钢筋及模板支撑预埋件。索塔塔身的施工控制主要是垂直度监控，每段混凝土施工完毕后，在第二天早晨8：00至9：00间温度相对稳定时，利用全站仪对塔身垂直度进行监控，以便调整塔身混凝土施工，应避免在温度变化剧烈时段进行测试，同时随时观测混凝土质量，及时对混凝土配比进行调整。索塔塔身浇筑完成后检查顶面标高，符合设计要求后清理表面准备安装索鞍；索鞍既可以整体吊装，也可以分块吊运后再组装；索鞍安装应严格控制索鞍横向轴线偏差、标高偏差。并要求鞍体底面与底座密贴，四周缝隙用黄油填实。

（三）主缆索施工

主缆索是悬索桥的主要受力构件，一般由多股钢索挤压而成，为确保主缆索受力均匀，主缆索每股钢索必须与基准索保持平行，并且主缆索在架设过程中必须妥善保护，不得损坏主缆索钢丝。主缆索施工时需要架设循环索作为主缆索索股牵引的动力，架设猫道作为主缆施工的操作平台，一般主要施工工序为：建立牵引系统、架设猫道→主缆索股牵引→单端冷铸锚头的制作→整形→线形调整→主缆定型→安装索夹、吊索。

主缆索架设方法分为空中送丝法（As法）及预制索股法（Pws法）。无论采用哪种架设方法，均需要设置一根基准丝（或基准股），用于调整其他丝股的垂直度。为主缆索的整形、线性调整及定型做好基础；国内广东汕头海湾大桥、虎门大桥、西陵大桥、江阴长江大桥都是采用预制索股法进行架设的。主缆索初步整形应选在气温稳定的夜间进行。整形时首先在主跨1/2，3/4，边跨1/2处确定钢丝束排列有无差异、钢丝是否平行。若有则及时调整。然后用钢带打包捆扎，捆扎间距开始较大，然后用二分法加密直到2.5m～5m一道。主缆索初步整形后需要利用紧缆机挤紧，挤紧首先从两主塔向中跨跨中挤紧，然后再从主塔分别向两边跨挤紧，挤紧间距为1m。挤紧后在挤紧压块前后备用钢带捆扎一道，间距约0.5m。主缆索挤紧后主缆断面，空隙率均应满足设计要求。主缆索在完成大部分恒载作用之后进行主缆缠丝及主缆防腐工作。

（四）加劲梁施工

悬索桥加劲梁多用钢桁架，其架设方式也像钢桁架桥那样。在每一梁段拼好以后，立即将其与对应的吊索相连，使其自重由吊索传给主缆。悬索桥加劲梁架设时一般采用缆载起重机、缆索起重机、大型浮吊进行架设。缆载起重机由主梁、端梁及各种运行、提升机构组成。起重机在主缆上运行及工作，故主梁的跨度即为两主缆的中心距，并且起重机运行机构必须能跨越索夹障碍的功能。在索塔附近架梁时，由于主缆索存在较大倾斜，起重机应设置与索夹相对固定抱紧的机构，以承受起吊时产生的下滑力；缆索起重机主要由起重小车、承重索、牵引索等组成；起重机架梁前需要在两侧索塔上架设起重机所需要的承重索及牵引索。承重索承受起重小车及加劲梁的重力，由牵引索承受吊梁时的下滑力并牵引起重机走行。

　　三种架设方法相比，大型浮吊由于受环境因素、通航条件等条件限制架设时使用比较少。缆索起重机架设前需要架设大量承重索及牵引索，使得架设成本大幅提升。缆载起重机由于直接支撑在主缆索上，既节约成本，架梁也方便，因此广泛用于悬索桥加劲梁的架设，但架梁是应注意主缆索的保护。加劲梁的架设时可采用由索塔向跨中架设，也可以采用由跨中向索塔方向架设；从索塔侧开始吊装的优点是施工比较方便，缺点是桥塔两侧的索夹首先夹紧，此时主缆形状与最终几何线形差别最大，因而主缆中的次应力较大；而从跨中向索塔方向架设优点是：在架设索塔附近的加劲梁段时，主缆线形已非常接近其最终几何形状，此时将桥塔附近的索夹夹紧，主缆的永久性角变位最小，缺点是如果边跨较长，为避免塔顶产生过大的纵向位移，应从两岸向桥塔方向同时吊装边跨梁段。

　　例如广东汕头海湾大桥就是采用由索塔向跨中架设的方案，而虎门大桥吊装次序就是先吊跨中段，再从跨中对称向两桥塔前进，直至合拢。当加劲梁的重力作用到主缆索上时，主缆索的形状将改变，所以在吊装过程中上缘一般都顶紧而下缘张开，直至全部吊装完毕下缘才闭合。一般的做法是：在架设的开始阶段，使各梁段在上缘铰接，而使下缘张开，待加劲梁架设使得主缆索线形比较接近最终线形时，再将这一部分梁段下缘强制闭合。

第四节　刚构桥施工技术

一、刚构桥

（一）刚构桥的概念

　　刚构桥，主要承重结构采用刚构的桥梁，即梁和腿或墩台身构成刚性连接。刚构桥的主要承重结构是梁与桥墩固结的钢架结构，由于墩梁固结，使得梁和桥墩整体受力，桥墩不仅承受梁上荷载引起的竖向压力，还承担弯矩和水平推力。刚构桥在竖向荷载作用下，梁的弯矩通常比同等跨径连续梁或简支梁小，其跨越能力大于梁桥；墩梁固结省去了大型支座，结构整体性强、抗震性能好。

（二）刚构桥的分类

1. 连续刚构桥

　　连续刚构桥分主跨为连续梁的多跨刚构桥和多跨连续刚构桥，均采用预应力混凝土结构，有两个以上主墩采用墩梁固结，具有T形刚构桥的优点。但与同类桥（如连续梁桥、T形刚构桥）相比：多跨刚构桥保持了上部构造连续梁的属性，跨越能力大，施工难度小，行车舒顺，养护简便，造价较低，如广东洛溪桥。多跨连续刚构桥则在主跨跨中设铰接，两侧跨径为连续体系，可利用边跨连续梁的重量使T构做成不等长悬臂，以加大主跨的跨径。

2.T型刚构桥

T型刚构桥是在简支预应力桥和大跨钢筋混凝土箱梁桥的基础上，在悬臂施工的影响下产生的。其上部结构可为箱梁、桁架或桁拱，与墩固结形成整体，桥型美观、宏伟、轻型，适用于大跨悬臂平衡施工，可无支架跨越深水急流，避免下部施工困难或中断航运，也不需要体系转换，施工简便。T型刚构可分为带挂梁结构的T型刚构桥和带剪力铰结构的T型刚构桥。

3.斜腿刚构桥

桥墩为斜向支撑的刚构桥，腿和梁所受的弯矩比同跨径的门式刚构桥显著减小，而轴向压力有所增加；同上承式拱桥相比不需设拱上建筑，使构造简化。桥型美观、宏伟，跨越能力较大，适用于峡谷桥和高等级公路的跨线桥，多采用钢和预应力混凝土结构建造。如安康汉江桥（铁路桥），腿趾间距176米，1982年建成。

4.门式刚构桥

其腿和梁垂直相交呈门形构造，可分为单跨门构、双悬臂单跨门构、多跨门构和三跨两腿门桥。前三种跨越能力不大，适用于跨线桥，要求地质条件良好，可用钢和钢筋混凝土结构建造。三跨两腿门构桥，在两端设有桥台，采用预应力混凝土结构建造时，跨越能力可达200多米。

二、刚构桥的施工

（一）连续刚构桥的施工技术

1.连续刚构桥的特点

桥梁上部结构和桥墩整体刚性连接，在竖向荷载作用下，主梁在墩顶截面产生负弯矩，桥墩也承受弯矩作用，这种桥型即为连续刚构桥，预应力混凝土连续刚构桥是连续梁桥与T形刚构桥的组合体系，也称墩梁固结的连续梁桥。

连续刚构桥的梁体连续，墩、梁、基础三者固结为一个整体共同受力，这使得连续刚构桥有着突出的优点。墩梁固结省去了桥梁支座，不必像简支梁桥或连续梁桥那样对支座进行设计、制造、养护和更换，因而节省了相关的费用；连续刚构桥，可以仅在桥梁两端设置伸缩缝，因而相对简支梁桥而言，连续刚构桥整体性及行车舒适性好；恒载作用下的连续刚构桥和连续梁桥的跨中弯矩及竖向位移基本一致，连续钢构桥中双肢薄壁墩使墩顶截面的恒载负弯矩小于相同跨径连续梁桥，同时，墩梁固结使得墩梁共同参与工作，连续刚构桥由活载引起的跨中正弯矩较连续梁要小，因而可以降低跨中区域的梁高，并使恒载内力进一步降低，因此，连续刚构桥的主跨径可以比连续梁桥的大些，所以连续刚构桥跨度较大，这样就减少了桥墩的数量，一定程度上降低了桥墩造价；墩梁固结使各个桥墩可参与承受水平地震力的作用，而在一般的连续梁桥中，需要设制动墩并且需要采用价格较贵的抗震支座，因而，连续刚构桥相对连续梁桥而言，抗震性能较好；墩梁固结使得便于采用悬臂浇筑法施工，就不必像一般的连续梁桥那样在施工过程中进行体系转换时需要采用临时固结，在一定程度上，施工过程得到一定的简化；由于闭合箱形截面抗扭刚度非常大，同时因其顶板和底板都具有较大的截面面积，能够有效地抵抗较大的正负弯矩，因而连续刚构桥的主梁大多采用箱形截面，因此顺桥向抗弯刚度和横桥向抗扭刚度很大，可以满足大跨径桥梁受力要求，同时薄壁墩顺桥向抗推刚度小，从而能有效地减小温度、混凝土收缩徐变和地震的影响。

2．连续刚构桥的施工方法

连续钢构桥的施工方法包括支架施工和悬臂施工。

（1）支架施工

支架施工是在支架上现浇混凝土，因而施工时需要大量支架，一般在连续刚构桥的直线段用支架施工，悬臂法施工用于连续刚构桥的 T 构段施工，尤其适用于深水、大跨、高墩的情况，工序较简单。悬臂法施工是连续刚构桥施工的核心问题，下面重点阐述悬臂施工方法。

（2）悬臂施工

悬臂施工法又包括悬臂拼装和悬臂浇筑，前者是将预制块拼装在一起，后者是利用挂篮现场浇筑混凝土。相对而言，悬臂浇筑施工法利用泵送混凝土现场浇筑，不需要占地很大的预制场地，逐段浇筑使得梁段的位置易于调整和控制，悬臂浇筑后的结构整体性好，悬臂浇筑不需要大型机械设备，各段施工属于严密的重复作业，需要施工人员少，工作效率高。因此，悬臂浇筑施工的方法在连续刚构桥施工中有着广泛的应用。

悬臂浇筑施工可分为 0 号块托架施工和以后各块的挂篮施工两个阶段。0 号块位于墩的正上方，可以利用托架浇筑混凝土。在墩顶托架上浇筑 0 号块并实施墩梁固结系统，当托架施工为挂篮施工提供了足够的起步长度后，可以拼装挂篮进而应用挂篮进行悬臂浇筑施工。挂篮悬臂浇筑可以分为以下几个步骤：挂篮拼装与立模、绑筋、管道安装、混凝土浇筑与养生、预应力筋的张拉、压浆，接下来移动挂篮进行下一阶段的悬臂浇筑。在悬臂浇筑过程中，需要注意以下四个问题：

①混凝土的浇筑与养生

悬臂浇筑一般采用泵送混凝土，混凝土浇筑，原则上是一次浇筑，一般先浇筑底板，然后分别对称浇筑两侧腹板，浇筑过程中应严格控制混凝土浇筑质量。混凝土浇筑后，应派专人进行养生，以确保混凝土水化硬化过程中不出现较大裂缝，从而保证施工质量。

②预应力钢筋张拉时的混凝土强度

只有当混凝土的强度达到预定要求时才能进行预应力钢筋的张拉，否则就有可能会在张拉时引起混凝土崩裂。混凝土强度可采用标准试件尺寸为 150mm×150mm×150mm 的立方体试块测定，根据养生方法的不同可以分为实验室标准养生和同体养生。根据养护时间的不同可以分为 7d 和 28d。

③立模标高的确定

温度变化对桥梁结构的受力与变形影响很大，这种影响程度随温度的改变而改变，在不同时刻对结构的变形和应力进行量测，结果不同，尤其是悬臂较长的阶段，悬臂受力及变形受温度变化影响更加显著，如果施工过程中忽略了该项因素，就难以保证施工质量。

一般来说若在上午 6～8 时测定立模标高，可不进行修正，在其他时间测定立模标高时，均应进行日照温差影响的修正。对于阴雨天气应视具体情况分析，也可不作修正，立模标高修正值可根据现场实测数据而定。

④跨中合拢段施工中应注意的问题

悬臂浇筑进行到跨中合拢段，是悬臂浇筑施工过程中悬臂处于最长的时候，此时，悬臂的受力和变形较之前些阶段受温差的影响最大，所以此时更应该考虑到温差的影响。因而，跨中合拢段浇筑一般宜选在夜间进行。为了保证混凝土浇筑过程中跨中合拢段的稳定，可以在两侧悬臂端部配重，配重方式宜用水池蓄水做平衡重，同时应注意，为确保平衡重不使悬臂发生扭转，要保证将水池沿桥梁的中轴线对称砌筑，在施工过程中，宜一边浇筑混凝土一边放掉水箱中的水。

2.T 型刚构桥施工

（1）分类及力学特点

①带铰 T 型刚构桥

带铰的 T 型刚构桥，属超静定结构。两个大悬臂在端部借所谓"剪力铰"相连接，剪力铰是一种只能传递竖向剪力而不能传递水平力和弯矩的连接构造。当在一个 T 型刚构桥面上作用有竖向荷载时，相邻的 T 型刚构结构通过剪力铰而共同受力。因而，从结构受力和牵制悬臂端变形来看，剪力铰起到了有利的作用。

②带挂孔 T 型刚构桥

带挂孔的 T 型刚构桥，属静定结构。T 型刚构桥两侧是悬臂梁，挂梁是简支梁。它与连续梁相比，具有悬臂法施工阶段的受力状态与运营阶段一致，无需体系转换，省掉设置大吨位支座装置及更换支座等优点。它与带剪力铰的 T 型刚构桥相比，对施工阶段的标高控制的精度可以稍微宽些，没有像后者为设置剪力铰进行强迫合拢的可能，以及为更换剪力铰处支座的麻烦。带挂孔 T 型刚构桥不受混凝土的收缩徐变、温度变化及基础沉降所产生的次内力的影响。

（2）T 型刚构桥的构造特点

带挂梁的 T 型刚构桥桥型结构布置以偶数的 T 构单元与奇数等跨长的挂梁配合最为简单合理，在此情况下，刚构两侧的恒载是对称的，墩柱中不存在不平衡的恒载弯矩。但也可以采用不同的 T 构悬臂长度和相同的挂梁相配合，以构成中孔跨径最大并向两侧逐孔减小的桥型布置。在此情况下，每一 T 构两侧的恒载对称，墩柱中也无不平衡弯矩。因此，多跨 T 型刚构桥的立面布置，除应考虑一般桥型设计所遵循的共同原则外，全桥的 T 构单元尺寸尽可能要相同，以便简化设计，方便施工；T 构的纵向布置应尽可能对称，以防止 T 型刚构桥的桥墩承受不平衡的恒载弯矩。

预应力混凝土 T 型刚构桥主梁在纵方向的变化一般采用变高度梁，梁底曲线可以做成很多形式，如大半径圆弧线、抛物线、正弦曲线和折线等。从配合截面的内力和美观来看，以抛物线或正弦曲线为佳。但从施工方便上看，则用折线和圆弧曲线为好，具体应根据主梁内力的分布情况，按等强度原则选定。

预应力混凝土 T 型刚构桥的悬臂梁，通常采用箱形截面，也可以做成桁架结构。根据统计，国外对于公路和城市的预应力混凝土 T 型刚构桥，其支点处梁高与跨径之比、支点处腹板总厚度与行车道板宽度之比以及支点处腹板厚度与截面高度之比值要符合相应规范的要求。跨中梁高视挂梁跨径或设铰需要而定。带挂梁 T 型刚构的梁端高度一般与挂梁同高，当挂梁跨径在 30m 以下时，梁高通常取在 2m 以下。带铰 T 型刚构的跨中梁高一般为支点梁高的 0.2 ~ 0.4。

（3）T 型刚构桥的施工技术

① 0# 段的浇筑

T 型刚构桥多为变截面梁体，其中 0# 块较其他块要高，因此在混凝土浇筑时很难一次性浇筑成功，通常都分为 2 ~ 3 次浇筑。且梁块分层位置不宜设在地板倒角处等刚度突变的位置上，应该错开这个位置，同时尽量缩短分层浇筑的时间间隔，以防止混凝土因浇筑时间不同而产生收缩裂缝。除 0# 块之外的其余梁段应尽量一次性浇筑成功。

②挂篮施工

挂篮是 T 型刚构桥悬臂施工中的主要设备，挂篮的安全性、操作的简便性、刚度以及强度性能是施工中的关键因素。因此，挂篮应合理设计，便于操作。为保障施工安全，挂篮在安装完毕后要对其进行荷载试验，通过试验可以消除挂篮的非弹性变形，保障其结构安全性，同时为悬浇段立模标高提供依据。另外，挂篮施工中后锚固点的位置选择以及行走方式也应当重点控制，尤其是对锚固点的选择应做到充分的验算，否则会造成一定程度的桥体裂缝。

③保障平衡施工技术

T 型刚构桥施工采用两端平衡悬臂浇筑，且悬臂较长，因此掌握一定平衡技术是非常重要的。施工中挂篮应对称的向前移动，浇筑混凝土时，两段混凝土尽量同时浇筑以保持其平衡性，不平衡的重量始终不能超过一个梁段底板混凝土重量的一半。另外，钢筋、水泥等施工材料可堆放于 0# 块上，以抵消产生的不平衡之力。

④混凝土的浇筑与养护

混凝土施工裂缝是桥梁工程中极为常见的问题，尤其是贯穿裂缝，一旦出现会到桥梁的结构产生严重影响，且要想恢复其结构的整体性是十分困难的。因此施工过程中，要将改善混凝土性能，加强后期养护，防止表面干缩，预防出现贯穿性裂缝作为混凝土浇筑时的重点技术加以控制。首先，为降低浇筑时的温度，在混凝土骨料级配方面，宜采用干硬性混凝土来掺混合料,并且加引气剂或塑化剂的措施,从而减少混凝土中水泥的用量; 其次,在搅拌混凝土时用水将碎石冷却, 以降低浇筑时的温度, 或者浇筑过程中在混凝土里埋设水管, 直接通入适当冷水降温。混凝土养护期间如白天和夜间温差较大, 要进行表面保温措施, 避免表面发生急剧的温度梯度, 并严格执行混凝土要求的拆模时间, 以保障其强度。

参考文献

[1] 崔建文. 道路与桥梁基础施工技术要点研究 [J]. 山西建筑 ,2017,43(35):159-160+227.

[2] 赵孝学. 公路桥梁基础施工技术探讨 [J]. 交通标准化 ,2014,42(01):75-76+80.

[3] 朱云 , 焦娇. 路基施工技术要点 [J]. 建材与装饰 ,2018(40):245-246.

[4] 黄超 , 谭建飞. 公路工程软土路基施工技术探讨 [J]. 科学技术创新 ,2018(26):135-136.

[5] 陈维. 特殊路基施工关键技术研究 [D].2004.

[6] 柳德强. 公路路基施工技术探讨 [J]. 工程建设与设计 ,2017(07):131-132+135.

[7] 李宗军. 公路施工中填石路基施工技术分析 [J]. 工程技术研究 ,2017(03):72-73.

[8] 贾侃. 填石路基施工工艺研究 [D].2003.

[9] 韩耀伟. 公路路基施工技术及其质量控制分析 [J]. 中国高新技术企业 ,2015(01):125-126.

[10] 桂纯林. 路基工程质量通病的预防及处理 [J]. 黑龙江交通科技 ,2012,35(01):42.

[11] 文祯. 公路路基施工质量通病成因及处理 [J]. 交通世界 ,2018(Z2):16-17.

[12] 焦会昌. 公路工程水泥混凝土路面施工技术探讨 [J]. 中国高新技术企业 ,2017(01):93-95.

[13] 徐耀东. 沥青路面质量通病及防治措施 [J]. 交通世界 (建养 . 机械),2015(10):24-25+31.

[14] 王峰娟. 公路工程沥青路面施工技术与质量控制策略 [J]. 交通标准化 ,2014,42(08):39-41.

[15] 李淼. 浅谈公路路面基层施工技术及质量控制 [J]. 四川水泥 ,2018(01):150.

[16] 韩俊. 刍议公路涵洞施工技术 [J]. 科技创新与应用 ,2017(32):50+52.

[17] 曲宗敏. 涵洞工程施工技术研究 [J]. 民营科技 ,2016(08):160.

[18] 刘跃军. 市政工程中箱涵施工技术的探究 [J]. 山西建筑 ,2017,43(11):168-170.

[19] 王超 , 曹乔生. 钢筋混凝土拱涵施工技术探讨 [J]. 科技与企业 ,2012(07):222.

[20] 郭立志. 涵洞附属工程的施工 [J]. 黑龙江交通科技 ,2011,34(10):238.

[21] 陈可富. 浅谈涵洞附属工程施工技术 [J]. 中国新技术新产品 ,2011(01):86.

[22] 汤国盛. 公路工程钢筋砼圆管涵施工浅析 [J]. 中国新技术新产品 ,2010(10):41.

[23] 兰翠敏 , 赵玉君 , 白雪坤. 混凝土圆管涵洞的病害分析及预防 [J]. 黑龙江科技信息

,2007(05):157.

[24]. 拱涵开裂的分析及加固措施 [J]. 铁路标准设计通信 ,1974(04):1-6.

[25] 刘高锋 . 预应力混凝土桥梁施工技术要点 [J]. 工程建设与设计 ,2017(04):136-137.

[26] 汪洋 , 杨金礼 . 公路桥梁墩台施工技术 [J]. 企业技术开发 ,2013,32(14):157+161.

[27] 冯小东 . 桥梁下部结构常见病害及预防措施 [J]. 科技创新与应用 ,2016(29):232.

[28] 董娜 . 浅谈预应力桥梁的施工技术方案 [J]. 四川水泥 ,2015(08):311.

[29] 谢铭 . 桥面系及附属工程施工 [J]. 山西建筑 ,2014,40(13):189-191.

[30] 陈明奎 . 人行道施工技术探讨 [J]. 技术与市场 ,2012,19(04):170.

[31] 徐昭 . 桥面铺装层及附属工程施工 [J]. 科技传播 ,2011(18):105.

[32] 曾宪濂 . 人行道施工质量控制的几个问题 [J]. 赤峰学院学报 (自然科学版),2010,26(06):160-161.

[33] 齐祥翔 , 封丽君 . 浅谈路缘石施工方法 [J]. 山西建筑 ,2008(25):289-290.

[34] 王革 , 杨晓乾 . 路缘石滑模施工技术探讨 [J]. 筑路机械与施工机械化 ,2005(05):18-19+22.

[35] 易平波 . 桥梁墩台滑模施工技术的应用 [J]. 交通世界 ,2018(26):141-142.

[36] 张飞翔 . 桥梁墩台施工技术研究 [J]. 山西建筑 ,2018,44(25):167-168.

[37] 易垚 . 大跨径斜拉桥悬臂浇筑施工中挂篮及其模板适用性研究 [D].2017.

[38] 黄杨 . 连续钢构桥施工控制技术解析 [J]. 黑龙江交通科技 ,2014,37(04):122+124.

[39] 陈淑红 . 缆索吊装钢筋混凝土拱桥的施工技术研究 [D].2011.

[40] 董春燕 . 自锚式悬索桥关键施工阶段分析与研究 [D].2007.

后 记

本书由唐永、张建恪、孙煜担任主编，丁志伟、王鹏、索娜、石梓蔚、张宝荣、窦军帅担任副主编，陈岭、李文彦、武俊宏、张卫栋、周永荣、付旭、贾瑞坤、夏庆平、王杰、孟会标担任编委，具体分工如下：

唐永（中交第四公路工程局有限公司）负责第一章、第七章、第八章内容撰写，共计10万字。

张建恪（北京市政路桥股份有限公司）负责第三章、第四章部分章节、第六章内容撰写，共计8万字。

孙煜（天津市市政工程设计研究院）负责第二章、第四章部分章节、第五章内容撰写，共计6万字。